L'INFLUENCE DE L'ODEUR DES CROISSANTS CHAUDS SUR LA BONTÉ HUMAINE

*et autres questions de philosophie
morale expérimentale*

DU MÊME AUTEUR

LE RASOIR DE KANT ET AUTRES ESSAIS DE PHILOSOPHIE PRATIQUE, Editions de l'Éclat, 2003.

PENSER LA PORNOGRAPHIE, PUF, 2003, 2ᵉ édition mise à jour, 2008.

LA PANIQUE MORALE, Grasset, 2004.

LA PHILOSOPHIE MORALE, avec Monique Canto-Sperber, PUF, coll. « Que sais-je ? », 2004, 2ᵉ édition mise à jour, 2006.

POURQUOI TANT DE HONTE ? Pleins Feux, 2005.

LA MORALE A-T-ELLE UN AVENIR ? Pleins Feux, 2006

L'ÉTHIQUE AUJOURD'HUI. MAXIMALISTES ET MINIMALISTES, Gallimard, 2007.

LA LIBERTÉ D'OFFENSER. LE SEXE, L'ART ET LA MORALE, La Musardine, 2007.

LES CONCEPTS DE L'ÉTHIQUE. FAUT-IL ÊTRE CONSÉQUENTIALISTE ?, avec Christine Tappolet, Hermann, 2009.

LA VIE, LA MORT, L'ÉTAT. LE DÉBAT BIOÉTHIQUE, Grasset, 2009

LE CORPS ET L'ARGENT, La Musardine, 2010.

RUWEN OGIEN

L'INFLUENCE DE L'ODEUR DES CROISSANTS CHAUDS SUR LA BONTÉ HUMAINE

et autres questions de philosophie morale expérimentale

BERNARD GRASSET
PARIS

Ouvrage publié par Patrick Savidan

Illustrations : © Maryline Gillois

ISBN 978-2-246-75001-7

SOMMAIRE

PREMIÈRE PARTIE
PROBLÈMES, DILEMMES, ET PARADOXES :
DIX-NEUF CASSE-TÊTE MORAUX

Le programme

Avant-propos

Un antimanuel d'éthique

Ce livre est une introduction générale à l'éthique[1].

Mais il n'a ni la prétention d'apprendre à vivre, ni la vocation d'enseigner l'histoire des idées morales des origines à nos jours, dans l'ordre chronologique.

Son ambition est beaucoup plus modeste : mettre à la disposition de ceux que cela pourrait intéresser une sorte de *boîte à outils intellectuels* pour affronter le débat moral sans se laisser intimider par les grands mots («Dignité», «Vertu», «Devoir», etc.) et les grandes déclarations de principe («Il ne faut jamais traiter personne comme un simple moyen», etc.).

Si ces titres n'étaient pas devenus des marques déposées, j'aurais pu l'appeler *Antimanuel d'éthique* ou *Petit cours d'autodéfense intellectuelle contre le moralisme*.

Comme il s'agit d'un livre de philosophie et non d'un roman policier, je suppose que personne ne sera frustré si je «tue le suspense» en présentant tout de suite mes idées principales.

---

1. J'aurais pu écrire «à l'éthique ou à la morale», deux termes que j'utilise indifféremment, car je ne pense pas qu'il soit utile de donner trop d'importance à cette distinction. Voir l'entrée «Éthique et morale» dans le Glossaire pour une explication.

Je peux les résumer en deux propositions :

1) Il n'est pas vrai que nos croyances morales n'auraient absolument aucune valeur s'il était impossible de les faire reposer sur un principe unique et incontestable (Dieu, la Nature, le Plaisir, les Sentiments, la Raison, etc.) : en éthique, on peut se passer de « fondements ».

2) Admettre une certaine forme de pluralisme des doctrines et des méthodes est l'option la plus raisonnable en éthique.

Je ne suis évidemment pas le seul à soutenir ce genre d'idées antifondationnalistes et pluralistes[1].

Mais je me permettrais de dire que ma façon de les défendre a pour originalité de reposer presque entièrement sur l'examen critique des deux ingrédients de base de la « cuisine » morale : les *intuitions* et les *règles de raisonnement*.

Qu'est-ce qu'une intuition morale ?

Qu'est-ce qu'une règle de raisonnement moral ?

La « cuisine » morale

Certains arguments moraux sont extrêmement simples. Ils ont la forme de jugements bruts sur ce qui est

---

1. Une bonne partie de l'éthique normative moderne, qui s'inspire de John Rawls, repose sur une épistémologie cohérentiste ou antifondationnaliste (Norman Daniels, dir., *Reading Rawls. Critical Studies on Rawls « A Theory of Justice »*, Stanford, Stanford University Press, 1989 ; voir aussi l'entrée « Équilibre réfléchi » dans le Glossaire). Et l'hétérogénéité irréductible des doctrines morales est défendue entre autres par Charles Larmore, « L'hétérogénéité de la morale », chap. 4, *Modernité et morale*, Paris, PUF, 1993, et Thomas Nagel, « Guerre et massacre » (1972), dans *Questions mortelles*, trad. Pascal Engel et Claudine Engel-Tiercelin, Paris, PUF, 1983, p. 69-92.

bien ou mal, juste ou injuste, qu'on ne cherche même pas à justifier, car ils semblent évidents par eux-mêmes. Par exemple :

Quand on voit un enfant qui se noie, on essaie de le sauver. Il serait monstrueux de ne rien faire pour l'aider à sortir de l'eau[1].

Pour qualifier ces jugements directs, spontanés, supposés évidents par eux-mêmes, les philosophes ont pris l'habitude de dire que ce sont des *intuitions morales*.

D'autres arguments moraux sont plus compliqués. Ils lient des intuitions entre elles par des *relations de pensée*, des règles élémentaires de raisonnement moral.

Ainsi, pour dénoncer la bonne conscience des riches, qui ne font rien ou presque pour mettre fin à la famine et la grande pauvreté dans le monde, Peter Singer, le philosophe devenu célèbre par son combat sans concessions contre l'élevage industriel des animaux, avance l'argument suivant.

En ne donnant rien ou presque rien aux organisations qui luttent contre la famine dans le monde, vous laissez mourir des enfants dans de nombreux pays. Vous vous comportez de façon aussi monstrueuse que si vous les laissiez se noyer sous vos yeux dans un étang sans bouger le petit doigt [2].

Il serait vraiment très étonnant que l'argument suffise à convaincre les nantis de partager leurs richesses. Mais il est très intéressant du point de vue de sa construction. Peter Singer met sur le même plan moral le fait de laisser mourir

---

1. Peter Singer, *Sauver une vie. Agir maintenant pour éradiquer la pauvreté* (2009), trad. Pascal Loubet, Paris, Michel Lafon, 2009, p. 18.
2. *Ibid.*, p. 17-26.

un enfant qui se noie dans un étang sous vos yeux, et celui de laisser mourir de faim un enfant dans un pays lointain. Il affirme que les deux comportements sont aussi monstrueux. C'est une comparaison qu'on peut certainement contester. Mais ce qui m'intéresse, c'est qu'elle fait appel implicitement à l'une des règles élémentaires du raisonnement moral : *Il faut traiter les cas similaires de façon similaire.*

En réalité, les arguments moraux complexes ont toujours à peu près la même forme. Ils reposent d'une part sur des intuitions simples, relatives à ce qui est bien ou mal, juste ou injuste ; et, d'autre part, sur des règles de raisonnement moral qui nous disent comment elles peuvent s'appliquer.

Intuitions et règles de raisonnement sont les deux ingrédients de base de la « cuisine » morale. Comment pourrions-nous approfondir notre compréhension de la pensée morale sans passer par leur analyse systématique, et sans essayer de répondre aux questions philosophiques qu'ils posent ?

Quelles sont-elles ?

Questions sur les règles et les intuitions

Trois règles élémentaires de raisonnement moral sont bien connues. « *Devoir implique pouvoir* » (ou : « À l'impossible nul n'est tenu ») ; « *De ce qui est, on ne peut pas dériver ce qui doit être* » (ou : « Il ne faut pas confondre les jugements de fait et les jugements de valeur ») et enfin « *Il faut traiter les cas similaires de façon similaire* » (ou : « Il est injuste de faire deux poids deux mesures »).

On peut se demander s'il y en a d'autres, si elles sont suffisamment claires et précises, si elles sont cohérentes

entre elles, et si ce sont des sortes de «dogmes» inattaquables ou des propositions ouvertes à la contestation.
De nombreuses questions se posent aussi à propos des
intuitions morales. Comment fait-on pour les connaître ?
Sont-elles les mêmes partout et chez tout le monde ou
sont-elles différentes d'une société à l'autre et d'un individu à l'autre ? Sont-elles *innées, apprises,* ou un peu les
deux en même temps ? S'agit-il de réactions purement
émotionnelles ou de jugements spontanés qui n'ont pas
forcément un contenu affectif ? Quel est le rôle des intuitions morales dans la justification des grandes théories
morales ?

Pour essayer de répondre à ces questions je me sers
largement de ce qu'on appelle la «philosophie morale
expérimentale».

Qu'est-ce que la philosophie morale expérimentale ?

La philosophie morale expérimentale est une discipline encore en gestation, qui mêle l'étude scientifique
de l'origine des normes morales dans les sociétés
humaines et animales, et la réflexion sur la valeur de ces
normes, sans qu'on sache encore exactement dans quelle
direction elle finira par s'orienter, et quelle sera la nature
de sa contribution à la philosophie (si elle en a une)[1].
Pour ses promoteurs les plus enthousiastes, c'est un
style d'investigation révolutionnaire, qui se tourne vers
les sciences naturelles pour trouver des moyens de

---

1. Kwame Anthony Appiah, *Experiments in Ethics*, Cambridge, Mass.,
Harvard University Press, 2008.

clarifier ou de résoudre les problèmes traditionnels de la philosophie[1].

D'autres promoteurs, un peu moins enthousiastes, ou un peu plus habiles, préfèrent dire que ce style d'investigation n'a absolument rien de nouveau. D'après eux, la philosophie morale expérimentale ne fait que renouer les liens entre les sciences naturelles et la philosophie, qui étaient très solides autrefois, et qu'il n'aurait jamais fallu rompre, car c'est grâce à eux que les connaissances humaines ont pu progresser[2].

C'est une querelle d'histoire des idées dans laquelle je n'entrerai pas. Ce qui m'intéresse, c'est que la philosophie morale expérimentale propose cinq classes de données empiriques susceptibles de contribuer à la réflexion morale.

1) Enquêtes sur les intuitions morales de chacun et de tout le monde.

2) Enquêtes sur les raisonnements moraux de chacun et de tout le monde

3) Expériences de laboratoire sur la générosité ou la cruauté humaine.

4) Recherches psychologiques sur le développement moral des enfants.

5) Rapports anthropologiques sur la diversité des systèmes moraux.

---

1. John M. Doris et Jesse J. Prinz, Compte rendu de Kwame Anthony Appiah, *Experiments in Ethics, Notre Dame Philosophical Reviews*, 10 mars 2009. Comme tout programme de recherche qui mobilise plus de deux chercheurs, la philosophie morale expérimentale est divisée en plusieurs courants. Ma façon de présenter ce programme n'est pas du tout orthodoxe, et je ne conseille pas à un étudiant de s'en servir pour un examen (qui ne risque pas d'avoir lieu en France de toute façon).
2. C'était selon Appiah la méthode de Hobbes, Descartes, Locke ou Hume : Appiah, *Experiments in Ethics, op. cit.*, p. 7-11.

Il serait absurde, à mon avis, *de décider d'avance* que ces travaux ne pourront absolument pas servir à clarifier des questions de philosophie morale, sous le prétexte qu'ils portent sur des faits et non sur des valeurs ou des normes, et qu'il existe un abîme infranchissable entre les deux genres d'enquête.

Pour certains philosophes, l'opposition entre la recherche scientifique et la réflexion morale n'est plus défendable. C'est un dogme qui est mort[1]. Sans aller jusque-là, on peut s'interroger sur sa signification exacte et veiller à ce qu'elle reste ouverte à l'examen critique.

---

1. Hilary Putnam, *Fait/valeur: la fin d'un dogme et autres essais* (2002), trad. Marjorie Caveribière et Jean-Pierre Cometti, Paris - Tel-Aviv, Éditions de l'Éclat, 2004.

Introduction

À quoi servent les expériences de pensée ?

Imaginez un canot de sauvetage pris dans une tempête en pleine mer. À son bord, il y a quatre hommes et un chien. Tous les cinq vont mourir si aucun homme n'accepte d'être sacrifié, ou si le chien n'est pas jeté par-dessus bord. Est-il moralement permis de jeter le chien à la mer simplement parce que c'est un chien, sans autre argument[1] ?

Qu'en pensez-vous ?

Supposez, à présent, que ces hommes soient des nazis en fuite, auteurs de massacres de masse barbares, et que le chien soit un de ces sauveteurs héroïques, qui ont permis à des dizaines de personnes d'échapper à une mort atroce après un tremblement de terre. Est-ce que cela changerait quelque chose à votre façon d'évaluer leurs droits respectifs à rester sur le canot de sauvetage ?

Les problèmes de sacrifice d'animaux pour le bien des membres de notre espèce, quels qu'ils soient, ne se

---

1. Tom Regan, « The Dog in the Lifeboat : An Exchange », *The New York Review of Books*, 25 avril 1985.

posent pas que dans les fictions morales. En 1984, aux États-Unis, un chirurgien proposa aux parents d'un bébé né affecté d'une malformation cardiaque le condamnant à mourir à très brève échéance, de lui greffer le cœur d'un babouin.

L'opération eut lieu. Le bébé survécut, mais quelques semaines seulement.

Cette affaire dite du « bébé Fae », du nom de l'enfant, provoqua une très vive polémique.

Ce qui fut jugé intolérable par certaines associations de lutte contre la vivisection, ce n'est pas que l'enfant ait été traité comme une sorte de cobaye, ou que la barrière des espèces entre l'humain et le babouin ait été transgressée.

C'est qu'on ait trouvé naturel de sacrifier un animal vivant et intelligent pour tenter de sauver un bébé dont les chances de survie étaient infimes[1].

Il me semble que la plupart des philosophes jugeront que l'affaire du « bébé Fae » mérite toute notre attention, même s'ils ne sont pas spécialisés dans l'éthique animale.

J'ai le sentiment qu'ils seront plus divisés à propos des expériences de pensée.

Certains vous diront qu'ils n'ont rien contre l'usage des fictions dans la réflexion éthique, à condition qu'il s'agisse d'œuvres littéraires riches et ouvertes, qui conduisent le lecteur à prendre conscience de la difficulté à bien poser une question morale, et non d'exemples schématiques qui lui disent d'avance dans quelle direction il faut chercher[2].

---

1. Claudia Wallis, « Baby Fae Stuns the World », *Time*, 12 novembre 1984 ; Claudia Wallis, « Baby Fae Loses the Battle », *Time*, 26 novembre 1984.

2. Martha Nussbaum, *La connaissance de l'amour* (1990), trad. Solange Chavel, Le Cerf, 2010, p. 78.

Ils n'iront peut-être pas jusqu'à soutenir que, pour comprendre les questions morales que pose notre rapport aux animaux, il vaut mieux lire *Lassie, chien fidèle* qu'une histoire de canot de sauvetage un peu absurde avec des chiens et des nazis. Mais ils n'en seront pas loin.

D'autres rejetteront ces expériences de pensée sous prétexte qu'elles sont tellement abstraites, tellement éloignées de la réalité, qu'on ne peut absolument rien en tirer d'intéressant ou de valable pour nos vies[1].

Ces deux arguments sont-ils fondés ?

Trop pauvres ?

Les expériences de pensée sont des petites fictions, inventées spécialement pour susciter la perplexité morale.

Comme il s'agit de récits simples, schématiques, courts et sans valeur littéraire, toutes les manipulations des éléments narratifs utiles au progrès de la réflexion morale sont concevables.

Ainsi, j'ai introduit, sans me sentir coupable de ruiner une œuvre d'art, un petit changement par rapport au premier scénario du canot de sauvetage, en disant quelque chose du passé des quatre hommes et du chien. Il devait servir à mesurer l'importance respective de l'appartenance à une espèce et des qualités individuelles dans notre jugement moral.

Procéder de la même manière avec de grandes œuvres littéraires comme *Anna Karénine* ou *Madame Bovary* aurait peu de sens.

---

1. Kathleen V. Wilkes, *Real People: Personal Identity Without Thought Experiments*, Oxford Clarendon Press, 1988.

19

Il s'agit pourtant aussi d'«expériences de pensée», puisqu'elles mettent en scène des personnages inventés, dans des situations hypothétiques moralement compliquées. Mais leur contribution à la réflexion morale semble provenir de la situation hypothétique comme l'auteur l'a décrite, dans sa particularité, ses détails et ses complexités[1].

On perdrait donc tout ce qu'elles sont supposées nous apprendre, si on les simplifiait, comme dans les résumés de Wikipédia ou de *La littérature pour les nuls*, ou si on s'éloignait trop du récit, en posant des questions bizarres comme : «Et si Madame Bovary était un homme ou un transsexuel?»; «Et si Anna Karénine était une femme de ménage?»

Les fictions simplifiées ne peuvent évidemment pas jouer le même rôle édifiant que les grandes œuvres littéraires. Mais elles nous donnent les moyens d'identifier plus clairement les facteurs qui influencent nos jugements moraux, comme l'appartenance à une espèce ou les qualités individuelles. C'est une contribution qui n'est pas négligeable, à mon avis.

Trop éloignées de la réalité ?

Le deuxième reproche qu'on fait aux expériences de pensée morales, c'est qu'elles sont trop abstraites, trop éloignées des problèmes auxquels les gens sont confrontés dans la réalité, pour nous donner autre chose

---

1. C'est ainsi que Martha Nussbaum caractérise l'intérêt moral de la littérature : «Comme le dit James, "ce qu'il nous faut, c'est la peinture de la situation exposée et enchevêtrée" », *La connaissance de l'amour*, *op. cit.*, p. 78.

que le plaisir futile, purement intellectuel, de s'amuser avec des idées[1].

C'est ce qu'on dit aussi de certaines expériences de pensée en physique.

Dans une expérience de pensée physique, si on place, en imagination, un objet fictif trop différent des objets réels dans des conditions hypothétiques fictives trop éloignées des conditions réelles, qu'obtient-on ? De la science-fiction au mieux, des résultats fictifs qui ne serviront à rien, même pas à nous distraire, au pire[2].

Mais les expériences de pensée en éthique n'ont rien à voir avec les expériences de pensée en physique ! Leur but *ultime* n'est pas de nous aider à mieux connaître la réalité, mais à savoir *s'il y a des raisons de la conserver comme elle est ou de la changer*[3].

Ainsi, la description précise de la condition animale est très importante pour provoquer la réflexion. Mais elle est insuffisante *quand nous nous demandons dans quel sens il faudrait que les choses évoluent.*

Si, par exemple, nous pensons sérieusement que les

---

1. Jeremy Waldron, « Right and Wrong : Psychologists *vs* Philosophers », *The New York Review of Books*, 8 octobre 2009 ; Wilkes, *Real People : Personal Identity Without Thought Experiments, op. cit.*
2. Jacques Bouveresse, « Les expériences de pensée en littérature et en philosophie morale : Mach-Wittgenstein-Platon-Cora Diamond », dans *La connaissance de l'écrivain, Sur la littérature, la vérité & la vie*, Marseille, Agone, 2008, p. 115-122 ; Cora Diamond, « What if x isn't the number of sheep ? Wittgenstein and Thought-Experiments in Ethics », *Philosophical Papers*, vol. 31, n° 3, novembre 2002, p. 227-250.
3. Ce qui n'empêche pas que nous soyons, semble-t-il, disposés à entrer, par l'imagination, dans toutes sortes de mondes physiques très éloignés du nôtre (des mondes dans lesquels on peut devenir invisible ou rétrécir à volonté), alors que nous sommes moins disposés à entrer par l'imagination dans des mondes moraux très éloignés du nôtre (des mondes dans lesquels il est bien de pendre des enfants pour le plaisir ou de tuer son bébé si c'est une fille) : Tamar Szabo Gendler, « The Puzzle of Imaginative Resistance », *The Journal of Philosophy*, vol. 97, n° 2, février 2000, p. 55-81.

animaux ne sont pas des choses, quelles en sont les implications ? Ne faudrait-il pas renoncer complètement à les posséder, à les vendre, à les acheter, à les manger ? Est-ce que cela ne conduirait pas à la disparition complète de tous les animaux qui ne sont pas sauvages ? Est-ce bien ce que nous souhaitons ?

Je ne vois pas comment on pourrait se passer d'expériences de pensée pour essayer d'y voir un peu plus clair dans ces questions politiques et morales compliquées. Il faut dire que c'est une méthode qui ne date pas d'hier ou d'avant-hier. La plus fameuse, peut-être, des expériences de pensée morale a été proposée par Platon, il y a plus de 2 400 ans.

Psychologie et philosophie

Connaissez-vous l'histoire de l'anneau de Gygès ? Elle est évoquée par Platon, et tous ceux qui ont fait un peu de philosophie morale en ont probablement entendu parler. Pour ceux qui l'auraient oubliée, je vais la rappeler dans ses grandes lignes, en sachant que les spécialistes de Platon risquent de tiquer un peu sur les détails.

Selon une légende ancienne, un berger, ancêtre d'un certain Gygès, avait trouvé un anneau d'or qui permettait de se rendre invisible lorsqu'on tournait son chaton vers la paume de la main et de redevenir visible lorsqu'on le tournait vers l'extérieur. Cet anneau donnait donc le pouvoir d'être visible ou invisible à volonté... et de commettre les pires crimes ni vu ni connu !

Au livre II de *La République*, l'un des personnages, Glaucon, prend la parole et nous demande d'imaginer ce que feraient deux individus, l'un supposé juste et l'autre injuste, si chacun possédait un anneau de Gygès[1].

Serait-il encore possible de les distinguer ? Ne se conduiraient-ils pas exactement de la même manière ? Le juste resterait-il honnête ? S'abstiendrait-il de voler aux étalages alors qu'il pourrait le faire en toute impunité ? Et que penserait-on vraiment de lui, s'il restait honnête, s'il ne profitait pas du pouvoir que lui donne l'anneau ? Ne le prendrait-on pas, au fond, pour une sorte d'idiot, en dépit de tous les éloges qu'on serait bien obligé de lui faire ?

Telles sont les questions qui apparaissent dans le récit.

À première vue, l'histoire de l'anneau de Gygès est une expérience de pensée psychologique, en ce sens qu'elle sollicite notre jugement à propos de ce que les gens feront si on les place dans une certaine situation hypothétique.

On peut lui donner une forme quasi scientifique.

Supposons qu'on offre à deux personnes, l'une honnête et l'autre malhonnête, un anneau qui permette de se rendre invisible et d'accomplir toutes sortes de forfaits ni vu ni connu.

Hypothèse

La personne honnête se conduira exactement de la même façon que la personne malhonnête. Il n'y aura aucune différence morale entre les deux.

---

1. Platon, *La République*, trad. Georges Leroux, GF-Flammarion, 2004.

Justification de l'hypothèse

La seule chose qui nous retient d'être malhonnête, c'est la peur d'être pris et puni. Si la personne honnête ne risque plus d'être prise et punie, elle se comportera comme la personne malhonnête.

Interprétée ainsi, l'expérience de pensée proposée par Platon ressemble, en effet, à une expérience de pensée psychologique.

Elle ne serait pas spécifique à la pensée morale. Elle pourrait intéresser un criminologue, ou un économiste qui fait des recherches sur les motivations de la fraude dans les transports publics ou du vol dans les grands magasins. Qui paierait sa place dans le bus ou ses achats dans un grand magasin s'il était invisible ?

Mais quand on envisage cette expérience de pensée dans son ensemble, on se rend compte qu'elle n'a rien de psychologique. C'est une enquête *conceptuelle* sur ce que signifie être juste, être honnête ou, plus généralement, sur l'idée de justice[1]. Ce que l'expérience vise à montrer en effet, c'est qu'une personne réellement juste n'est pas celle qui se comporte de façon juste parce qu'elle craint d'être prise et punie.

En réalité, le but de l'expérience n'est pas de *prédire* un comportement dans certaines conditions hypothétiques, comme pourrait le faire un psychologue, mais de clarifier l'idée de justice.

L'expérience de pensée en éthique peut servir à montrer que le problème psychologique est en réalité un *problème conceptuel*. C'est une de ses fonctions philosophiques

---

1. Diamond, « What if x isn't the number of sheep ? Wittgenstein and Thought-Experiments in Ethics », *op. cit.*

si on peut dire. Une fois qu'on l'a compris, toutes sortes de questions factuelles qu'on pourrait se poser à son propos deviennent un peu ridicules. Par exemple : « Cette histoire d'anneau n'a pas de sens. Si vous volez des objets dans un grand magasin en étant invisible, cela ne veut pas dire que les objets volés seront invisibles eux aussi. On verrait des foulards Hermès ou des montres Rolex flotter vers la sortie et vous croyez que personne ne serait étonné ? Vous prenez les gens pour des idiots. Vous serez pris tout de suite ! »

Autre exemple : « Nous n'en savons pas assez sur les personnages pour pouvoir répondre à la question posée. Vous demandez si une personne honnête deviendra malhonnête au cas où elle pourrait devenir invisible à volonté. Moi je vous réponds : cela dépend des gens. Certaines personnes honnêtes deviendraient effectivement malhonnêtes si elles pouvaient voler ou frauder sans aucun risque d'être pris. Mais d'autres resteraient honnêtes parce qu'elles ont reçu une bonne éducation ou parce qu'elles auraient quand même peur de se faire prendre. Sans données supplémentaires sur ces personnes, leur passé, leurs intérêts, leurs préférences, leur métier, toute prédiction est futile, faite un peu au hasard[1]. »

Une troisième objection pourrait sembler plus pertinente : « L'hypothèse selon laquelle la seule chose qui nous retient d'être malhonnête, c'est la peur d'être pris et puni est une affirmation sans preuves. Sans arguments supplémentaires, l'hypothèse est injustifiée. »

J'ai l'impression toutefois qu'il s'agit encore d'une objection aussi déplacée que la précédente, dans la

1. Wilkes, *Real People: Personal Identity Without Thought Experiments*, *op. cit.*

mesure où l'hypothèse contestée à juste titre est empirique elle aussi.

Ce que l'expérience de pensée de Platon est supposée nous donner à la fin, c'est la définition d'un concept
moral (être juste, en l'occurrence). Mais on peut construire des expériences de pensée
pour toutes sortes d'autres objectifs.

Dans la philosophie morale d'aujourd'hui, la méthode
des expériences de pensée sert surtout à identifier nos
intuitions morales dans le but de tester la validité des
grandes doctrines morales. La procédure standard est la suivante :

1) Construire des cas bizarres pour révéler nos intuitions morales.

2) Affirmer que les doctrines qui ne nous plaisent
pas sont fausses car elles contredisent ces intuitions.

C'est cette procédure qui m'intéresse.

Trois façons de concevoir la morale

Déontologisme et conséquentialisme sont les deux
principales théories en compétition dans la philosophie
morale d'aujourd'hui[1]. Le déontologisme (du grec *déon*: devoir) est largement inspiré de Kant. Selon cette théorie, il existe des
contraintes absolues sur nos actions, des choses *qu'on ne
devrait jamais faire*: « Ne pas mentir », « Ne pas traiter une

---

1. Samuel Scheffler, dir., *Consequentialism and Its Critics*, Oxford,
Oxford University Press, 1988.

personne humaine comme un simple moyen » sont des exemples de ce genre de contraintes[1].

Pour le conséquentialiste, ce qui compte moralement, ce n'est pas de respecter aveuglément ces contraintes, mais de faire en sorte qu'il y ait, au total, *le plus de bien ou le moins de mal possible dans l'univers*. Et s'il est nécessaire, pour y arriver, de se libérer de ces contraintes, il faut le faire ou au moins essayer[2].

Les conséquentialistes les plus fameux sont les utilitaristes. Pour ces derniers, le bien, c'est le plaisir, et ce qu'il faut faire, c'est produire le plus de plaisir et le moins de peine pour le plus grand nombre. Mais on peut être conséquentialiste sans être utilitariste. Il suffit de ne pas réduire le bien au plaisir.

Depuis quelque temps, ces deux grandes théories sont confrontées au retour spectaculaire d'une conception plus ancienne : l'*éthique des vertus* inspirée d'Aristote[3]. On l'appelle parfois « arétiste » (du grec *arétè*: excellence). Elle affirme que la seule chose qui importe moralement, c'est la *perfection personnelle*, être quelqu'un de bien, une personne de bon caractère, généreuse, affectueuse, courageuse, etc. Le reste, c'est-à-dire respecter des grands principes ou œuvrer pour le plus grand bien du plus grand nombre, est secondaire. Pour l'éthique des vertus, la morale ne concerne pas seulement le rapport aux autres : elle est aussi souci de soi. Elle doit prôner la tempérance dans les plaisirs, le contrôle des désirs et des émotions, etc.

---

1. Nagel, « Guerre et massacre », *op. cit.* ; Robert Nozick, *Anarchie, État et utopie* (1974), trad. Évelyne d'Auzac de Lamartine, reprise par Emmanuel Dauzat, Paris, PUF, 1988.
2. Scheffler, *Consequentialism and Its Critics, op. cit.*
3. Roger Crisp et Michael Slote, dir., *Virtue Ethics*, Oxford, Oxford University Press, 1997 ; Marcia W. Baron, Philip Pettit et Michael Slote, *Three Methods of Ethics*, Londres, Blackwell, 1997.

Quelle est la meilleure théorie morale ? Est-il possible de les amender ? Existe-t-il plusieurs versions différentes de ces théories[1] ? Quelle est la plus raisonnable ? Faut-il préférer celle qui est le plus en harmonie avec le plus grand nombre d'intuitions morales ?

Une intuition morale peut-elle servir à disqualifier l'une ou l'autre de ces théories morales comme certains faits physiques peuvent servir à ruiner une hypothèse scientifique ?

Pour réfuter l'idée que tous les cygnes sont blancs, il suffit, en gros, de montrer qu'il existe un cygne noir (qui n'a pas été coloré par un farceur).

Pour réfuter l'éthique kantienne, qui exclut absolument tout droit de mentir, même par « humanité[2] », suffit-il de rappeler l'intuition qui nous autorise à mentir

---

1. J'ai proposé des caractérisations des trois grandes théories morales qui devraient permettre de comprendre ce qui les distingue à la base. Mais il existe presque autant de ramifications de ces théories que de philosophes qui les défendent ou les discutent. Il y a des formes de déontologisme qui ne reconnaissent pas de contraintes absolues sur les actions et tendent au conséquentialisme. Il y a des formes de conséquentialisme qui essaient de faire une place à certaines contraintes fortes sur nos actions, et se rapprochent ainsi du déontologisme. Quant à l'éthique des vertus, elle existe sous plusieurs formes désormais, et certaines sont difficiles à distinguer du conséquentialisme et du déontologisme. Toutefois, ce livre n'est pas consacré à un examen approfondi des trois grandes théories morales et de leurs ressources, mais à une analyse de la place des intuitions dans la justification de toute théorie morale. Je n'entrerai donc pas dans tous ces détails. Nous avons essayé avec Christine Tappolet de présenter un tableau aussi complet que possible des différentes versions du conséquentialisme et du déontologisme, et d'analyser les ressources de chacune d'elles dans *Les concepts de l'éthique. Faut-il être conséquentialiste ?*, Paris, Hermann, 2009. Voir aussi, pour un tableau précis de l'état de ces théories morales, les essais contenus dans Scheffler, dir., *Consequentialism and Its Critics, op. cit.*

2. Emmanuel Kant, « Sur un prétendu droit de mentir par humanité » (1797), dans *Théorie et pratique. Droit de mentir*, trad. L. Guillermit, Paris, Vrin, 1994.

à des assassins cruels qui viennent chercher un innocent caché dans votre maison ?

Pour réfuter l'éthique utilitariste, suffit-il de rappeler l'intuition qui nous interdit de faire pendre un innocent, même si c'est pour sauver un grand nombre de vies humaines ?

Pour faire retourner l'éthique des vertus à la case des idées morales dépassées, suffit-il de rappeler l'intuition qui nous demande de ne pas mettre sur le même plan moral le souci de soi et le souci des autres, le meurtre et le suicide, et plus généralement le mal fait aux autres et celui qu'on se cause à soi-même ?

Faut-il démocratiser les expériences de pensée ?

Les philosophes n'ont toujours pas trouvé de meilleur moyen de disqualifier une théorie morale que de dire à son propos : « *Elle est absurde. Elle contredit nos intuitions communes*[1] *!* »

Admettons que ce soit une objection pertinente. Resterait à savoir quelles sont effectivement ces intuitions « communes ». De nombreux philosophes se contentent de dire vaguement « nous » pensons, « on » pense, « la plupart des gens » pensent, « personne » ne pense, sans se demander si ce n'est pas seulement ce qu'eux et quelques collègues du département de philosophie pensent.

Il faut dire que ce n'est pas toujours par manque de rigueur. Certains estiment qu'ils ne sont pas obligés de donner un sens concret ou sociologique à la notion d'intuition commune.

Ils peuvent considérer que la notion, telle qu'ils

---

1. Appiah, *Experiments in Ethics, op. cit.*, p. 78-82.

l'utilisent, ne fait pas référence aux jugements spontanés de la *majorité des gens*, mais aux jugements « bien formés » de personnes « éclairées », « informées », « sensibles aux questions morales », capables de « neutraliser leurs intérêts » et leurs « préjugés », etc.[1].

Il existe, d'ailleurs, une longue tradition élitiste en philosophie morale, dans la caractérisation des personnes qui seraient capables d'émettre un avis éthique, ou dont les « intuitions » devraient compter dans tout débat moral[2]. Mais pourquoi donner plus de poids aux jugements de cette « élite morale » qu'à ceux de chacun et de tout le monde ?

Une autre façon de présenter les intuitions communes, qui ne fait nullement référence aux idées de chacun et de tout le monde, consiste à affirmer que ce sont des propositions qu'il serait irrationnel de ne pas accepter[3].

Est-il vrai cependant que toutes les personnes rationnelles, bien informées, sensibles aux questions morales, accepteraient ces propositions ? Ne faut-il pas effectuer des recherches concrètes et systématiques pour le savoir[4] ?

C'est avec ces interrogations à l'esprit que des philo-

---

1. T. M. Scanlon « Rawls on Justification », dans Samuel Freeman, dir., *The Cambridge Companion to Rawls*, Cambridge, Cambridge University Press, 2003, p. 140.

2. Elle va du philosophe-roi de Platon au juge rationnel et raisonnable de John Rawls : David Copp, « Experiments, Intuitions, and Methodology in Moral and Political Theory », texte présenté au *Molyneux's Spring Seminar on Intuitions*, University of California, Davis, 2010, p. 1-49, et au séminaire de l'ANCO-CERSES à Paris 5-René Descartes en juin 2010. On peut voir aussi cette tradition élitiste comme une longue histoire d'*exclusion* de certaines personnes jugées inaptes à porter un jugement moral bien formé : femmes, pauvres, jeunes, non occidentales, non blanches, etc.

3. Scanlon, « Rawls on Justification », *op. cit.*

4. Appiah, *Experiments in Ethics, op. cit.*, p. 80.

sophes ouverts aux disciplines empiriques ont commencé à s'intéresser aux travaux des sociologues et des psychologues portant sur les jugements moraux spontanés de toutes sortes de personnes, un peu partout dans le monde, philosophes et non-philosophes, d'âge, de sexe, de niveau d'éducation, de religion, de langue, de culture, de catégorie sociale différents.

Ils ont proposé de poser au plus grand nombre les questions étranges que les philosophes professionnels se posaient à eux-mêmes (et aux autres philosophes)[1] :

« Est-il permis de tuer une personne pour prélever ses organes et sauver ainsi la vie de cinq autres personnes en attente de greffe ? »

« Est-il permis de détourner un tramway qui risque de tuer cinq personnes vers une voie d'évitement où une seule sera écrasée ? »

« L'inceste peut-il être pratiqué en toute innocence ? »

« Est-il immoral de nettoyer les toilettes avec le drapeau national ? »

Et c'est ainsi qu'est née la philosophie morale expérimentale[2] !

Expériences sur les comportements

La philosophie morale expérimentale ne s'occupe pas que des expériences de pensée. Elle s'intéresse aussi aux

---

1. Certaines de ces expériences ont été faites sur des milliers de personnes via Internet: Steven Pinker, « The Moral Instinct », *The New York Times*, 13 janvier 2008.
2. Appiah, *Experiments in Ethics, op. cit.* ; Joshua Knobe et Shaun Nichols, dir., *Experimental Philosophy*, Oxford, Oxford University Press, 2008.

expériences sur les comportements, où elle rencontre des obstacles différents.

Les expériences de pensée, celles des philosophes et celles qui sont soumises à la sagacité de tout le monde, ne posent aucun problème moral.

Il n'y a rien de mal à se demander ce qu'il faut *penser* d'une personne qui refuse de prendre à bord de sa voiture la victime d'un accident de la route qui saigne abondamment *pour ne pas abîmer ses sièges en cuir tout neufs* [1].

On peut poser la question à un tas de gens avec des chances assez élevées qu'ils vous répondent calmement s'ils ont du temps à perdre.

Les expériences sur les comportements dits « moraux » ou « immoraux » ne sont pas aussi indifférentes du point de vue moral.

Organiser une mise en scène pour vérifier comment se comportent *réellement* les conducteurs qui passent devant la victime d'un accident saignant abondamment n'est pas sans risque.

Comment réagirait celui qui se serait ridiculisé en préférant sauver ses sièges en cuir tout neufs plutôt qu'une vie humaine ? Il n'est pas certain que cette expérience l'amuse.

L'idée de faire des expériences sur les comportements pour confirmer des hypothèses sur la « nature humaine » est ancienne.

Kant était un amateur de cet exercice, pour lequel il n'était peut-être pas très doué. L'une de ses hypothèses était qu'une femme boude plus longtemps si on lui dit qu'elle est vieille (c'est objectif) que si on la traite de laide (c'est subjectif) [2].

---

1. D'après Peter Unger, *Living High and Letting Die*, Oxford, Oxford University Press, 1996.
2. Il l'aurait réellement testée sur ses sœurs, ce qui lui aurait peut-

... *sur la bonté humaine*

On pourrait considérer que l'étude expérimentale des comportements dits « moraux » ou « immoraux » est un programme de recherche ayant pour objectif de vérifier des hypothèses du même genre, mais dont l'intérêt est plus évident, et avec des méthodes un peu plus sérieuses et un peu plus respectueuses. En quoi ce programme scientifique peut-il intéresser la philosophie morale ? Selon certains chercheurs, le meilleur service que ces expériences sur les comportements pourraient rendre à la philosophie morale serait de l'aider à éliminer les théories les plus irréalistes, celles qui ne tiennent absolument aucun compte de la « nature humaine »[1].

Mais elles peuvent aussi contribuer à nous débarrasser de toutes sortes de clichés sur la « nature humaine ». Certaines expériences bien connues montrent qu'il suffit de peu de chose pour se comporter comme un monstre : un expérimentateur en blouse blanche qui vous donne des ordres d'une voix ferme et polie, un rôle de gardien de prison et la tenue qui va avec, et vous voilà prêts à martyriser votre prochain !

Cependant, d'autres expériences, un peu moins connues, vont dans une direction complètement opposée. Elles montrent qu'il faut aussi vraiment peu de chose pour se comporter quasiment comme un saint : une odeur de croissants chauds qui vous met de bonne humeur, un peu de temps libre devant soi, etc.[2].

être valu, aujourd'hui, des poursuites judiciaires pour cruauté mentale : Louis Ernest Borowski, Reinhold Berhnard Jachmann et Ehrgott André Wasianski, *Kant intime*, dir., trad. Jean Mistler, Paris, Grasset, 1985.

1. Owen Flanagan, *Psychologie morale et éthique* (1991), trad. Sophie Marnat, Paris, PUF, 1996 ; Vanessa Nurock, *Sommes-nous naturellement moraux ?*, Paris, PUF, 2011.

2. John M. Doris, *Lack of Character. Personality and Moral Behavior*, Cambridge, Cambridge University Press, 2002.

Avant de lancer des affirmations grandiloquentes sur un prétendu «penchant naturel» de l'homme à faire le mal (ou le bien), il faudrait peut-être s'intéresser aux résultats de ces modestes expériences.

C'est du moins l'une des questions que pose aussi la philosophie morale expérimentale.

La plupart des dix-neuf cas que je propose dans la première partie de ce livre appartiennent au «corpus» de la philosophie morale expérimentale.

J'ai essayé de présenter les autres de telle façon qu'ils puissent, à l'avenir, faire l'objet de ce genre de recherches. Ils ont vocation à être étudiés au moyen des méthodes de la philosophie morale expérimentale, même s'ils ne l'ont pas été jusqu'à présent.

Parmi les philosophes qui s'intéressent à ces études de cas, certains ont une attitude de révérence absolue à l'égard des méthodes et des résultats de tout ce qui se prétend «scientifique» (enquêtes statistiques, spéculations sur l'histoire naturelle de notre espèce, imagerie cérébrale, etc.).

D'autres se désintéressent complètement des questions normatives, c'est-à-dire de ce qui est juste ou injuste, désirable ou indésirable. Ils se contentent d'enregistrer ces faits biologiques, psychologiques ou sociaux sans se demander en quoi ils peuvent contribuer à l'élaboration de normes moralement acceptables.

Mais je crois qu'il y a moyen de se servir de ces recherches autrement, sans perdre tout esprit critique à l'égard de leurs résultats, et sans renoncer aux préoccupations normatives.

PROBLÈMES, DILEMMES, ET PARADOXES : DIX-NEUF CASSE-TÊTE MORAUX

LE PROGRAMME

Expériences de pensée

Je présente d'abord cinq expériences de pensée qui ont été abondamment commentées : *Urgences, L'enfant qui se noie dans l'étang, La transplantation devenue folle, Face à la foule déchaînée, Le tramway qui tue.* Elles ont été conçues pour essayer de savoir dans quelle mesure nos intuitions morales, c'est-à-dire nos jugements spontanés sur ce qui est bien ou mal, juste ou injuste, allaient dans le sens des conceptions déontologistes ou conséquentialistes de l'éthique.

Sommes-nous plutôt déontologistes ou obsédés par le respect inconditionnel de certaines règles morales comme « Ne pas mentir », « Ne jamais traiter une personne humaine comme un simple moyen » ?

Sommes-nous plutôt conséquentialistes, c'est-à-dire soucieux de faire en sorte qu'il y ait le plus de bien et le moins de mal possible dans ce monde, quitte à ne pas toujours respecter certaines règles ?

Ces expériences de pensée montrent aussi l'importance, dans nos jugements moraux, des règles élémentaires de raisonnement moral comme : « Il faut traiter les cas similaires de façon similaire. »

37

J'ai retenu ensuite le cas de *L'inceste en toute innocence.* Il permet de poser une question qui me paraît centrale en morale. Pourquoi avons-nous tendance à voir de la morale partout, c'est-à-dire à inventer toutes sortes de « fautes morales sans victimes », comme l'inceste entre adultes consentants ? Pour clarifier cette question, et essayer d'y apporter des élément de réponses, je me sers de deux sources expérimentales : recherches psychologiques sur le développement moral des enfants, et recherches anthropologiques comparatives sur les systèmes moraux.

L'amoraliste est une expérience de pensée conçue pour nous faire réfléchir sur les deux arguments dont les philosophes moraux se servent pour faire barrage à ce personnage qui mine leurs prétentions : « Et si tout le monde en faisait autant ? » et « Aimeriez vous qu'on vous fasse la même chose ? »

La machine à expériences, Une vie brève et médiocre est-elle préférable à pas de vie du tout ?, J'aurais préféré ne pas naître sont relatives aux questions morales les plus traditionnelles : « Comment vivre ? », « Qu'est-ce qu'une vie digne d'être vécue ? » Autant dire tout de suite qu'elles ne proposent aucune réponse.

Vient ensuite une discussion sur les droits des animaux, qui tient compte des résultats des études de cas précédentes sur les vies dignes d'être vécues. Elle part d'un ensemble d'expériences de pensée assez fameuses dites du « canot de sauvetage », dont le but est de nous faire réfléchir sur notre tendance à privilégier systématiquement les membres de notre espèce.

Le monstre d'utilité conclut cette discussion en poussant plus loin, jusqu'à l'absurde, l'argument utilitariste.

On vous a branché un violoniste dans le dos m'intéresse tout particulièrement parce qu'elle montre l'importance de la méthode des expériences de pensée dans le débat moral. Elle modifie les termes de la discussion philosophique autour de l'avortement. Les philosophes qui contestent le droit d'avorter s'appuient sur l'idée que les fœtus sont des personnes, dont le droit à la vie ne peut pas être contesté. Ce cas imaginaire, qui relève plus de la science-fiction que du fait divers, permet d'envisager la possibilité que, même si les fœtus étaient des personnes, l'interruption volontaire de grossesse resterait légitime. On pourrait la voir comme un acte d'autodéfense face à une agression qui menace la vie ou la qualité de l'existence. Toute la question deviendrait alors celle de savoir à quelles conditions l'autodéfense est légitime.

J'ai regroupé sous le titre *Frankenstein ministre de la Santé* tout un ensemble d'hypothèses concernant l'avenir de la nature humaine au cas où certains projets scientifiques seraient mis en œuvre (clonage reproductif humain, amélioration génétique des capacités physiques et mentales humaines, congélation des ovules, etc.). Le but est de tester la valeur de l'argument disant qu'il ne faut pas « jouer avec la nature » ou « se prendre pour Dieu ». Les réactions à ces expériences de pensée permettent aussi d'évaluer notre propension à utiliser l'argument de la « pente fatale » dans ce domaine.

Qui suis-je sans mes organes ? aborde la question de l'identité personnelle sous l'angle moral. Quelles sont les implications sur nos façons de concevoir la « responsabilité » et la « dignité » humaine, des relations que nous établissons entre notre personne, notre corps et les organes ou les particules qui le composent ?

Pour ne pas rompre complètement avec mes préoccupations philosophiques précédentes, je présente une expérience de pensée sur la sexualité. Elle cherche à remettre en question notre tendance à hiérarchiser les raisons d'avoir une relation sexuelle, en plaçant l'amour au sommet de l'échelle.

Je propose enfin deux expériences de pensée, *Il est plus difficile de faire le bien que le mal intentionnellement* et *On est libre, même si tout est écrit d'avance*, qui sont censées solliciter nos intuitions concernant la réalité de notre liberté et l'importance morale de l'idée d'intention. J'en profite pour tirer certaines conclusions sur la différence entre expériences de pensée métaphysiques et expériences de pensée éthiques.

Expériences sur les comportements

En philosophie morale, les expériences sur les comportements n'ont qu'un but pour le moment : évaluer l'*éthique des vertus*, cette conception ancienne revenue en grande pompe dans le débat moral contemporain. D'après elle, il y aurait des « personnalités » morales exemplaires, qui le restent quel que soit le contexte. Mais les expériences sur les comportements semblent montrer que de telles « personnalités » n'existent pas. Il n'y aurait pas de « noyau dur » de la personnalité, stable, unifié, invariant d'une situation à l'autre.

L'idée qu'il pourrait y avoir des « monstres » ou des

« saints » ailleurs que dans les contes et légendes serait donc illusoire.

Des facteurs futiles ou insignifiants pourraient changer nos conduites dans un sens « moral » (comportement d'aide, altruiste, serviable, généreux, etc.) ou « immoral » (comportements destructeurs : violents, cruels, humiliants).

L'expérience que j'ai retenue pour les comportements destructeurs est fameuse. Elle a été organisée par Stanley Milgram. Elle est censée révéler les mécanismes de *soumission à l'autorité*. C'est l'une des plus anciennes, mais elle continue de faire autorité (ce qui est la moindre des choses).

Une autre expérience, faite dans le même esprit, est due à Philip Zimbardo. Il a proposé à des volontaires de jouer le rôle de gardiens de prison pour voir dans quelle mesure, et à quelle vitesse, ils allaient se conduire aussi mal qu'eux[1]. Elle n'incite pas à l'optimisme. Certains volontaires n'ont pas mis très longtemps à devenir des petits bourreaux sadiques. On retrouve, dans toutes sortes de programmes dits de « télé-réalité », l'inspiration de cette expérience.

Je l'ai laissée de côté, non parce qu'elle est particulièrement déprimante, mais parce que celle de Milgram me semblait suffisante.

Pour les comportements d'aide, je présente plusieurs petites expériences. La moins connue, mais pas la moins intéressante, étudie *l'influence de l'odeur des croissants chauds sur la bonté humaine*.

Comme il me semblait injuste qu'on en parle si peu, j'ai fait de son nom le titre de mon livre.

---

1. C. Haney, W. Banks et P. Zimbardo, « Interpersonal Dynamics of a Simulated Prison », *International Journal of Criminology and Penology*, 1, 1973, p. 69-97.

Dans quelle mesure ces expériences atteignent-elles l'éthique des vertus ? C'est la question que tout le monde se pose (parmi ceux qui s'y intéressent).

Une dernière remarque, à caractère plutôt esthétique que conceptuel. Mes études de cas sont de longueurs très inégales, ce qui risque de choquer les amoureux de l'équilibre et de l'harmonie. Certaines sont très longues, d'autres très courtes, et d'autres encore, un peu entre les deux. Il est plus facile de justifier la longueur que la brièveté.

Ainsi, le cas du *Tramway qui tue* a engendré une incroyable prolifération de variantes parfois complètement baroques. Il a suscité une énorme quantité de travaux et de débats (des millions d'entrées sur le Net) parfois si sophistiqués que seuls quelques initiés peuvent encore les suivre. On en est au point où l'on peut dire ironiquement, mais avec une pointe de vérité quand même, qu'une nouvelle discipline scientifique est née : la *tramwayologie*[1]. La longueur de mon examen reflète le succès de cette « discipline ».

À côté de ces longs exposés, je propose des descriptions de cas très brèves accompagnées de questions très brèves aussi. Cela ne signifie pas nécessairement que le débat sur le cas examiné soit moins riche.

J'ai seulement voulu m'en servir pour introduire ou conclure brièvement une série de cas : ainsi *Le monstre d'utilité* vient conclure toute une suite de réflexions sur l'utilitarisme et *Urgences* sert à introduire un ensemble de questions sur l'opposition entre tuer et laisser mourir.

---

1. Appiah, *Experiments in Ethics, op. cit.*, p. 89-101.

1) URGENCES

Est-il acceptable de tuer un piéton imprudent pour éviter de laisser mourir cinq personnes gravement blessées qu'on transporte à l'hôpital en urgence ?

Scénario 1 : Non-assistance à personne en danger

Vous foncez à l'hôpital aux urgences avec, dans votre voiture, cinq personnes très gravement blessées dans une explosion. Chaque minute compte ! Si vous perdez trop de temps, elles mourront.

Soudain, vous voyez sur le côté de la route une personne victime d'un terrible accident. Elle saigne abondamment.

Vous pourriez la sauver elle aussi en la chargeant dans votre véhicule. Si vous ne le faites pas, elle va certainement mourir. Mais si vous vous arrêtez, vous perdrez du temps, et les cinq personnes que vous transportez mourront.

Devez-vous vous arrêter quand même ?

Scénario 2 : Tuer le piéton

Vous foncez à l'hôpital aux urgences avec, dans votre voiture, cinq personnes très gravement blessées dans une explosion. Chaque minute compte ! Si vous perdez trop de temps, elles mourront. Mais soudain, vous voyez au milieu de la route un piéton qui traverse imprudemment. Si vous freinez vous allez déraper, perdre du temps, et les cinq personnes que vous transportez mourront. Si vous ne freinez pas, vous allez tuer le piéton. Devez-vous freiner quand même[1] ?

L'hypothèse des philosophes qui ont inventé ou commenté cette expérience est que la plupart des gens penseront que ces deux cas ne sont pas moralement équivalents.

Ils seront plus indulgents envers le chauffeur qui laisse mourir un blessé sur le côté de la route que pour celui qui tue un piéton *alors que les conséquences sont exactement les mêmes.*

Cette différence de traitement moral est-elle justifiée ?

Le débat philosophique autour de la distinction entre tuer et laisser mourir nous donne quelques directions pour essayer de répondre à cette question[2].

---

1. D'après un cas proposé par Philippa Foot, « Killing and Letting Die », dans J. Garfield et P. Hennessey, dir., *Abortion : Moral and Legal Perspectives*, Amherst, University of Massachusetts Press, 1984, p. 177-185.
2. L'analyse qui suit est reprise de mon *La vie, la mort, l'État. Le débat bioéthique*, Paris, Grasset, 2009. Pour d'autres façons de présenter le problème voir Martin Provencher, *Petit cours d'éthique et politique*, Montréal, Chenelière éducation, 2008, p. 59-63, qui contient un extrait de l'essai classique de James Rachels, « Tuer et laisser mourir de faim ». L'essai complet, traduit par Dominique Buysse, a été publié dans le recueil dirigé par Marc Neuberg, dir., *La responsabilité. Questions philosophiques*, Paris, PUF, 1997, p. 197-201.

Tuer et laisser mourir

Pour certains conséquentialistes, il n'y a pas de différence morale profonde entre tuer et laisser mourir. Le résultat est le même dans les deux cas : la victime est morte.

Les arétistes (les amis de l'éthique des vertus) et les déontologistes (amis de Kant entre autres) ne sont pas d'accord. Pour l'arétiste, il faut être un individu horrible pour tuer de ses propres mains (ou de son propre coup de volant), alors que, sans être particulièrement répugnant moralement, n'importe qui ou presque peut laisser mourir quelqu'un par calcul ou négligence[1]. D'où la dureté de la réaction à l'égard de celui qui tue et la relative indulgence à l'égard de celui qui laisse mourir.

Mais cette explication transforme la distinction *morale* entre tuer et laisser mourir en différence *psychologique*, ce qui peut poser un problème à ceux qui opposent radicalement les deux.

C'est sur la base du critère de l'intention que le déontologiste distingue tuer et laisser mourir. D'après lui, on ne peut pas se contenter d'évaluer une action selon ses conséquences sans tenir compte des intentions. Si c'était le cas, on ne pourrait plus faire la différence entre tuer quelqu'un en le découpant à la tronçonneuse dans l'intention de le punir (parce qu'il n'a pas payé ses dettes, etc.) et fuir la scène de ce crime horrible sans essayer de porter secours à la victime, dans l'intention de sauver sa propre vie.

---

1. Judith Jarvis Thomson, « Physician-Assisted Suicide : Two Moral Arguments », *Ethics*, Special Issue : Symposium on Physician-Assisted Suicide, 109, 3, avril 1999, p. 497-518 (p. 517).

L'intention ayant une valeur morale centrale pour le déontologiste, il est naturel qu'il donne une telle importance à la distinction entre tuer et laisser mourir, et qu'il rejette le scepticisme du conséquentialiste sur la question.

Mais il y a des cas dans lesquels on voit bien la différence entre tuer et laisser mourir, mais plus difficilement la différence d'intention[1].

1. Vous êtes impatient d'hériter de votre oncle. Vous le trouvez seul chez lui, gisant dans sa baignoire, victime d'un infarctus. Un médecin pourrait encore le sauver. Vous n'appelez pas de médecin. Il est clair que, sans tuer votre oncle, vous le laissez mourir. Il est clair aussi que vous voulez vous débarrasser de lui pour hériter.

2. Vous êtes impatient d'hériter de votre oncle. Vous l'écrasez avec votre voiture. Il est clair que vous ne vous contentez pas de le laisser mourir. Vous le *tuez*. Il est clair aussi que vous voulez vous débarrasser de lui pour hériter.

Si le déontologiste reste au plan de l'intention, comment peut-il distinguer le premier cas, qui est un exemple de laisser mourir, du second, qui est un exemple de tuer, puisque l'intention qui oriente l'action est la même : se débarrasser de l'oncle pour hériter ?

De façon plus générale, c'est-à-dire indépendamment des explications conséquentialistes, arétistes, déontologistes, on peut se demander s'il est possible de sauver la distinction morale entre tuer et laisser mourir dans les

---

1. Ce qui suit est une variante d'un exemple de James Rachels, «Euthanasie active et euthanasie passive» (1975), trad. Marc Rüegger, dans Alberto Bondolfi, Frank Haldemann et Nathalie Maillard, dir., *La mort assistée en arguments*, Chêne-Bourg, Suisse, Georg éditeur, 2007, p. 181-186.

cas où l'effort demandé pour ne pas laisser quelqu'un mourir est négligeable.

Quelle différence morale y aurait-il entre tuer un enfant et le laisser mourir, si on pouvait le sauver simplement en cliquant sur une touche de notre ordinateur[1]?
Même les déontologistes et les arétistes devraient reconnaître que, dans ces cas, la distinction morale entre tuer et laisser mourir est inexistante.

Pour continuer dans la même direction, c'est-à-dire pour montrer que le conflit entre conséquentialistes, déontologistes et arétistes autour de la distinction entre tuer et laisser mourir pourrait être dépassé, on pourrait faire l'hypothèse que ce conflit ne dépend pas des principes engagés mais *du point de vue auquel on s'est placé dans la description de l'action*.

En réalité, lorsqu'ils s'intéressent à la distinction entre tuer et laisser mourir, les philosophes se placent souvent dans la perspective des agents : conducteurs d'ambulance pressés, héritiers sans scrupules, ou médecins confrontés à des patients incurables en fin de vie. Et, de ce point de vue, la différence entre tuer et laisser mourir paraît souvent flagrante.

Mais si on se place du point de vue de la victime ou du patient, les choses se présentent différemment : la pertinence de la distinction entre tuer et laisser mourir devient moins évidente.

Ainsi, pour le patient incurable qui veut continuer de vivre, peu importe que les médecins interviennent activement pour le faire mourir ou qu'ils le laissent mourir en mettant un terme aux soins qui le maintenaient en vie. Le patient *ne veut ni l'un ni l'autre*. Il juge les deux aussi

---

1. Tim Mulgan, *The Demands of Consequentialism*, Oxford, Oxford University Press, 2001.

mauvais. De son point de vue de patient qui ne veut pas mourir, la différence morale est inexistante.

Il devrait en aller de même pour un malade incurable qui *ne veut plus vivre*. Peu importe que les médecins interviennent activement pour le faire mourir ou qu'ils le laissent mourir en mettant un terme aux soins qui le maintenaient en vie. Le patient *veut l'un ou l'autre*. Il juge les deux aussi bons. De son point de vue de patient qui ne veut plus vivre, la différence morale est inexistante[1].

Si l'hypothèse est correcte, on pourrait se demander : s'il n'y a pas de différence *morale* pour les patients, pourquoi devrait-il y en avoir une pour les médecins ?

---

1. Thomson, « Physician-Assisted Suicide : Two Moral Arguments », *op. cit.*

2) L'ENFANT QUI SE NOIE DANS L'ÉTANG

Que feriez-vous pour sauver la vie d'un enfant ?

Vous passez par hasard devant un étang et vous apercevez un tout petit enfant qui s'y débat. Il est en train de se noyer. Ni parents, ni nounou, ni autre passant aux alentours, pour venir à son secours. Vous pouvez très facilement sauver sa vie. Il vous suffit de courir tout de suite vers lui sans prendre le temps de vous changer et de le ramener le plus vite possible vers la rive. Vous n'avez même pas besoin de savoir nager, car l'étang est vraiment peu profond et ressemble plutôt à une grosse flaque d'eau. Si vous y allez, vous risquez seulement d'abîmer les belles chaussures que vous venez de vous offrir et d'arriver en retard à votre travail. Ne serait-il pas monstrueux de laisser l'enfant mourir pour préserver vos chaussures neuves et éviter de vous mettre un peu de pression au travail ?

Si vous répondez oui, vous devrez aussi répondre oui à la question de savoir s'il est monstrueux de laisser mourir de faim des enfants des pays les plus pauvres, alors qu'il vous suffirait de consacrer une partie infime de vos revenus pour les sauver. Il s'agit en effet de *cas similaires qui appellent des réponses similaires*[1].

Cette expérience de pensée fait très clairement référence aux deux notions de base de la pensée morale : intuitions et règles.

L'intuition est la suivante :

« *Laisser mourir une personne sous nos yeux alors que nous pourrions la sauver très facilement est monstrueux.* »

La règle de raisonnement est : « *Il faut traiter les cas similaires de façon similaire.* »

Elle s'applique ainsi :

S'il est monstrueux de laisser mourir un enfant qui se noie sous vos yeux dans un étang alors que vous pourriez facilement le sauver en le prenant par la main, il est monstrueux de laisser mourir de faim un enfant dans un pays lointain alors que vous pourriez facilement le sauver en envoyant un petit chèque à Oxfam.

L'expérience de pensée peut nous conduire à mobiliser deux autres règles élémentaires du raisonnement moral.

« *De ce qui est, on ne peut pas dériver ce qui doit être.* »

Elle s'applique ainsi :

Du fait que les riches ont tendance à ne pas consacrer volontairement une partie importante de leurs revenus à aider les plus pauvres, il ne suit pas que c'est bien ou que c'est ce qu'il faut faire.

---

1. D'après un cas proposé par Peter Singer, *Sauver une vie. Agir maintenant pour éradiquer la pauvreté*, *op. cit.*, p. 17-26 ; discuté par James Rachels, « Tuer et laisser mourir de faim », *op. cit.* Voir aussi : Unger, *Living High and Letting Die*, *op. cit.*

« *Devoir implique pouvoir* » (ou en termes plus courants :
« *À l'impossible nul n'est tenu* »).

Elle s'applique ainsi :

N'est-il pas complètement irréaliste d'exiger des gens
qu'ils sacrifient une partie importante du temps et des
ressources dont ils disposent pour eux-mêmes et leurs
proches, afin de les consacrer à des personnes lointaines
qu'ils ne connaissent pas ? N'est-ce pas une *impossibilité
psychologique* ?

Au total, l'expérience de pensée peut nous amener à
réfléchir sur trois règles élémentaires du raisonnement
moral. Mais c'est la règle « *Il faut traiter les cas similaires
de façon similaire* » qui porte le poids de l'argument.

Attention !

Il est possible de mettre en doute la valeur de l'intuition morale (« Laisser mourir une personne sous nos
yeux alors que nous pourrions la sauver très facilement
est monstrueux ») et la pertinence de la règle (« Il faut
traiter les cas similaires de façon similaire »).

L'intuition

Il est loin d'être évident que la non-assistance à personne en danger soit un crime *monstrueux*, c'est-à-dire
aussi grave ou plus grave, par exemple, qu'un meurtre
précédé d'actes de barbarie (bien que dans ce cas particulier, ce sera une cause plutôt difficile à défendre).

On pourrait ajouter que personne n'a le *devoir* d'agir
comme un saint ou comme le bon Samaritain. Si son
coût est trop élevé, l'assistance à personne en danger

peut être jugée facultative. Et si la détermination de ce qu'est un «coût trop élevé» est laissée à l'appréciation de chacun, le devoir d'assistance à personne en danger risque d'être réduit à presque rien.

La règle

Il n'est pas évident que les deux situations évoquées soient suffisamment similaires pour qu'il soit juste de les traiter de façon similaire.

On pourrait faire remarquer, par exemple, qu'il est absurde d'aligner un acte que vous êtes seul à pouvoir faire (sauver l'enfant) sur un autre que de nombreuses personnes pourraient accomplir également (envoyer un chèque à une association de lutte contre la famine).

La question de savoir si les situations sont suffisamment similaires pour être traitées de la même façon peut-elle recevoir une réponse absolument déterminée dans chaque cas? N'est-il pas plus raisonnable de considérer qu'on ne pourra jamais faire mieux que trouver des solutions pragmatiques, des recettes qui permettent de juger que les situations sont suffisamment similaires pour qu'il soit juste de les traiter de la même façon?

Questions morales

Est-il aussi grave, moralement, de *ne pas aider* quelqu'un que de lui *causer un tort*?

La non-assistance à personne en danger de mort, qui revient à ne pas causer un bien, peut-elle être mise sur le même plan moral que le meurtre, qui revient à causer un mal?

Ne pas sauver un enfant qui se noie sous vos yeux et laisser mourir des milliers d'enfants loin de vous sont-ils vraiment des cas similaires?

Sommes-nous responsables de la même manière dans les deux cas?

Le problème de la responsabilité négative

Pour l'utilitariste, le fait que nous n'ayons commis personnellement aucune action visant à causer la faim dans le monde ne nous exonère nullement de notre responsabilité envers cet état de choses, dans la mesure, au moins, où nous pourrions agir pour le changer. Il s'agit certes d'une responsabilité *négative*, mais d'une responsabilité quand même[1].

Pour les critiques de l'utilitarisme, cette idée de responsabilité négative vide la notion de responsabilité de tout contenu, parce qu'elle la fait porter sur autre chose que sur ce que nous avons causé volontairement, intentionnellement. Ils n'admettent que la responsabilité *positive*, c'est-à-dire de ce dont nous sommes volontairement la cause.

À cela l'utilitariste répond en insistant sur les implications absurdes des doctrines déontologistes qui n'admettent que la responsabilité positive.

Ainsi, Kant affirme qu'il est catégoriquement interdit de mentir. Pour lui, c'est un devoir moral qui, en tant que tel, n'admet aucune exception. Il vaut même dans le cas dramatique où, cachant chez vous un innocent pourchassé par des assassins cruels, ces derniers se présentent

---

1. Singer, *Sauver une vie. Agir maintenant pour éradiquer la pauvreté*, *op. cit.*; Rachels, « Tuer et laisser mourir de faim », *op. cit.*

à votre porte et vous demandent si leur victime est chez vous[1].

Il est difficile de comprendre la position de Kant si l'on ne tient pas compte du fait que, pour lui, nous ne sommes responsables que de ce que nous faisons intentionnellement. Les actions immorales que les autres font en profitant de nos engagements moraux ne peuvent pas être mises à notre débit moral personnel. Dans ce cas particulier, nous ne sommes absolument pas responsables de ce que feront les criminels. D'ailleurs nous ne pouvons jamais être sûrs de qu'ils feront après notre intervention, alors que nous pouvons être sûrs que nous aurons pollué notre âme si nous mentons.

Finalement, c'est parce que Kant exclut la responsabilité négative qu'il peut se permettre d'affirmer qu'il faut toujours dire la vérité, quelles que soient les conséquences, même à des criminels sans scrupules.

Le caractère absurde ou, au moins, contre-intuitif de l'argument de Kant est-il une preuve définitive de la validité de l'idée de responsabilité négative ? C'est, bien sûr, ce que pensent les utilitaristes.

Mais cet argument est-il tellement contre-intuitif ? C'est peut-être quelque chose qu'il faudrait vérifier.

---

1. Kant, « Sur un prétendu droit de mentir par humanité », *op. cit.*

3) LA TRANSPLANTATION DEVENUE FOLLE

Est-il acceptable de tuer une personne en bonne santé pour transplanter ses organes sur cinq malades qui en ont un besoin vital ?

Scénario 1

Un chirurgien d'exception, spécialisé dans la greffe d'organes, se fait du souci pour cinq patients qui risquent de mourir très rapidement s'ils ne subissent pas une transplantation. Le premier a besoin d'un cœur, le deuxième d'un rein, le troisième d'un foie, le quatrième d'un estomac et le cinquième d'une rate. Ils sont tous du même type sanguin, très rare. Par hasard, notre chirurgien tombe sur le dossier d'un jeune homme en excellente santé qui est de ce type. Il ne lui serait pas difficile de lui causer une mort douce, puis de prélever ses organes et de sauver grâce à eux la vie de ses cinq patients.

Que doit-il faire : causer la mort du jeune homme ou laisser mourir les cinq autres[1] ?

---

1. D'après un cas proposé par Judith Jarvis Thomson, « Le problème

Scénario 2

Le chirurgien d'exception est fatigué. Il prescrit par erreur un produit X à cinq patients, dont les effets terriblement négatifs sont cependant différents sur chacun. Chez deux d'entre eux, il atteint les reins. Chez un autre, le cœur. Chez le quatrième, le foie et, chez le cinquième, les poumons.

À cause de la négligence fatale du chirurgien, les patients ont chacun besoin d'une greffe d'organes d'urgence.

Si le chirurgien, qui est directement responsable de leur état, ne trouve pas d'organes à transplanter, il aura *tué* cinq patients.

Mais s'il sacrifie le jeune homme il n'aura tué qu'une personne.

Est-ce une raison suffisante pour donner au chirurgien la permission morale de sacrifier le jeune homme ?

N'est-il pas *moins immoral* de tuer une personne que cinq, tout bien considéré ?

L'hypothèse des philosophes qui ont inventé ces expériences de pensée est que la plupart des gens jugeront que le chirurgien commettrait un acte moralement monstrueux s'il sacrifiait le jeune homme selon le scénario 1. Il doit *laisser mourir* ses cinq patients.

Il serait aussi monstrueux, d'après eux, de sacrifier le jeune homme selon le scénario 2.

Il leur paraît évident que, si le chirurgien n'arrive pas à trouver d'autres solutions, il devra laisser mourir les

---

du tramway » (1985), trad. Fabien Cayla, dans Marc Neuberg, dir., *La responsabilité. Questions philosophiques, op. cit.*, p. 171-194.

cinq patients. Étant donné la responsabilité personnelle du chirurgien dans leur état, cela signifiera qu'il les aura tués. Autrement dit, il devra se résoudre à avoir tué cinq personnes, alors qu'il aurait pu n'en tuer qu'une.

Mais s'il est beaucoup plus grave de tuer que de laisser mourir, comment peut-on en arriver à la conclusion qu'il vaut mieux, moralement, tuer cinq personnes qu'une seule ?

N'est-ce pas absurde ?

4) FACE À LA FOULE DÉCHAÎNÉE

Est-il permis de faire exécuter un innocent pour éviter un massacre ?

Scénario 1 : La foule déchaînée

Un juge se trouve face à une foule de manifestants furieux exigeant qu'on retrouve l'auteur d'un meurtre barbare commis sur un membre de leur communauté. Faute de quoi, ils menacent de se venger en attaquant le quartier où réside une autre communauté qu'ils soupçonnent de protéger le meurtrier. Le juge ignore l'auteur du crime. Pour éviter le saccage d'un quartier de la ville et le massacre d'un grand nombre de ses habitants, il décide d'accuser une personne innocente et de la faire exécuter[1].

---

1. D'après un cas proposé par Philippa Foot, « Le problème de l'avortement et la doctrine de l'acte à double effet » (1967), trad. Fabien Cayla, dans Marc Neuberg, dir., *La responsabilité. Questions philosophiques*, Paris, *op. cit.*, p. 155-170 ; voir aussi Robert Nozick, *Anarchie, État et utopie* (1974), trad. Évelyne d'Auzac de Lamartine, reprise par Emmanuel Dauzat, Paris, PUF, 1988, p. 47-48.

Scénario 2 : Le pilote responsable

Un pilote dont l'avion va s'écraser se dirige vers la zone la moins habitée de la ville en sachant qu'il causera inévitablement la mort de quelques habitants, afin d'éviter d'en tuer un nombre beaucoup plus important[1].

Pour de nombreux philosophes, le scénario 1 est censé pouvoir donner du poids à nos intuitions dites « déontologistes ».

En effet, l'idée qu'il y a des choses qu'on ne peut pas faire quelles que soient les conséquences bénéfiques pour soi-même ou la société dans son ensemble est le pivot de la conception déontologiste[2].

Le principe disant qu'il ne faut jamais se servir d'une personne comme d'un simple moyen pour obtenir un résultat, fût-il souhaitable, est une expression de cette conception. La pensée qu'il existe des droits fondamentaux qu'on ne peut violer en aucun cas l'est également.

Si nous avons des intuitions de genre, nous rejetterons avec un certain dégoût les arguments utilitaristes qui permettent de justifier le sacrifice d'un innocent pour le bien de la société[3]. Nous exclurons *a priori*, sans autre argument, la possibilité morale d'exécuter une personne innocente pour éviter une effusion de sang.

Le second scénario contredit ces conclusions. Il semble bien que, dans ce genre de cas, l'idée qu'il est légitime

---

1. Foot, « Le problème de l'avortement et la doctrine de l'acte à double effet », *op. cit.*
2. Nozick, *Anarchie, État et utopie*, *op. cit.*, p. 45-76.
3. *Ibid.*

de sacrifier un petit nombre de personnes pour éviter d'en tuer beaucoup d'autres ne va pas contre nos intuitions. Nous estimerons, probablement, que ce que fait le pilote est rationnel, et même que c'est son devoir moral. Nous jugerons qu'il s'est comporté de façon « responsable ».

Si nous pensons que ce qu'il fait est bien à tous ces points de vue, cela signifie que nos intuitions ne sont pas systématiquement déontologistes ou anti-utilitaristes. Elles peuvent accorder à la pensée utilitariste le crédit d'une certaine valeur morale.

Mais les anti-utilitaristes pourraient répondre que nos intuitions déontologistes ne sont absolument pas annulées par la croyance que le pilote fait bien d'aller s'écraser sur la zone la moins habitée de la ville. Ils diront que nous avons probablement le sentiment que nos droits fondamentaux, inviolables, inaliénables, intangibles, ne sont pas menacés dans ce cas, alors qu'ils le sont lorsqu'on envoie un innocent à la potence.

Exécuter une personne innocente, c'est violer ses droits fondamentaux à un procès équitable, à ne pas être torturée ou tuée sans justification publique acceptable. Mais aucun de ces droits n'est violé quand un pilote choisit d'aller s'écraser sur la zone moins peuplée de la ville !

C'est pourquoi le déontologiste pourrait estimer qu'il peut, sans se contredire, juger qu'il est répugnant de faire exécuter un innocent pour préserver la vie de nombreuses personnes, et permis moralement d'écraser son avion dans une zone peu habitée d'une grande ville pour tuer moins de personnes.

Faire exécuter un innocent pour éviter une effusion de sang est une décision qui devrait, en principe, heurter profondément nos croyances déontologistes si nous en avons. Elle contredit l'idée qu'il y a des choses qu'on ne doit jamais faire, et que violer les droits fondamentaux des personnes en fait partie. Mais le juge pourrait répondre que c'est précisément parce qu'il a une haute idée de ces droits fondamentaux qu'il décide de faire exécuter l'innocent. Son calcul est que violer les droits d'une personne est justifié si c'est pour éviter des violations de droits plus grandes encore d'autres personnes. Or si un quartier de la ville est saccagé et ses habitants massacrés, la *quantité de droits fondamentaux violés sera énorme,* plus grande, en tout cas, que si un innocent est exécuté. Le juge estime que son action est juste parce qu'il a fait en sorte que la somme totale des violations de droits fondamentaux soit la plus petite possible. Peut-on le lui reprocher ?

En fait, je mets dans la bouche du juge, qui n'est peut-être pas un grand expert en philosophie morale (et n'a pas besoin de l'être), les arguments dits « conséquentialistes » qui sont à la base des idées utilitaristes[1].

Selon ces arguments, ce qu'il faut faire, c'est maximiser le bien ou minimiser le mal en général, quelle que soit la conception que nous nous faisons du bien et du mal. Les utilitaristes ne font que spécifier ce principe en posant que le bien, c'est le plaisir, le bien-être ou la satisfaction des préférences des gens, et le mal, la souffrance, la misère ou ce qui va à l'encontre des préférences des gens. Mais un conséquentialiste peut très bien définir le bien en termes de respect des droits, et le mal en termes de violation des droits. La bonne attitude sera pour lui

---

1. Jean-Cassien Billier, *Introduction à l'éthique,* Paris, PUF, 2010 ; Ruwen Ogien et Christine Tappolet, *Les concepts de l'éthique. Faut-il être conséquentialiste ?,* Paris, Hermann, 2008.

de maximiser le respect des droits et de minimiser la violation des droits[1].

C'est exactement le genre d'idées qui font hurler les adversaires du conséquentialisme ! Pour eux, le simple fait de *penser à faire des calculs de ce genre* suffit à discréditer moralement les conceptions qui les admettent[2]. C'est la preuve que leur esprit est « corrompu » comme l'a écrit Elizabeth Anscombe[3]. Pour illustrer ce jugement peu sympathique, elle propose l'expérience de pensée suivante :

« Imaginez que dix personnes, victimes d'un naufrage, aient échoué sur un rocher en pleine mer, sans eau ni nourriture. À une certaine distance, un autre naufragé a réussi à s'agripper à un autre rocher. Il n'a ni eau ni nourriture non plus. Tous vont mourir très rapidement si on ne leur vient pas en aide. Un navigateur qui passe

---

1. Nozick, *Anarchie, État et utopie, op. cit.*, p. 48.
2. G. E. M. Anscombe, « Modern Moral Philosophy », dans *Ethics, Religion and Politics. Collected Philosophical Papers. Volume III*, Oxford, Basil Blackwell, 1981, p. 26-42. Anscombe rejette complètement cette façon de voir le monde humain à travers les lunettes calculatrices du conséquentialisme. Mais cela ne signifie pas que, pour elle, il ne faut jamais tenir compte des conséquences de nos actions. On pourrait dire, je crois, qu'elle distingue le conséquentialisme comme théorie générale fixant *d'avance* ce qui est pertinent moralement (conception qu'elle rejette) et l'attention aux conséquences dans des cas particuliers (attitude qu'elle admet). Elle admet qu'une estimation prudente des conséquences peut parfaitement être associée à une conscience forte des interdits absolus (elle cite les prohibitions chrétiennes du meurtre, de l'adultère et de l'apostasie). C'est, à son avis, cette association qui est à la base de la doctrine dite du « double effet » (voir expérience de pensée *Le tramway qui tue* et le Glossaire). C'est une doctrine qu'elle soutient, tout en dénonçant ses abus : « War and Murder », dans *Ethics, Religion and Politics. Collected Philosophical Papers. Volume III, op. cit.*, p. 58-59. Merci à Cora Diamond et Bernard Baertschi qui m'ont fait mieux comprendre l'attitude d'Anscombe à l'égard des conséquences.
3. Anscombe, « Modern Moral Philosophy », dans *Ethics, Religion and Politics. Collected Philosophical Papers. Volume III, op. cit.*, p. 40.

dans les parages aurait le temps de secourir ou bien le groupe de dix ou bien le naufragé seul sur son rocher. Supposons qu'il décide de secourir le naufragé isolé plutôt que les dix autres, sans que ce soit pour une raison moralement ignoble (du genre : le naufragé isolé est blanc et les dix autres sont noirs et le navigateur est blanc et raciste).

« Est-ce qu'il aura fait quelque chose de mal en choisissant de sauver un naufragé plutôt que dix[1] ? »

Elizabeth Anscombe pense qu'il n'aura rien fait de mal. Elle justifie sa position en affirmant que les dix personnes abandonnées à la mort n'auraient aucune raison de se plaindre.

Est-ce que quelque chose qui leur était dû leur a été refusé ? Non. Avaient-elles plus de titres à être secourues que la personne isolée ? Non. Quel mal leur a-t-on fait au fond ? Aucun.

Alors que pourraient-elles reprocher au navigateur ?

Rien, si son motif ne fut à aucun moment un « mépris ignoble[2] ».

Elizabeth Anscombe ne se sert pas de son expérience de pensée pour tester des théories, conséquentialistes, déontologistes ou autres. Elle récuse la valeur des théories morales en général, c'est-à-dire l'idée qu'on pourrait *savoir d'avance* quels sont les facteurs les plus pertinents moralement dans une situation (droits, conséquences, etc.). Mais elle n'exclut pas du tout la possibilité que les

---

1. Diamond, « What if x isn't the number of sheep ? Wittgenstein and Thought-Experiments in Ethics », *op. cit.*, p. 247, en référence à Elizabeth Anscombe « Who is Wronged ? », *Oxford Review*, 1967, p. 16-17.
2. Jonathan Glover, *Causing Death and Saving Lives*, Penguin Books, 1977, p. 208.

conséquences soient pertinentes dans une *situation particulière*[1].

Ce qu'elle semble exclure, en revanche, dans l'expérience de pensée des *Naufragés*, c'est l'idée que les questions de quantité auraient une valeur morale quelconque. Elle semble penser que, si on n'a pas l'esprit «corrompu», ce sont des questions qu'on *ne devrait pas se poser*[2].

Je ne suis pas sûr d'avoir compris ce qu'elle veut dire exactement par esprit «corrompu» et d'être capable de l'expliquer clairement. Je vais donc me servir d'une expérience de pensée pour m'exprimer.

Supposons qu'on vous demande : «Qui doit battre l'épouse au cas où elle aurait été infidèle : son frère, son père ou son mari ?»

Vous allez répondre que c'est une question absurde, mal posée, à laquelle vous ne voulez pas répondre, car elle est déjà la marque d'une certaine façon de penser que vous récusez. Elle présuppose qu'il faut battre les épouses infidèles, ce qui est en soi un scandale.

À propos du navigateur, il faudrait dire la même chose. Si on vous demande : «Qui doit-il secourir, les dix naufragés ou celui qui est tout seul sur son rocher ?», vous devez répondre : «C'est une question mal posée. Elle présuppose que le navigateur doit prendre en considération le fait qu'il y ait *plus* de naufragés sur un rocher que sur l'autre[3]. Or j'estime que rien ne justifie ce présupposé du point de vue moral.»

Si c'est bien l'argument, il est assez clair, mais je dois dire que je ne le trouve pas convaincant. Il implique en

---

1. Anscombe, «War and Murder», *op. cit.* Cf. note 2, p. 63.
2. Anscombe, «Modern Moral Philosophy», *op. cit.*, p. 40.
3. Diamond, «What if x isn't the number of sheep? Wittgenstein and Thought-Experiments in Ethics», *op. cit.*, p. 247.

effet que si le navigateur a décidé de sauver une personne plutôt que dix, il n'aura rien fait de mal. Il n'y aura rien à redire à son action. Il n'y aura même rien à discuter. On aurait probablement l'esprit « corrompu » si on se posait la question, car on aurait envisagé la situation morale en termes de quantités.

Mais je ne vois pas pourquoi « Est-ce qu'il vaut mieux sauver dix personnes plutôt qu'une ? » est une question qu'il faudrait refuser de se poser.

La conception d'Anscombe implique-t-elle qu'un pilote dont l'avion va s'écraser sur une grande ville se pose une question *qu'il ne devrait pas se poser* s'il se demande comment faire pour se diriger vers la zone la moins peuplée[1] ?

Implique-t-elle que si le pilote choisit de s'écraser sur la zone la plus peuplée, il n'aura rien fait de mal, car ses habitants n'auront aucune raison de se plaindre (enfin, pour eux le problème ne se posera plus trop : disons plutôt que leurs familles n'auront aucune raison de se plaindre !) puisqu'on ne leur aura pas refusé quelque chose qui leur était dû ?

Qui pourrait être d'accord ? On peut nier la valeur morale des quantités bien sûr, mais *cette façon de refuser le débat* ne me paraît pas philosophiquement justifiée. On sait bien, d'ailleurs, que les raisons de refuser les expériences de pensée ne sont pas toujours très bonnes.

Dans une étude de psychologie, on a posé la question suivante : « Quelle est la couleur des ours vivant sur la banquise où tout est blanc, sachant que les ours ont toujours la même couleur que leur habitat naturel ? »

Certaines personnes ont rejeté la question en disant qu'elles ne pouvaient pas savoir, car elles n'étaient jamais allées sur la banquise. Si l'enquêteur insistait, en préci-

---

1. Glover, *Causing Death and Saving Lives*, *op. cit.*, p. 208.

sant que la réponse était contenue dans la question, et qu'il suffirait de la relire, ils refusaient de le faire[1].

Il y a aussi l'histoire bien connue de l'écolier. Au professeur de mathématiques qui dit : « Supposons que x soit le nombre des moutons », l'écolier objecte : « Et si x n'était pas le nombre des moutons[2] ? »

Bref, il faudrait savoir si le rejet *a priori* par Elizabeth Anscombe du conséquentialisme en général et de l'une de ses expressions, la prise en considération morale des quantités, n'est pas aussi injustifié, même s'il ne peut pas être, bien sûr, aussi absurde.

Une enquête empirique sur les idées qu'on se fait réellement des calculs conséquentialistes devrait peut-être nous aider à ne pas prendre ce vocabulaire grandiloquent trop au sérieux[3].

Il s'agit d'une étude comparative entre étudiants, d'une part aux États-Unis et d'autre part en république de Chine, auxquels on a présenté l'histoire du juge et de la foule déchaînée.

Les répondants devaient indiquer s'ils trouvaient que le juge avait pris une décision « immorale » en faisant exécuter l'innocent, sur une échelle allant de 1 (désaccord total) à 7 (complètement d'accord).

La tendance chez les étudiants américains est de donner à la décision du juge la note 5,5. Ce qui signifie « d'accord avec l'affirmation que la décision du juge est immorale » mais pas « complètement d'accord ». Ils ne

---

1. Diamond, « What if x isn't the number of sheep ? Wittgenstein and Thought-Experiments in Ethics », *op. cit.*, p. 245.
2. *Ibid.*, p. 238.
3. Kaiping Peng, John Doris, Shaun Nichols, Stephen Stich, non publié, décrit dans John Doris et Alexandra Plakias, « How to Argue about Disagreement: Evaluative Diversity and Moral Realism », dans Walter Sinnott-Arsmtrong, dir., *Moral Psychology*, vol. 2 (p. 303-331), p. 322-327.

lui donnent pas 6, 5 ou 7 : il n'y a pas cet accord total que les anti-conséquentialistes devraient attendre.

Par ailleurs, les étudiants de la république de Chine donnent, en moyenne, la note de 4,9 à l'affirmation que la décision du juge est immorale. Ils sont encore moins nombreux que les étudiants américains à être en complet accord avec l'idée que cette décision est immorale.

Est-ce que tous ces étudiants, représentatifs de vastes populations, ont l'esprit « corrompu » par le conséquentialisme ?

Selon les auteurs de l'enquête, les petites différences entre étudiants américains et chinois sont statistiquement significatives. Elles montrent, d'après eux, une tendance plus forte des étudiants de la république de Chine à ne pas désapprouver la décision du juge de faire exécuter l'innocent.

Mais on ne devrait pas en conclure qu'il existe, entre les étudiants américains et chinois, des différences « culturelles » profondes. Les écarts dans les notes ne sont pas immenses.

De toute façon, il serait absurde de conclure, à partir de ces réponses, que les étudiants de la république de Chine sont moins rationalistes ou universalistes que les étudiants américains, comme pourraient le faire les philosophes les plus relativistes, ceux qui veulent nous persuader qu'on « pense autrement en Orient ».

En défendant plus fortement la décision du juge, ils se montrent seulement plus conséquentialistes que déontologistes. Mais être conséquentialiste est une attitude qui n'est pas moins rationnelle ou universaliste qu'être déontologiste !

En faisant des « calculs » de quantité sur les droits des personnes, le juge donne-t-il raison à ceux qui pensent que le conséquentialisme et l'utilitarisme sont des doctrines profondément immorales ?

Mais comment le but de minimiser le mal ou de maximiser le bien pourrait-il être immoral ?

5) LE TRAMWAY QUI TUE

Est-il toujours inacceptable de se servir d'une personne comme d'un simple moyen ?

Le dilemme du conducteur

Le conducteur d'un tramway s'aperçoit que ses freins ont lâché alors qu'il fonce à toute allure dans un vallon encaissé.

Sur la voie, devant lui, à une certaine distance, se trouvent cinq traminots qui font des travaux de réparation.

Si la machine devenue folle continue sa course, les cinq traminots vont être inévitablement écrasés, car il n'y a pas assez de place sur les côtés de la voie pour qu'ils puissent se mettre à l'abri.

Cependant, par chance, la voie principale bifurque vers une voie secondaire étroite, juste un peu avant d'atteindre les cinq personnes. Le conducteur peut éviter de les tuer s'il détourne le tramway dans cette direction.

Mais, manque de chance, un autre traminot travaille sur cette voie secondaire. La situation est la même que sur la voie principale. Il n'y a pas assez de place sur les côtés pour que le traminot puisse se mettre à l'abri. Il sera inévitablement écrasé si le conducteur effectue sa manœuvre.

Le conducteur est donc confronté au dilemme suivant : ne pas intervenir et laisser les cinq traminots se faire écraser sur la voie principale ou intervenir en détournant le tramway, ce qui aura pour effet de causer la mort du traminot sur la voie secondaire. Lui est-il permis moralement de détourner le tramway[1] ?

Cette expérience de pensée a été proposée par Philippa Foot en 1967[2].

Son idée était d'opposer le dilemme du conducteur à de nombreux autres cas dans lesquels on se demande s'il est moralement permis de sacrifier une personne pour en sauver plusieurs.

L'un des plus fameux qu'elle évoque est celui d'un spéléologue si gros qu'il se retrouve coincé à la sortie d'une grotte en essayant de passer, et qu'il faudrait faire sauter à la dynamite afin de sauver la vie des autres spéléologues emprisonnés à l'intérieur[3]. Serait-il moralement permis de le faire ?

Mais Philippa Foot a surtout comparé le dilemme du conducteur de tramway à l'action du chirurgien qui tue une personne en bonne santé, la dépèce pour prélever ses organes, et les transplante sur cinq malades pour sauver leurs vies.

D'après elle, nous avons tous l'intuition qu'il n'est pas permis au chirurgien de faire ce qu'il fait, mais nous avons aussi tous l'intuition qu'il est permis au conducteur de tramway de détourner son engin vers un seul traminot pour en sauver cinq. Pourtant, dans les deux

---

1. D'après un cas proposé par Philippa Foot, « Le problème de l'avortement et la doctrine de l'acte à double effet », *op. cit.*, p. 160.
2. *Ibid.*
3. *Ibid.*, p. 158.

cas, il s'agit de sacrifier une personne pour en sauver cinq. Où est la différence? Ces intuitions ne sont-elles pas contradictoires? Comment les justifier?

Dans une série d'articles étalés sur plus de trente ans, Judith Jarvis Thomson a proposé plusieurs variantes pour faire progresser la réflexion[1]. Les deux plus importantes sont les suivantes.

Le dilemme du témoin qui pourrait actionner l'aiguillage

---

1. Judith Jarvis Thomson, « Le problème du tramway », *op. cit.* Version antérieure : « Killing Letting Die, and the Trolley Problem » (1976), dans *Rights, Restitution, and Risk. Essays in Moral Theory,* William Parent, dir., Cambridge, Mass., Harvard University Press, 1986, p. 78-93 ; version postérieure : « Turning The Trolley », *Philosophy and Public Affairs,* 36, 2008, p. 359-374.

Vous vous baladez le long de la voie de tramway quand vous êtes témoin de la scène précédente. Vous comprenez vite que le conducteur d'un tramway qui fonce à toute allure dans un vallon encaissé a perdu connaissance. Vous voyez les cinq traminots piégés sur la voie, qui seront inévitablement écrasés. Que faire ? Par chance, il y a tout près de vous un levier d'aiguillage. Si vous l'actionnez, le tramway sera envoyé vers une voie secondaire.

Mais, manque de chance, un autre traminot travaille sur cette voie. Si vous actionnez l'aiguillage, le traminot sera inévitablement tué.

Vous êtes donc confronté au dilemme suivant : ne pas intervenir et laisser les cinq traminots se faire écraser sur la voie principale ou intervenir en actionnant le levier d'aiguillage et causer la mort du traminot sur la voie secondaire.

Vous est-il moralement permis d'actionner le levier ?

Le dilemme du témoin qui pourrait pousser le gros homme

Vous vous trouvez sur un pont piétonnier, quand vous voyez, sur la voie en contrebas, un tramway foncer à toute allure, et, de l'autre côté du pont, cinq traminots qui travaillent sur les rails. Vous comprenez immédiatement que le tramway ne pourra pas s'arrêter. Mais vous avez assez de connaissances en physique pour savoir que si un objet massif était jeté à ce moment-là sur la voie, le tramway s'arrêterait inévitablement. Or un gros homme, qui semble avoir le volume et le poids nécessaires, se trouve justement sur le pont piétonnier tout près de vous. Il est penché sur le parapet. Il attend pour voir passer le tram sans se douter de rien. Il suffirait d'une légère poussée sur le gros homme pour le faire basculer sur la voie.

Vous est-il moralement permis de le faire ?

Judith Jarvis Thomson nous dit que la « plupart des gens » à qui elle a présenté ces deux histoires considèrent qu'il est moralement permis d'actionner le levier d'aiguillage, mais non de pousser le gros homme sur la voie pour arrêter le tramway fou. Elle partage ces intuitions. Mais comment les justifier ? Comment expliquer cette *asymétrie morale* ? Après tout, quand on pousse le gros homme, on ne fait rien d'autre que causer la mort d'une personne pour sauver la vie de cinq autres, c'est-à-dire exactement la même chose que lorsqu'on détourne délibérément le tramway fou sur la voie secondaire où se trouve une personne.

Juger qu'il y a une différence morale significative entre les deux, n'est-ce pas une forme d'incohérence ?

Thomson ne le pense pas. Elle estime, au contraire, que nos intuitions sont cohérentes parce qu'elles saisissent parfaitement *le problème de droits* qui se pose.

D'après elle, deux traits caractérisent en effet le dilemme du témoin à l'aiguillage :

1) l'agent sauve les cinq personnes en reportant sur une personne isolée le danger qui les menace ;

2) l'agent n'emploie aucun moyen susceptible de constituer en lui-même une violation des droits de la personne isolée.

Pour reprendre une comparaison que j'ai déjà utilisée, je dirais que, pour Thomson, la situation ressemble assez à celle d'un pilote qui choisirait d'écraser son avion sur la zone la moins peuplée d'une grande ville.

C'est une façon de minimiser le nombre de morts susceptibles d'être causés par une menace qui existe déjà de toute façon, et qui entraînera des morts quoi que fasse l'agent. On ne fait que « dévier la fatalité » sans porter atteinte aux droits fondamentaux de quiconque.

Selon Thomson, dans le dilemme du gros homme aussi on ne fait que « dévier la fatalité ». On sauve les cinq personnes en reportant sur une personne isolée le danger qui les menace. *Mais on le fait en violant les droits fondamentaux du gros homme.* C'est parce que nous sommes sensibles à cette différence que nous jugeons aussi différemment les deux cas.

Judith Jarvis Thomson fait constamment référence aux « intuitions communes ». Elle conteste des conceptions philosophiques sophistiquées en invoquant « ce que les gens pensent », c'est-à-dire ce qu'elle pense que les gens pensent. Mais que pensent les gens en réalité ? Comment justifient-ils leurs jugements ?

De l'expérience de pensée à l'étude « scientifique »

L'enquête la plus vaste sur ces questions a été menée par une équipe de chercheurs en psychologie dirigée par Marc Hauser, dans le cadre d'une enquête massive sur Internet entre 2003 et 2004[1]. Les résultats ont été publiés en 2007, soit un demi-siècle après l'expérience de pensée de Philippa Foot (une preuve, entre beaucoup d'autres, qu'une petite histoire peut avoir de grandes conséquences dans la réflexion morale).

L'analyse des réponses à l'ensemble des expériences confirme en gros les intuitions de Judith Thomson : pour la plupart des gens, il est moralement permis d'actionner le levier d'aiguillage, mais non de pousser le gros homme sur la voie pour arrêter le tramway fou. Cependant, ces réponses ne valident pas l'interprétation de Thomson en termes de droits.

L'enquête

L'enquête de Hauser porte sur 2 600 personnes environ, des deux sexes, de plusieurs catégories d'âge, de plusieurs religions, de plusieurs niveaux d'éducation, de différentes communautés ethniques ou culturelles, dans plusieurs pays : Australie, Brésil, Canada, Inde, États-Unis, Royaume-Uni.

Parmi les répondants, certains ont été exposés à la philosophie morale (un peu plus de 500), et les autres pas.

---

1. Marc Hauser, Fiery Cushman, Liane Young, R. Kang-Sing Jin, John Mikhail, « A Dissociation between Moral Judgments and Justifications », *Mind & Language*, 22 février 2007, p. 1-21.

Plusieurs scénarios sont proposés sur des feuilles séparées dans un ordre aléatoire[1]. Ils diffèrent sur plusieurs points des expériences de pensée originales de Philippa Foot et Judith Jarvis Thomson.

Dans le dilemme du conducteur, c'est un passager qui doit prendre les commandes éventuellement, car le conducteur s'est évanoui lorsqu'il s'est rendu compte que ses freins avaient lâché. Le dilemme du témoin a été remplacé par une paire de dilemmes beaucoup plus compliqués, que je présenterai séparément un peu plus loin pour ne pas trop embrouiller le lecteur (et avec des illustrations, pour lui donner une chance de voir de quoi il est question).

Ils sont supposés permettre de déterminer plus claire-ment si la référence à la *doctrine du double effet* peut servir à comprendre la pensée morale de chacun et de tout le monde.

Qu'est-ce que la « doctrine du double effet » ?

Ce que les psychologues de l'enquête ont à l'esprit lorsqu'ils emploient cette expression est une version très simplifiée de la conception complexe que les philo-sophes ont élaborée durant des siècles de discussion.

Cette doctrine morale, dont on attribue la mise en forme à Thomas d'Aquin, désigne deux effets, l'un bon, l'autre mauvais, d'une action qui, prise en elle-même, est bonne, ou ni bonne ni mauvaise.

On peut penser au bombardement d'un bunker où se cache l'état-major d'une armée cruelle qui mène une guerre injuste, et où des civils se trouvent aussi. L'un de ces effets est bon (éliminer des agresseurs injustes). C'est

---

1. Il y avait aussi des scénarios de contrôle pour vérifier que les répondants avaient une compréhension minimale du problème qui se posait. Ont été éliminés les répondants qui jugeaient qu'il n'était pas permis de détourner le train sur une voie secondaire, même si personne ne s'y trouvait !

celui qui est visé par l'action, voulu par ses auteurs. L'autre est mauvais (tuer des civils innocents). Il est prévu par les auteurs de l'action. C'est un « effet collatéral » inévitable. Mais ce n'est pas cet effet-là qui est *visé* par l'action, *voulu par ses auteurs*. Il n'est même pas conçu comme un *moyen* d'arriver au résultat visé.

Selon la doctrine du double effet, ce genre d'action à deux effets est moralement permis à ces conditions (le mauvais effet n'est pas visé, ce n'est ni une fin, ni un moyen). Mais il faut aussi que le tort causé (en termes de victimes innocentes par exemple) ne soit pas *disproportionné*[1].

Les psychologues qui mènent l'enquête semblent parfois réduire cette doctrine complexe et controversée à la formule de Kant : « Agis de telle sorte que tu traites l'humanité aussi bien dans ta personne que dans la personne de tout autre toujours en même temps comme fin, et jamais simplement comme moyen[2]. »

Mais il n'est pas exigé d'eux qu'ils soient des exégètes des théories médiévales, et, du moment qu'on voit suffisamment clairement à quoi ils pensent lorsqu'ils parlent de « doctrine du double effet », tout va bien. C'est l'idée qu'il faut distinguer les cas où on traite une personne humaine *simplement comme un moyen* (le gros homme) et ceux dans lesquels on ne le fait pas (le conducteur qui détourne le tramway, le témoin à l'aiguillage).

---

1. Foot, « Le problème de l'avortement et la doctrine de l'acte à double effet », *op. cit.*, p. 156-159 ; Anscombe, « War and Murder », *op. cit.*, p. 51-61 ; Jean-Yves Goffi, « Le principe des actions à double effet », dans Jean-Yves Goffi, dir., *Hare et la philosophie morale, Recherches sur la philosophie et le langage*, n° 23, 2004, p. 237 ; Bernard Baertschi, *La valeur de la vie humaine et l'intégrité de la personne*, Paris, PUF, 1995, p. 97-101.

2. Emmanuel Kant, *Fondement de la métaphysique des mœurs* (1785), trad. Victor Delbos, revue par Alexis Philonenko, Paris, Vrin, 1980, p. 105.

Ce qui est important, et ce qui permet de mettre tout de même l'enquête empirique sur le même plan que l'expérience de pensée, c'est que les trois différences significatives entre les variantes ont été respectées :

a) action visant à *détourner une menace* (sur les cinq traminots) ou action créant une *nouvelle menace* (sur le gros homme) ;

b) action de causer la mort d'un des personnages comme *moyen* d'arrêter la machine folle (pousser le gros homme) ou comme *effet collatéral* du fait de l'avoir détourné (en actionnant le levier d'aiguillage) ;

c) action de causer une mort de façon *impersonnelle* (en détournant la machine ou en poussant un levier) ou *personnelle* (en poussant violemment le gros homme).

Il faut insister aussi sur le fait que, dans les expériences de pensée originales, aucune mention n'était faite de liens personnels entre les participants, du degré de visibilité du tramway ou de la possibilité de l'arrêter par d'autres moyens. Ce sont des données qui ont été respectées dans l'enquête.

Quels sont ses résultats ?

La paire « *détourner le tramway* » et « *pousser le gros homme* »

89 % de l'ensemble des personnes ayant participé à l'expérience jugent qu'il est moralement permis de détourner le train vers la voie secondaire où se trouve un traminot, en causant ainsi délibérément sa mort. Il n'y a pas de variation significative selon l'âge, la religion, le sexe, la culture, le niveau d'éducation ou la connaissance de la philosophie morale.

11 % seulement des personnes ayant participé à l'expérience jugent qu'il est moralement permis de pousser le gros homme sur la voie en causant ainsi délibérément sa mort[1]. Il n'y a pas de variation significative selon l'âge, la religion, le sexe, la culture, le niveau d'éducation ou la connaissance de la philosophie morale.

Ces résultats sont en totale harmonie avec les prédictions de Judith Jarvis Thomson. Pour la presque totalité des répondants, en effet, il est moralement permis de détourner le tramway, mais il n'y a qu'une toute petite minorité pour juger qu'il est moralement permis de pousser le gros homme.

Ce qui frappe tous ceux qui se sont intéressés a ces résultats, c'est la convergence presque invraisemblable des réponses en dépit des différences d'âge, de religion, de sexe, de culture, de niveau d'éducation, d'exposition à la philosophie morale.

Les plus optimistes proclament que, grâce à l'assistance des psychologues, les philosophes ont enfin découvert une donnée morale universelle. Le problème, c'est que ces données semblent plutôt montrer que ce qu'il y a d'universel dans nos réactions morales, c'est leur incohérence !

Le problème

Pour 89 % des répondants, il est moralement permis de détourner le tramway en causant ainsi délibérément la mort d'une personne pour éviter d'en laisser mourir

---

1. Hauser, «A Dissociation between Moral Judgments and Justifications», *op. cit.*, p. 5. Dans l'annexe, ce sont respectivement 85 % et 12 % pour des raisons qui m'échappent.

cinq. À la lecture de ce résultat, on pourrait conclure que les répondants sont massivement conséquentialistes, puisqu'il leur paraît moralement permis d'accomplir un acte qui minimise le mal, indépendamment de toute considération relative à la nature de l'acte lui-même. Mais 11 % seulement jugent qu'il est moralement permis de pousser le gros homme pour obtenir le même résultat. Où est passée l'intuition conséquentialiste qui semblait orienter le premier jugement ? Si on pense qu'il est permis moralement de causer délibérément la mort d'une personne pour éviter de laisser mourir cinq autres personnes, pourquoi ne serait-il pas permis moralement de jeter le gros homme sur la voie ? Juger qu'il y a une différence morale significative entre les deux, n'est-ce pas une forme d'incohérence ?

Tel est le problème.

On demande aux répondants de justifier leurs jugements

Quand on demande aux répondants de justifier leurs jugements, trois groupes se forment.

a) *Ceux qui proposent des justifications suffisantes.*

Ils voient bien les différences significatives entre les cas : contact physique ou pas, se servir d'autrui comme d'un moyen ou pas ; détourner une menace existante ou introduire une nouvelle menace.

Ils cherchent à justifier leurs réponses en tenant compte de ces différences. Ils diront, par exemple, qu'il est permis de détourner le train mais pas de pousser le gros homme sur la voie, parce qu'il est acceptable de détourner une menace mais pas de créer une nouvelle menace.

b) *Ceux qui proposent des justifications insuffisantes.*
Certains disent tout simplement qu'ils sont incapables de justifier leurs jugements. Il leur arrive de déclarer sans explication supplémentaire que, dans un cas, on ne peut pas faire autrement que de laisser mourir, c'était inévitable, alors que dans le second on peut s'abstenir de tuer. D'autres proposent une justification conséquentialiste dans un cas (il vaut mieux sauver cinq personnes qu'une, détourner le train est un moindre mal, etc.), et déontologiste dans l'autre (il est interdit moralement de tuer, on n'a pas le droit de se prendre pour Dieu et de décider qui doit vivre ou mourir, ne pas causer un tort est plus important que venir en aide, etc.). Mais ils n'arrivent pas à voir la contradiction et n'essaient pas d'expliquer pourquoi il faudrait être conséquentialiste dans un cas et pas dans l'autre.

c) *Ceux qui proposent des justifications non pertinentes* (mais aussi plus amusantes). Ils n'ont pas vu les différences significatives et proposent un peu n'importe quoi : « Un corps d'homme ne peut pas stopper un train » ; « C'est une histoire ridicule : les traminots auraient entendu le train venir de loin et se seraient enfuis », etc.

Selon Hauser, 70 % des répondants sont incapables de justifier leurs jugements spontanés.
Les 30 % qui proposent des justifications suffisantes n'ont pas de caractéristiques particulières de religion, d'âge ou de sexe.
Le seul facteur significatif, c'est-à-dire le seul qui aurait permis de prédire les justifications suffisantes, c'est l'*exposition à la philosophie morale*. 41 % des philosophes (contre seulement 27 % des non-philosophes) sont capables de donner des justifications suffisantes à leurs jugements spontanés. Mais ces chiffres montrent aussi qu'il ne suffit pas d'avoir fait de la philosophie morale pour arriver à

justifier ses jugements de façon cohérente, puisque 59 % des philosophes en étaient incapables (mais ils n'avaient peut-être pas suivi tous les cours !). Pour Marc Hauser, qui a organisé l'expérience, ce n'est pas étonnant. L'une de ses hypothèses de départ, c'est qu'il existe une *dissociation* entre les intuitions morales, ces réactions rapides, souvent non conscientes, que nous avons tous, et leurs justifications que nous sommes souvent incapables de donner.

D'autre part, pour Hauser, les intuitions morales ne sont pas nécessairement des réactions purement émotionnelles en dépit de leur rapidité et de leur caractère intense. Il peut parfaitement s'agir de jugements spontanés dépourvus de contenu affectif, des sortes de principes appliqués ultra-rapidement et inconsciemment avec une grande conviction. Cette hypothèse est centrale dans la construction de Hauser. C'est même elle qu'il cherche à prouver à tout prix et qui lui permet d'envisager la possibilité que nous pourrions tous être kantiens sans en avoir clairement conscience.

À travers ses expériences, il veut confirmer qu'on ne peut pas réduire les intuitions à des réactions émotionnelles irrationnelles sans pertinence morale. C'est ce qui explique son parti pris en faveur d'une interprétation déontologiste des résultats, qui ne va pourtant pas de soi[1].

Il y a, en effet, plusieurs façons d'interpréter la différence spectaculaire entre la permission de détourner le tramway fou et l'interdiction de pousser le gros homme alors que les conséquences sont identiques.

---

1. Marc Hauser est soupçonné d'ailleurs d'avoir pris quelque liberté avec ses données pour qu'elles viennent à l'appui de ses thèses. Mais la présomption d'innocence doit être respectée bien sûr.

L'interprétation conséquentialiste

Nous avons formé un jugement conséquentialiste lorsque nous étions exposés au dilemme du témoin qui se demande s'il doit actionner le levier d'aiguillage. Nous avons jugé qu'il était moralement permis de tuer une personne plutôt que cinq, lorsque l'alternative se présente ainsi. Si nous étions cohérents, nous ne devrions pas changer de cadre conceptuel dans le dilemme du gros homme. Nous devrions rester conséquentialistes et juger qu'il est moralement permis de le pousser même si, *personnellement, nous n'aimerions pas le faire*. Mais ce n'est manifestement pas ce qui passe. Nous réagissons dans le deuxième cas comme si nous étions subitement devenus des déontologistes fanatiques qui excluent absolument certaines actions même si c'est pour un bien supérieur. Pourquoi ?

L'une des hypothèses qui expliquerait cette incohérence, c'est que nous serions naturellement « programmés » (par l'évolution de notre espèce) pour être choqués par le contact physique violent, et psychologiquement incapables de rester froidement rationnels devant ce spectacle ou cette pensée[1]. L'idée de pousser

---

1. Joshua D. Greene, R. Brian Sommerville, Leigh E. Nystrom, John M. Darley et Jonathan D. Cohen, « An fMRI Investigation of Emotional Engagement in Moral Judgment », *Science*, 293, n° 5537, 14 septembre 2001, p. 2105-2108. Greene exploite aussi cette hypothèse pour expliquer le contraste entre notre indifférence au sort des enfants qui meurent de faim loin de nous, avec lesquels nous n'avons pas de contact physique, et notre sensibilité à la misère qui s'étale sous nos yeux : Joshua Greene, « From neural "is" to moral "ought" : what are the implications of neuroscientific moral psychology ? », *Nature Reviews. Neuroscience*, vol. 4, octobre 2003, p. 847-850. Florian Cova me dit (communication personnelle) que Greene n'a pas toujours distingué les actions personnelles et impersonnelles selon le critère du contact physique direct. Il lui est arrivé de considérer que l'action personnelle est celle

le gros homme déclenche des réactions émotionnelles suffisamment intenses pour bloquer les processus de pensée rationnels. C'est pourquoi nous ferions une différence entre détourner le train et pousser le gros homme, alors que ces cas sont moralement équivalents[1].

Le rôle des émotions

Pour soutenir ces conclusions, qui rangent les réactions déontologistes du côté des folies irrationnelles (ce qui ne fera peut-être pas plaisir à tous les déontologistes), des chercheurs ont fait appel à des techniques empruntées aux neurosciences[2].

Quand la possibilité de pousser le gros homme est évoquée, ce sont les zones émotionnelles du cerveau qui s'agiteraient. Lorsque c'est la possibilité d'actionner le levier qui est évoquée, ce sont les zones rationnelles du cerveau qui réagiraient[3].

Je ne peux évidemment pas me prononcer sur la validité de ces données, n'ayant pas de compétences parti-

---

dans laquelle on traite quelqu'un comme un moyen. Mais je préfère retenir cette définition de l'opposition personnel-impersonnel par le contact physique direct et violent, pour ne pas rendre le débat trop confus. Si tous les conséquentialistes sont, ont été, ou pourraient être déontologistes, et vice versa, comment s'y retrouver ?

1. Greene *et alii*, « An fMRI Investigation of Emotional Engagement in Moral Judgment », *op. cit.*

2. *Ibid.*

3. En neutralisant les réactions émotionnelles peut-être, comme le suggère Luc Faucher (communication personnelle). Voir aussi : Bernard Baertschi, « Le dilemme du wagon fou nous apprend-il quelque chose de notre vie morale ? » (manuscrit).

culières dans le domaine hautement problématique, de l'avis général, des localisations cérébrales[1].

L'objection philosophique que je pourrais opposer néanmoins à ce genre de travaux, c'est que, de façon très générale, du fait qu'une action est motivée ou accompagnée par des réactions émotionnelles, il ne suit pas qu'elle est irrationnelle[2].

L'interprétation déontologiste

C'est pour établir l'insuffisance de cette explication conséquentialiste et irrationaliste que Marc Hauser a soumis aux répondants les deux cas suivants, qui sont des variantes du cas du témoin qui actionne le levier proposé par Thomson[3].

Il s'agit de situations dans lesquelles le gros homme est *utilisé* pour bloquer le tramway fou, *mais sans avoir été poussé par le témoin.*

Il faut imaginer, cette fois-ci, que la voie secondaire vers laquelle le témoin peut détourner le tramway en actionnant le levier d'aiguillage fait une boucle puis revient sur la voie principale.

---

1. Je préfère renvoyer à l'ouvrage si clair de Bernard Baertschi, *La neuroéthique. Ce que les neurosciences font à nos conceptions morales*, Paris, La Découverte, 2009.
2. Les arguments qui vont dans ce sens n'ont cessé de s'accumuler en philosophie des émotions. Voir Christine Tappolet, *Émotions et valeurs*, Paris, PUF, 2000.
3. Comme je l'ai signalé au début, les variantes ont été présentées ensemble aux répondants. Il m'a semblé qu'il valait mieux décrire ces deux variantes après un premier tour de discussions des deux premières, pour que le rôle dans le débat soit plus évident (et aussi parce qu'elles sont si compliquées qu'il vaut mieux être un peu préparé pour les comprendre).

Le cas du gros homme sur la boucle

Un gros homme se trouve sur la boucle. En heurtant le gros homme et en provoquant sa mort, le tramway serait fortement ralenti, ce qui laisserait aux cinq traminots le temps de s'enfuir et de sauver leurs vies.

Est-il moralement permis d'actionner le levier ?

Le cas de l'objet massif et du traminot

Un objet massif se trouve sur la boucle derrière un traminot. En heurtant l'objet, le tramway serait fortement ralenti, ce qui laisserait aux cinq traminots le temps de s'enfuir et de sauver leurs vies. Mais le traminot qui se trouve devant l'objet massif serait inévitablement tué.

Est-il moralement permis d'actionner le levier ?

Dans la paire de scénarios « avec boucle », l'action est impersonnelle, sans contact physique violent avec la victime.

Cependant, dans le premier scénario, le témoin qui actionne l'aiguillage traite le gros homme *comme un simple moyen* de bloquer le tramway fou, ce qui assimile ce cas à celui dans lequel le gros homme est directement poussé.

Dans le deuxième scénario, la mort du traminot est inévitable mais *comme un effet collatéral du fait que le tramway se dirige vers l'objet massif.* Le traminot n'est pas traité comme un simple moyen.

72 % des répondants jugent qu'il est moralement permis d'actionner l'aiguillage dans ce deuxième scénario (le traminot n'est pas traité comme un simple moyen).

Mais 56 % seulement jugent qu'il est moralement permis d'actionner l'aiguillage dans ce premier scénario (le gros homme est traité comme un simple moyen).

Selon Hauser, la différence est statistiquement significative. Elle permet de conclure que, dans les quatre scénarios, sans boucle, et avec boucle, les répondants jugent qu'on peut causer la mort d'une personne pour en sauver cinq, *si on ne la traite pas comme un simple moyen.* De plus, lorsque le tramway est stoppé sur une boucle, il n'y a pas de contact personnel violent, ce qui permet d'éliminer les interprétations irrationalistes.

Pour Hauser, l'ensemble de ces résultats montre une certaine forme de cohérence. Tout se passerait comme si les répondants appliquaient intuitivement la doctrine du double effet, telle qu'elle est comprise par les auteurs de l'expérience.

Elle est déontologiste, en ce sens qu'elle exclut absolument, selon les auteurs, de traiter une personne humaine comme un simple moyen.

Dans les deux scénarios « sans boucle », la doctrine dirait : il est permis de détourner le train mais pas de pousser le gros homme. En détournant le train, on cause certes la mort du traminot, *mais on ne traite pas le traminot comme simple moyen de sauver cinq vies.* En revanche, c'est bien ce qui passerait si on poussait le gros homme.

Mais cette paire de scénarios peut admettre une interprétation irrationaliste, puisqu'il y a eu contact personnel, physique, violent. Dans les deux scénarios « avec boucle », le facteur « contact personnel, physique, violent » est éliminé. Pourtant, les répondants continuent de juger beaucoup plus inadmissible de traiter le gros homme comme un simple moyen que de provoquer la mort d'une personne comme un effet collatéral.

Pour Hauser, ces résultats confirment son hypothèse : ce n'est pas l'idée du contact personnel physique violent qui explique pourquoi on rejette massivement l'idée de pousser le gros homme, *mais la pensée qu'on le traite comme un simple moyen*[1].

Ils donnent du crédit à l'idée que la population examinée a tendance à faire usage de la doctrine du double effet (comme elle est interprétée par Hauser)[2].

Autrement dit, la meilleure interprétation de l'*ensemble* des résultats ne serait pas conséquentialiste et irrationaliste, mais déontologiste et rationaliste. Elle montre que ce qui compte pour la plupart des gens, c'est de ne pas traiter une personne comme un simple moyen.

Cette hypothèse reste contestée par les irrationalistes, à partir de l'hypothèse suivante. Et s'il était possible de faire tomber le gros homme sur la voie dans le but de bloquer le tramway fou, sans aucun contact physique

---

1. Ces conclusions peuvent toutefois laisser perplexe. Alors que 11 % seulement estiment qu'il est permis de pousser le gros homme, ils sont tout de même 56 % à penser qu'il est permis de se servir de lui comme d'un moyen quand il n'y a pas contact physique direct. Il me paraît difficile de conclure sur la base de ces résultats que le contact physique est un facteur qui n'intervient pas ! Il y a peut-être là une tendance à forcer les données, à les faire parler en faveur de l'hypothèse qu'on a privilégiée qui n'est pas propre à cette recherche, qui a d'ailleurs été reproché à Hauser.

2. Hauser *et alii*, « A Dissociation between Moral Judgments and Justifications », *op. cit.*, p. 5 et 7.

violent, simplement *en ouvrant une trappe sous ses pieds*[1] ?
Serions-nous aussi choqués ? Probablement pas.

Pourtant, on aurait traité le gros homme comme un simple moyen exactement de la même façon que si on le poussait ! Avant d'affirmer que ce qui choque, quand on pousse le gros homme, ce n'est pas le contact personnel, physique violent, mais le fait qu'on le traite comme un simple moyen, il faudrait peut-être organiser des tests à partir d'expériences de pensée aussi simples que celle de la trappe qu'on ouvre sous les pieds du gros homme[2].

Match nul entre déontologistes et conséquentialistes

Marc Hauser estime avoir établi que les gens appliquent rapidement et inconsciemment la doctrine du double effet (au sens qu'il lui donne).

Si les gens pensent qu'il est permis d'actionner le levier d'aiguillage mais pas de pousser le gros homme, c'est parce que, dans le deuxième cas, on transforme une personne en simple moyen mais pas dans le premier. Leurs intuitions morales sont cohérentes, rationnelles et... déontologistes ! Mais l'idée que le refus de pousser le gros homme est incohérent, irrationnel, produit de l'intervention de facteurs émotionnels, continue d'être défendue par les conséquentialistes. Ces derniers

---

1. Nicolas Baumard, *Comment nous sommes devenus moraux. Une histoire naturelle du bien et du mal*, Paris, Odile Jacob, 2010, p. 122-125.
2. Si on est philosophe (et qu'on a trop lu Kant), on est facilement convaincu que la *pire des choses* qui puisse arriver à quelqu'un c'est qu'on le traite comme un simple moyen. Mais ce que l'expérience de pensée de la trappe pourrait montrer (j'extrapole un peu), c'est qu'il n'est pas évident que ce soit la pire des choses. Si on se sert de nous sans violence ce n'est peut-être pas si important. Mais le mieux bien sûr, c'est qu'on nous laisse tranquilles.

estiment que les déontologistes n'ont pas réussi à démontrer de façon décisive que la répulsion affective à l'égard du contact physique personnel brutal n'était pas un facteur explicatif important, peut-être même le facteur déterminant, pour rendre compte des différences de jugements à l'égard du fait d'actionner le levier d'aiguillage d'une part et de pousser le gros homme de l'autre[1].

C'est donc sur un « match nul » que se conclut, pour le moment, le débat autour de la meilleure interprétation des jugements spontanés des personnes exposées aux différents scénarios du *Tramway qui tue*.

La pauvreté des intuitions morales

De nombreuses autres recherches ont été conduites pour évaluer ces résultats. Elles devraient nous conduire à douter de la solidité de nos intuitions morales. Il suffit en effet d'ajouter certaines données dans la présentation des dilemmes ou même simplement de modifier la façon de les présenter pour qu'elles changent[2].

Différentes hypothèses allant dans ce sens sont plausibles. Certaines ont reçu un soutien empirique.

Nos intuitions relatives au droit moral d'actionner le levier d'aiguillage ou de pousser le gros homme pourraient varier :

---

1. Merci à Stéphane Lemaire qui m'a suggéré de préciser les raisons pour lesquelles les conséquentialistes restaient dans la course.
2. Appiah, *Experiments in Ethics, op. cit.*, p. 73-120 ; Edouard Machery, « The Bleak Implications of Moral Psychology », *Neuroethics*, vol. 3, n° 3, p. 223-231, 2010.

1) *Selon les qualités morales présumées des personnes concernées*

On sera moins réticent à l'idée de pousser le gros homme si on nous dit que c'est lui qui a mis en danger la vie des cinq traminots en sabotant le tramway ou si on apprend que c'est un tortionnaire sadique qui se place sur les passerelles pour voir des accidents[1].

2) *Selon que les personnes menacées sont des proches ou des inconnus*

On aura tendance à être plus sensible au sort du traminot qui doit être sacrifié si c'est un ami ou un membre de la famille.

3) *Selon l'âge des personnes menacées d'être sacrifiées*

On aura tendance à être plus sensible au sort de la personne qui doit être sacrifiée si elle est jeune ou très jeune.

4) *Selon que les personnes menacées d'être sacrifiées nous ressemblent ou pas*

On sera moins disposé à sacrifier des personnes qui nous ressemblent. Ainsi les femmes seraient moins disposées à sacrifier leurs sœurs et les hommes leurs frères[2] !

6) *Selon le degré de responsabilité des personnes menacées*

On sera moins enclin à sacrifier des personnes qui n'avaient aucune responsabilité dans le fait d'être à l'endroit où elles étaient, ou qui avaient le devoir d'être là où elles étaient[3].

7) *Selon l'énergie qu'il faut pour obtenir le résultat*

On sera sensible au fait qu'il faut plus d'efforts pour jeter un gros homme d'une passerelle (surtout s'il résiste) que pour actionner un aiguillage[4].

---

1. Thomson, « Le problème du tramway », *op. cit.*
2. Machery, « The Bleak Implications of Moral Psychology », *op. cit.* ; Jennifer Zamzow et Shaun Nichols, « Variations in Ethical Intuitions », *Philosophical Issues*, 19, 2009, p. 368-388.
3. Unger, *Living High and Letting Die*, *op. cit.*
4. *Ibid.*

8) *Selon que le résultat est obtenu par un contact physique violent ou pas*

On sera plus choqué si le gros homme est basculé de force après une lutte que si on le fait tomber en ouvrant une trappe sous ses pieds

9) *Selon que la menace est détournée ou créée*

On aura tendance à trouver moins grave l'action de détourner une menace existante sans en créer de nouvelle (en actionnant le levier) que de créer une nouvelle menace (qui vise le gros homme) même pour détourner une menace existante.

10) *Selon la position occupée par les personnages du récit*

Il serait plus grave de menacer une personne qui est en sécurité, comme le gros homme sur la passerelle, qu'une personne qui se trouve dans un emplacement risqué comme les traminots.

11) *Selon l'ordre des histoires*

Quand on est exposé d'abord à un scénario de sacrifice aussi difficile à tolérer que la transplantation devenue folle (on tue une personne pour prélever ses organes et sauver la vie de cinq malades), on est moins disposé, ensuite, à estimer qu'il est permis d'actionner le levier d'aiguillage en causant la mort d'une personne pour en sauver cinq[1].

12) *Selon les choix proposés*

Si on ne présente que le cas du témoin qui pousse le gros homme en insistant sur le fait qu'il n'y a pas d'autre solution pour sauver les cinq traminots, le rejet sera moins massif[2].

13) *Selon la position que doit prendre le répondant*

On aura tendance à être plus sensible au sort du

---

1. Appiah, *Experiments in Ethics, op. cit.*
2. Baertschi, « Le dilemme du wagon fou nous apprend-il quelque chose de notre vie morale ? », *op. cit.*

traminot qui doit être sacrifié quand on est supposé actionner l'aiguillage soi-même (réponse à la question : « Que feriez-vous ? ») que dans la position du juge moral qui n'intervient pas (réponse à la question : « Qu'en pensez-vous ? Est-ce moralement permis ? »)[1].

Si l'ensemble de ces hypothèses étaient confirmées, il en résulterait que l'intuition selon laquelle il est permis de sacrifier une personne pour en sauver cinq n'est active que dans les cas où :

a) on a affaire à des inconnus avec lesquels on n'a aucune relation familiale, aucun lien de proximité ou d'amitié, qui n'ont pas de sexe, pas d'âge, pas de droits, pas de responsabilités ;

b) on se place en position de juge moral qui n'intervient pas dans l'action.

On ne peut pas dire que ce serait un résultat décisif en faveur de l'idée que nos intuitions morales sont plutôt conséquentialistes. Il pourrait seulement nous laisser penser que nos intuitions conséquentalistes, si nous en avons, sont, la plupart du temps, neutralisées, parce que les cas dans lesquels elles pourraient être pertinentes sont très rares.

D'un autre côté, si l'ensemble de ces hypothèses étaient confirmées, il en résulterait que l'intuition « Il n'est pas permis de traiter une personne comme un simple moyen » serait complètement neutralisée ou anesthésiée :

---

1. *Ibid.* ; Walter Sinnot-Armstrong, « Framing Moral Intuitions », dans Walter Sinnott-Armstrong, dir., *Moral Psychology*, vol. 2 : *The Cognitive Science of Morality : Intuition and Diversity*, Cambridge, Mass., The MIT Press, 2008, p. 47-76.

a) lorsque traiter une personne comme un simple moyen est le seul choix possible ;

b) lorsque traiter une personne comme un simple moyen n'exige aucun contact physique violent ;

c) lorsque la personne qu'on traite comme un simple moyen est moralement répugnante ;

d) lorsque la personne qu'on traite comme un simple moyen est à l'origine de la menace ;

e) lorsque la personne qu'on traite comme un simple moyen est responsable des risques qu'elle a pris.

Des résultats de ce genre pourraient établir que nos esprits n'ont pas tendance à s'orienter dans tous les cas, de façon consciente ou inconsciente, selon le principe : il n'est pas permis de traiter une personne comme un simple moyen.

On ne peut pas dire que ce serait un résultat décisif en faveur de l'idée que nos intuitions morales sont plutôt déontologistes. Il pourrait seulement nous laisser penser que nos intuitions déontologistes, si nous en avons, sont souvent bloquées parce que, dans de nombreux cas, elles ne sont pas prioritaires.

La fragilité des intuitions morales

On s'est demandé si, en augmentant la quantité de personnes qui pourraient être sauvées en poussant le gros homme (cent personnes sauvées au lieu de cinq, disons), l'intuition qui nous interdit de le faire pourrait être bloquée. Il ne semble pas que cela soit toujours le cas[1].

Mais cela n'exclut pas qu'il puisse y avoir certains

---

1. Machery, « The Bleak Implications of Moral Psychology », *op. cit.*

« effets de seuil » qui affaiblissent ce type d'intuitions. La difficulté est de savoir où ces seuils se situent et pour quel genre de personnes[1].

Est-il permis moralement de pousser un gros homme pour sauver cent, mille, dix mille, un million d'adultes innocents ?

Et si c'était pour sauver des enfants ? Et si c'était pour sauver *nos* enfants ?

Dès que les cas deviennent trop compliqués, dès que les nombres dépassent un certain seuil, dès les qualités des personnes interviennent, nos intuitions perdent leur solidité.

En résumé :

Pour de nombreux chercheurs, le problème que pose l'expérience du *Tramway qui tue* est celui de la cohérence des réponses.

Pourquoi une telle asymétrie entre nos façons de juger le fait de pousser un levier pour détourner un tramway fou vers une personne en provoquant ainsi sa mort et celui de causer la mort d'une personne en la poussant d'une passerelle pour bloquer un tramway fou ?

Selon l'interprétation dite « conséquentialiste », l'expérience du *Tramway qui tue* montre que nous sommes incohérents, sous l'influence de nos réactions émotionnelles irrationnelles.

Selon l'interprétation dite « déontologiste », l'expérience du *Tramway qui tue* montre que nous sommes cohérents. Nous appliquons rapidement, naturellement, sans effort, un principe bien connu en philosophie

---

1. Nagel, « Guerre et massacre », *op. cit.*

morale qui nous interdit de traiter une personne comme un simple moyen.

Comment trancher ?

Les questions les plus difficiles se posent quand on change la façon de présenter les dilemmes et qu'on ajoute certaines données dans la construction des cas. On s'aperçoit, alors, que nos intuitions changent aussi. Ces intuitions ne semblent avoir ni la robustesse ni l'indépendance par rapport aux contextes qu'on attend en général d'une intuition. Les questions philosophiques qui se posent sont alors les suivantes :

Si nous n'avons pas vraiment d'intuitions robustes qui pourraient venir à l'appui des théories déontologistes, comment pourrons-nous justifier ces théories ?

Si nous n'avons pas vraiment d'intuitions robustes qui pourraient venir à l'appui des théories conséquentialistes comment pourrons-nous justifier ces théories ?

Selon certains philosophes l'appel aux intuitions morales en éthique est aussi vain et désespéré qu'en mathématiques[1]. La comparaison est-elle pertinente ?

Il me semble que la contribution de la philosophie morale expérimentale à la philosophie morale en chambre est un peu plus évidente à présent.

Les résultats empiriques montrent que les philosophes qui défendent des théories, qu'elles soient déontologistes ou conséquentialistes, ne peuvent pas s'appuyer sur les intuitions communes pour justifier leur point de vue.

---

1. Philip Kitcher, « Biology and Ethics », dans David Copp, dir., *The Oxford Handbook of Ethical Theory*, New York, Oxford University Press, 2005.

Mais cela ne veut pas dire qu'ils ont tort ou qu'il n'existe aucun autre moyen de justifier une théorie morale que de faire appel aux intuitions communes. Par ailleurs, d'autres interprétations de ces intuitions sont possibles que ni Hauser ni ses critiques n'ont envisagées. Je pense à l'interprétation en termes de droits que Judith Jarvis Thomson avait défendue, et qui n'a pas été vraiment testée [1]. On peut aussi essayer de proposer des interprétations qui ne seraient fondées ni sur la doctrine du double effet, ni sur les émotions ou sur les droits.

---

1. Par la suite Thomson semble avoir abandonné une interprétation en termes de droits en faveur d'une autre en termes de « consentement hypothétique ». Dans le cas du témoin qui actionne l'aiguillage, il est supposé qu'il aurait consenti à l'action même s'il s'était trouvé lui-même à la place du traminot qui sera tué. Appiah, *Experiments in Ethics, op. cit.* p. 231. Dans *Comment nous sommes devenus moraux. Une histoire naturelle du bien et du mal, op. cit.*, Nicolas Baumard propose une théorie contractualiste et naturaliste de l'éthique originale. Elle va également dans cette direction, et il compte bien la tester empiriquement (communication personnelle). C'est un projet important qui n'éliminera probablement pas les interprétations déontologistes et conséquentialistes mais qui enrichira très certainement la gamme des interprétations plausibles.

6) L'INCESTE EN TOUTE INNOCENCE

Certaines actions sont-elles incorrectes, immorales, même si elles n'ont causé aucun tort concret à personne ? Y a-t-il des fautes morales sans victimes ?

Julie et Mark sont frère et sœur et tous les deux majeurs. Ils passent leurs vacances ensemble dans le sud de la France. Un soir, alors qu'ils se retrouvent dans un cabanon au bord de la mer, ils se disent qu'il serait intéressant et amusant d'essayer de faire l'amour. Julie prend la pilule depuis quelque temps et les risques qu'elle tombe enceinte sont très faibles. Mais pour plus de sûreté, Mark se sert d'un préservatif. Ils prennent plaisir à faire l'amour mais décident de ne pas recommencer. Ils gardent pour eux le secret de cette douce nuit qui leur donne le sentiment d'être plus proches.

Qu'en pensez-vous ? Leur était-il permis de faire l'amour[1] ?

---

1. D'après un cas proposé par Jonathan Haidt, « The Emotional Dog and its Rational Tail. A Social Intuitionist Approach to Moral Judgment », *Psychological Review*, 108, 2001, p. 814-834.

Ces questions ont été posées à des échantillons de populations différentes par la « culture », l'origine sociale, l'âge, le sexe, la religion, etc.[1]. Les jugements spontanés étaient globalement convergents. La plupart des répondants exprimaient leur désapprobation immédiate. Mais les justifications réfléchies étaient mal formées.

Pour expliquer pourquoi ce que Julie et Mark avaient fait n'était pas « correct », ils évoquent la possibilité que Julie pourrait tomber enceinte et donner naissance à un enfant handicapé. L'expérimentateur leur rappelle alors que le couple avait pris toutes les précautions pour l'éviter.

Ils passent à une autre justification : la relation pourrait laisser un traumatisme psychologique. L'expérimentateur leur rappelle que rien de tel n'a eu lieu.

Ils changent encore de cheval : cette relation pourrait offenser la société. L'expérimentateur précise à nouveau qu'elle restera secrète.

À la fin, les répondants sont obligés d'admettre qu'ils sont à court de raisons, ce qui ne les empêche pas de continuer à exprimer leur désapprobation : « Je sais que c'est mal, mais je ne peux pas dire pourquoi. »

Comme dans l'expérience du *Tramway qui tue*, il y a une sorte de dissociation entre la spontanéité et la vigueur des jugements, et l'insuffisance des justifications rationnelles[2].

Mais dans le cas de l'inceste, les jugements de désapprobation spontanés sont tellement robustes, tellement résistants aux arguments, tellement universels aussi, qu'il n'est pas complètement absurde de supposer qu'ils sont naturels, innés.

C'est une hypothèse qui demande cependant à être vérifiée. Du fait qu'une réaction est universelle, il ne suit

---

1. *Ibid.*
2. *Ibid.*

pas qu'elle soit innée. Elle pourrait être inculquée par la force dans toutes les sociétés humaines pour les mêmes raisons (comme la nécessité d'élargir le cercle des échanges sociaux en dehors la famille étroite, en prenant des partenaires sexuels et des époux ailleurs, etc.) [1].

Pour ajouter une petite note sceptique, je me permettrais aussi de faire remarquer que certains chercheurs estiment que la question est mal posée, car il n'est pas vrai, d'après eux, que l'inceste ou le cannibalisme (pour donner un autre exemple de prohibition supposée universelle) soient partout et toujours désapprouvés. Ils affirment que de nombreuses sociétés tolèrent ou recommandent l'inceste (à des degrés de proximité familiale divers) ou le cannibalisme (en autorisant ou en exigeant, par exemple, la consommation de ceux qu'on a tués dans un combat, mais pas les autres) [2].

Est-il est vrai qu'il existe des prohibitions morales universelles ?

Est-il vrai que nos réactions intuitives sont indépendantes de nos jugements réfléchis ?

Est-il vrai que nos réactions intuitives sont naturelles, innées ?

Ce sont des questions de fait intéressantes auxquelles différentes réponses sont possibles.

Toutefois, ce type de recherches n'a pas d'implications morales particulières, à part la conclusion générale

---

1. C'est, en gros, la thèse de Claude Lévi-Strauss, *Les structures élémentaires de la parenté*, Paris, PUF, 1949.

2. Jesse J. Prinz, *The Emotional Construction of Morals*, Oxford, Oxford University Press, 2007 ; Luc Faucher, « Les émotions morales à la lumière de la psychologie évolutionniste : le dégoût et l'évitement de l'inceste », dans Christian Clavier, dir., *Morale et évolution biologique ; entre déterminisme et liberté*, Presses Polytechniques Universitaires Romandes, 2007.

triviale que, si nos intuitions sont innées, impossibles à modifier, toute conception morale qui n'en tiendrait pas compte serait irréaliste[1].

Mais ce qui m'intéresse dans cette expérience de pensée ce sont ses implications particulières en philosophie morale. De ce point de vue, les questions que pose *L'inceste en toute innocence* sont les suivantes :

Est-il vrai que, pour la plupart des gens, certaines actions sont incorrectes ou immorales, même si elles n'ont causé aucun tort concret à personne ?

Peut-on considérer légitimement que les fautes sans victimes peuvent être immorales ?

Le problème des « fautes morales sans victimes »

Pour qualifier les actions jugées incorrectes, immorales, bien qu'elles n'aient *causé aucun dommage non consenti à des personnes concrètes*, on peut parler de « crimes moraux sans victimes » ou de « fautes morales sans victimes »[2].

Cette catégorie contient les relations personnelles entre adultes consentants (inceste, homosexualité, prostitution), les atteintes aux entités abstraites (blasphème contre les dieux ou les ancêtres) et les actions dirigées vers soi-même (suicide, contrôle des poils, des sécrétions sexuelles)[3].

---

1. Dan Sperber, « Remarques anthropologiques sur le relativisme moral », dans Jean-Pierre Changeux, dir., *Les fondements naturels de l'éthique*, Paris, Odile Jacob, 1991, p. 319-334.

2. Voir mon « Que fait la police morale ? », *Terrain*, 48, 2007, p. 31-48.

3. Je préfère donner une *liste* de ce qu'on appelle des « crimes sans victimes » dans le débat plutôt qu'une définition générale qui risquerait de poser trop de problèmes. Ainsi, comme me l'a fait remarquer Florian Cova, les tentatives de meurtre qui n'aboutissent pas ne devraient pas être moralement problématiques pour ceux qui estiment qu'il n'y a pas

Un certain nombre d'études de psychologie morale se sont penchées sur cette question des «fautes sans victimes». En fait, deux grandes conceptions s'opposent à cet égard :

1) Nous avons tendance à ne juger immorales que les fautes *avec* victimes.

2) Nous avons tendance à juger immorales toutes sortes de fautes *sans* victimes.

On peut dire que la première conception est «minimaliste», parce qu'elle suppose que notre morale de base est pauvre du fait qu'elle exclut les fautes sans victimes. Dans le même esprit, on peut dire que la seconde conception est «maximaliste», parce qu'elle suppose que notre morale de base est riche du fait qu'elle admet de nombreuses fautes sans victimes[1].

Minimalisme

Différentes études expérimentales semblent accréditer la thèse de la pauvreté de la morale de base. Les plus importantes sont celles d'Elliot Turiel et de Larry Nucci[2].

---

de crime sans victime. Pour rejeter l'objection, il faudrait distinguer les pensées criminelles qui sont, en effet, des crimes sans victimes, et les commencements d'exécution qui sont des crimes qui n'ont pas fait de victimes parce qu'ils ont été prévenus, et ainsi de suite.

1. Voir mon *L'éthique aujourd'hui. Maximalistes et minimalistes*, Paris, Gallimard, 2007.

2. Elliot Turiel, *The Development of Social Knowledge. Morality and Convention*, Cambridge, Cambridge University Press, 1983 ; Elliot Turiel, «Nature et fondements du raisonnement social dans l'enfance», dans Jean-Pierre Changeux, dir., *Les fondements naturels de l'éthique, op. cit.*, p. 301-317 ; Elliot Turiel, *The Culture of Morality*, Cambridge, Cambridge

L'une d'entre elles consiste à mener des entretiens avec des sujets jeunes ou très jeunes (à partir de cinq ans jusqu'à l'adolescence) qui reçoivent une éducation religieuse stricte dans des milieux qui restent relativement à l'abri du libéralisme ambiant (amish-mennonites, réformés calvinistes, juifs conservateurs et orthodoxes)[1]. Elle porte sur les jugements spontanés et les justifications donnés par les répondants sur les sujets suivants :

Règles morales: Est-il permis de voler, de frapper, de dire du mal d'autrui, de détruire ses biens?

Règles non morales liées aux autorités et aux rituels religieux: Est-il permis de ne pas respecter le jour du Seigneur, l'obligation de se couvrir ou de se découvrir, les interdits alimentaires et de ne pas pratiquer la circoncision?

Pour ce qui concerne les règles religieuses, comme l'obligation de la circoncision ou de l'alimentation kascher, les réponses vont globalement dans le même sens.

1) Les règles religieuses sont inapplicables aux membres des autres religions. Elles ne valent que pour ceux qui partagent la même foi. Ceux qui ne sont pas juifs ne sont pas obligés de se faire circoncire ou de manger kascher!

2) S'il n'y avait aucune référence à ces obligations dans la Bible ou si aucune autorité religieuse ne les prescrivait, il ne serait pas nécessaire de les suivre.

University Press, 2002, p. 113-114. Voir aussi les travaux expérimentaux analysés par Vanessa Nurock, *Sommes-nous naturellement moraux?*, *op. cit.*, et la théorie originale des « noyaux moraux » qu'elle essaie de développer à partir d'eux.

1. Larry Nucci, *Education in the Moral Domain*, Cambridge, Cambridge University Press, 2001.

Pour les règles morales, les réponses vont, elles aussi, toutes dans le même sens.

1) Les règles morales sont applicables aux membres des autres religions. Elles valent pour tout le monde.
2) Même s'il n'y avait aucune référence à ces obligations dans la Bible, il faudrait quand même les suivre.

Ces tendances générales sont supposées établir que les jeunes distinguent ce qui appartient à la morale et ce qui fait partie du domaine religieux.

Dans le domaine moral, les règles sont supposées universelles et n'ont nullement besoin d'être garanties par une autorité humaine, un texte sacré ou un être surnaturel. Selon les répondants, il serait mal de voler ou frapper quelqu'un, même s'il n'était fait mention d'une interdiction de ces actes à aucun endroit dans la Bible.

Turiel juge particulièrement représentative la réponse d'un jeune juif conservateur âgé de onze ans.

On lui demande :

« Serait-il permis de voler s'il était écrit dans la Bible que c'est *obligatoire*? »

Le garçon répond :

« Si Dieu le disait, il ne le penserait pas vraiment, car nous savons tous que voler est très mal... Ce serait peut-être une façon de nous tester... Mais il ne le penserait pas vraiment[1]. »

Quand on lui demande d'expliquer pourquoi Dieu ne pourrait pas le penser, il répond : « Parce que nous savons que Dieu est très bon, c'est une personne absolument parfaite. »

---

1. Turiel, *The Culture of Morality, op. cit.*, p. 114

Pour ce garçon, c'est le bien au sens moral qui est la mesure de ce que *Dieu peut penser*. Pour lui la religion n'est pas la mesure de ce qui est bien au sens moral.

Les jeunes gens éduqués dans la tradition religieuse calviniste sont supposés respecter strictement les commandements divins. Mais eux aussi pensent que si Dieu commandait de voler, cela ne rendrait pas l'acte de voler bon, et que, de toute façon, Dieu ne pourrait pas ordonner une telle chose.

Comme le jeune garçon juif, le jeune réformé, âgé de quinze ans, dit que Dieu ne pourrait pas ordonner une telle chose... « car il est parfait et s'il disait de voler il ne serait pas parfait ».

En résumé, ces données montrent que, pour les répondants, les commandements religieux n'obligent que les membres de la confession, alors que les obligations morales obligent tout le monde.

Ces données renforcent l'hypothèse de l'indépendance des domaines moral et religieux. Elles montrent aussi que, lorsque ces domaines interfèrent, ce n'est pas toujours dans le sens où la religion dicte ce qui est bien. Ce sont les idées morales qui servent à évaluer les règles religieuses et non l'inverse. Elles montrent enfin que, pour ces enfants, les règles qui sont censées s'appliquer à tout le monde et pas seulement à sa propre communauté sont minimalistes. Elles ne concernent que les actions qui, comme voler, sont supposées nuire aux autres.

Bref, selon cette théorie, quand on est jeune, on ne voit pas de la morale partout, mais seulement dans un certain domaine : celui du rapport aux autres et, plus précisément, du tort fait aux autres.

L'hypothèse qu'un long apprentissage social est nécessaire pour devenir un « moralisateur » dans tous les domaines, y compris le rapport à soi, devient plausible.

Ces études ont été reproduites dans différents pays occidentaux et non occidentaux pour évaluer la portée de ces résultats. Elles ont été effectuées auprès de sujets de croyances religieuses différentes. Elles ont abouti à l'élaboration de la théorie du développement moral la plus intéressante et la plus controversée aujourd'hui[1].

Quel que soit l'environnement social ou culturel, nous ferions très tôt la distinction entre trois domaines :

1) le *domaine de la morale*, où nous excluons universellement les actions qui consistent à nuire aux autres ;

2) le *domaine des conventions* où nous excluons certaines actions où le tort fait aux autres n'est pas évident, comme manger du porc ou s'habiller en rose à un enterrement. Ces règles ne valent que pour la communauté et sont justifiées ou garanties par un texte sacré ou une parole d'autorité ;

3) le *domaine personnel* qui n'est censé concerner que soi-même et qui relève de l'appréciation de chacun (il peut s'agir par exemple du goût pour tel ou tel sport ou pour tel ou tel ornement corporel).

Cette distinction en trois domaines peut s'affiner au cours du développement moral de l'enfance à l'entrée dans l'âge adulte, mais elle existe dès le plus jeune âge.

---

1. Sans entrer dans les détails techniques, on peut dire qu'elle contredit sur certains points les théories classiques de Piaget et Kohlberg, d'après lesquelles la compréhension de la distinction entre le conventionnel et le moral est plus tardive. Lawrence Kohlberg, « My Personal Search for Universal Morality », *Moral Education Forum*, vol. 11, n° 1, 1986, p. 4-10 ; Jean Piaget, *Le jugement moral chez l'enfant*, Paris, PUF, 1932 ; Nurock, *Sommes-nous naturellement moraux ?*, *op. cit.*

Maximalisme

Évidemment, une théorie aussi complète et audacieuse ne pouvait pas laisser la communauté scientifique indifférente. Pour tester sa validité, des dispositifs expérimentaux similaires ont été mis au point[1]. C'est Jonathan Haidt, un psychologue américain, qui a pris la tête de la contestation.

Son hypothèse centrale, diamétralement opposée à celle d'Elliot Turiel, est qu'il n'existe pas de tendance naturelle ou universelle à limiter le domaine de la morale aux actions qui nuisent aux autres.

Pour la vérifier, Jonathan Haidt a présenté à des populations d'âge, de culture et de niveau socio-économique différents des « vignettes » qui racontent des histoires de comportements supposés être très fortement choquants, mais qui ne causent aucun tort direct à personne.

Le pari scientifique était le suivant. Si ces actions qui ne causent aucun tort direct aux autres sont jugées « immorales », la théorie selon laquelle seules les actions qui nuisent aux autres peuvent être jugées immorales sera évidemment démentie.

Plus généralement, si, pour certaines populations, il y a des *fautes morales sans victime*, la théorie selon laquelle notre morale de base est construite sur l'idée qu'il n'y a pas de faute morale sans victime sera réfutée.

Les échantillons comprenaient des individus adultes et jeunes, riches et pauvres de Philadelphie (États-Unis), Recife et Porto Alegre (Brésil), 360 en tout. Huit petites histoires étaient imprimées sur les vignettes :

---

1. Jonathan Haidt, S. H. Koller et M. G. Dias, « Affect, Culture and Morality, or Is It Wrong to Eat Your Dog? », *Journal of Personality and Social Psychology*, vol. 5, n° 4, 1993, p. 613-628.

Balançoire: Une petite fille veut jouer à la balançoire. Mais un petit garçon se trouve dessus. Elle le pousse brutalement. Il tombe en se faisant très mal.

Uniformes: Un garçon se rend à l'école dans ses habits de tous les jours en sachant que la règle est de venir en uniforme.

Mains: Un homme mange toujours avec les mains après les avoir lavées, que ce soit chez lui ou en public.

Drapeau: Une maîtresse de maison trouve un vieux drapeau brésilien (ou américain) dans un placard. Comme elle ne tient pas à le garder, elle en fait des chiffons dont elle se sert pour nettoyer la salle de bains.

Promesse: Une femme mourante fait venir son fils auprès d'elle et lui fait promettre qu'il viendra visiter sa tombe après sa mort chaque semaine. Le fils aime tellement sa mère qu'il lui fait cette promesse. Mais après la mort de sa mère, il ne respecte pas sa promesse parce qu'il a trop d'autres choses à faire.

Chien: Le chien de la famille est tué par une voiture juste devant la maison. Les membres de la famille ont entendu dire que la viande de chien était délicieuse. Ils décident de préparer le chien pour le passer à la casserole et en faire un bon dîner.

Baisers: Un frère et une sœur adorent s'embrasser sur la bouche. Ils trouvent un endroit où personne ne peut les voir pour s'embrasser passionnément sur la bouche.

Poulet: Un homme se rend chaque semaine au supermarché pour acheter un poulet mort et plumé. Avant de le passer au four, il se masturbe dedans[1]

---

1. Les vignettes *Baisers* et *Poulet* n'ont pas été présentées aux plus jeunes, ce que personne ne semble regretter, alors qu'il aurait été peut-être intéressant de connaître leurs réactions dans une étude portant sur des tendances morales «innées» ou «naturelles» (au moins pour *Baisers* disons, si on considère que les plus jeunes pourraient avoir du

Ce qui est important du point de vue de l'hypothèse de Haidt, c'est que seule la première vignette (la *balançoire*) présente une histoire de faute *avec* victime : le dommage physique fait à un enfant innocent. Toutes les autres racontent des fautes sans victimes.

Si des personnes exposées aux vignettes qui portent sur des fautes sans victimes trouvent que ces actions sont immorales, on pourra conclure qu'il est faux de penser que seules les fautes *avec* victimes sont jugées immorales.

Haidt appelle « *permissifs* » ceux qui limitent le domaine du jugement moral légitime aux fautes *avec* victime, et « *moralisateurs* » ceux qui étendent ce domaine à certaines fautes *sans* victime.

La conclusion des premières études de Jonathan Haidt, publiées en 1993, est qu'il n'existe, à proprement parler, aucune tendance « naturelle » ou « universelle » au moralisme. Il y a seulement un ensemble de corrélations plus ou moins significatives entre le statut économique et social et d'autres facteurs de même nature comme l'« occidentalisation » ou l'« urbanisation » et l'extension donnée au jugement moral.

Les personnes dont le statut économique et social est élevé et qui sont « occidentalisées » seraient, en gros, moins moralistes que celles dont le statut économique et social est le plus bas et qui sont moins « occidentalisées ». Les premières admettent moins de fautes morales sans victime que les secondes.

Quand on rentre dans les détails statistiques, on s'aperçoit que les pauvres se ressemblent plus entre eux d'un pays à l'autre que les riches.

Les personnes dont le statut économique et social est

---

mal à se représenter l'acte de se masturber dans un poulet avant de le passer au four).

le plus bas sont globalement moralistes, que ce soit à Recife, Porto Alegre ou Philadelphie. Mais les personnes dont le statut économique et social est le plus élevé sont divisées. Elles sont plus moralisatrices, ou moins permissives, à Recife et Porto Alegre qu'à Philadelphie. Apparemment, il n'y a pas que le statut économique et social qui compte : le facteur « occidentalisation » semble avoir une certaine pertinence aussi. Mais il y a tant d'autres facteurs que ce genre d'études n'examine pas qu'il n'est pas nécessaire de se précipiter pour endosser cette conclusion « culturaliste ».

La naturalisation du débat « minimalisme » contre « maximalisme »

Par la suite, Jonathan Haidt est allé dans une direction différente, loin de son relativisme sociologique initial. Il a soutenu que les études de psychologie morale étaient souvent biaisées par certains préjugés « progressistes » et « occidentalistes »[1]. Elles partent du présupposé que toute la morale pourrait être ramenée au souci de ne pas causer de torts aux autres, et elles admettent, sans raison valable, que tout le monde trace des limites très claires entre la morale, la religion et les conventions sociales.

Mais dans toutes les sociétés humaines, il y a des obligations et des interdictions qui vont au-delà de ce souci minimal de ne pas causer de torts concrets à d'autres

---

1. Jonathan Haidt et F. Bjorklund, « Social Intuitionists Answer Six Questions about Moral Psychology », dans W. Sinnott-Armstrong, dir., *Moral Psychology*, vol. 2 : *The Cognitive Science of Morality : Intuition and Diversity*, Cambridge, Mass., The MIT Press, 2008, p. 181-217.

individus et qui relèvent cependant, pour les membres de ces sociétés, *du même type de jugement.*

La plupart des interdits sexuels (prohibition de l'inceste entre adultes consentants y compris) et alimentaires (ne pas manger de porc, de mollusques, etc.) seraient considérés par ceux qui les respectent comme des interdictions et des obligations « universelles », c'est-à-dire valant pour tous et pas seulement pour les membres de la communauté. Il en irait de même pour les obligations à l'égard de soi (se raser la tête, se laisser pousser la barbe, ne pas boire d'alcool ou consommer de la drogue, etc.) ou des morts (ne pas les enterrer ou les enterrer à même le sol, etc.). Il s'agirait donc d'obligations ou de prohibitions « morales ».

Pourtant, ces obligations et prohibitions portent sur des actions ou des relations qui ne causent aucun tort concret à qui que ce soit en particulier (même pour l'inceste entre adultes consentants) et ne semblent pas soulever des questions de justice ou de réciprocité.

Il se peut que, dans le monde occidental, le domaine moral soit, de fait, devenu très étroit. Mais il se peut aussi que ce soient les préjugés culturels des chercheurs qui leur fassent voir les choses ainsi.

Quoi qu'il en soit, si on prend la peine d'aller voir ailleurs, on s'aperçoit qu'un système moral fondé sur les torts, les droits, la justice, n'est pas le seul concevable. Ainsi Schweder distingue trois grands systèmes moraux : *éthique de l'autonomie, éthique de la communauté, éthique de la divinité*[1].

---

1. R. A. Schweder, « The Psychology of Practice and the Pratice of the Three Psychologies », *Asian Journal of Social Psychology*, 3, 2000, p. 207-222.

Éthique de l'autonomie

Dans l'éthique de l'autonomie, on voit la personne comme une structure de préférence individuelle. Son autonomie, ses capacités de choisir et de contrôler sa vie sont considérées comme des valeurs morales à protéger. Le code moral insiste sur les notions de torts, de droits, de justice. Ces notions sont élaborées de façon raffinée dans les systèmes légaux et moraux des sociétés occidentales sécularisées. Ce code correspond exactement au domaine moral comme Turiel le conçoit.

Éthique de la communauté

Dans l'éthique de la communauté, on voit la personne comme porteuse d'un rôle dans une entreprise collective interdépendante qui la dépasse.

Le code moral insiste sur les devoirs, le respect, l'obéissance aux autorités. Les actions doivent être conformes aux exigences des rôles de genre, de caste, d'âge, etc.

Éthique de la divinité

Dans l'éthique de la divinité, on voit la personne comme une entité spirituelle qui doit, avant tout, rester pure, éviter d'être souillée et viser la sainteté. Toutes sortes d'actes qui sont censés souiller ou dégrader la nature spirituelle de la personne sont sanctionnés même lorsqu'ils ne causent aucun tort aux autres. Ce code moral, centré sur les pratiques corporelles, paraît bizarre aux membres des sociétés occidentales. Mais il a donné naissance, en Inde, à un système de règles de pureté et de souillure incroyablement élaboré, et, dans l'Ancien Testament, à un ensemble complexe d'interdits sexuels et alimentaires.

L'astuce de Haidt est d'avoir déposé ces trois systèmes en chacun de nous à la naissance, pour ainsi dire. L'inhibition ou le développement de l'un ou l'autre dépendraient de l'environnement social[1].

Dans ses plus récentes productions, Jonathan Haidt a franchi un pas supplémentaire dans la naturalisation. Il postule que notre esprit est naturellement équipé de cinq modules, c'est-à-dire de dispositifs psychologiques autonomes à but spécifique, qui agissent de façon quasi automatique, comme des réflexes, et dont l'activité est déclenchée par des stimuli sociaux bien déterminés[2] :

1) actions qui causent des souffrances ou des plaisirs,

2) actions justes ou injustes,

3) expressions de trahison ou de fidélité envers la communauté,

4) marques de déférence,

5) signes de pureté et d'impureté personnelle (respect des règles hygiéniques, alimentaires et sexuelles).

Ces modules auraient des expressions émotionnelles typiques :

1) *compassion* envers ceux qui souffrent,

2) *colère* envers ceux qui trichent et gratitude pour ceux qui aident,

---

1. Jonathan Haidt et Craig Joseph, « The Moral Mind : How Five Sets of Innate Intuitions Guide the Development of Many Culture-specific Virtues and Perhaps Even Modules », dans P. Carruthers, S. Laurence, et S. Stich, dir., *The Innate Mind*, Oxford, Oxford University Press, 2007.
2. Voir plus loin, le chapitre « Où est passé l'instinct moral ? » (p. 251), ou le Glossaire pour une analyse un peu plus approfondie de la notion de *module*.

3) *fierté* envers le groupe d'appartenance et *indignation* à l'égard des « traîtres »,
4) *respect* des personnalités importantes,
5) *dégoût* pour ceux qui transgressent les règles de propreté ou de pureté alimentaire ou sexuelle.

Ces émotions contribueraient à développer des vertus particulières : générosité, honnêteté, loyauté, obéissance et tempérance (chasteté, piété, pureté). Dans chaque société, elles seraient déclenchées par des stimuli spécifiques : les bébés phoques et les clubs de hockey suscitent des réactions de compassion ou de fierté dans certaines sociétés et pas dans d'autres.

Dans toutes les sociétés, elles répondraient à des impératifs fonctionnels et présenteraient des avantages du point de vue de la survie des groupes ou des individus : protection des plus jeunes et des plus vulnérables, bénéfices de la coopération ou du respect des hiérarchies, protection de la santé, etc.

En tout, ces réactions « innées », « naturelles », « automatiques », « intuitives », à caractère « émotionnel » seraient à la base de constructions cognitives plus complexes, qui relèveraient, elles, d'un processus d'apprentissage socialisé, ce qui pourrait expliquer les divergences dans les conceptions publiques de l'extension du domaine de l'éthique.

Encore plus récemment, Haidt a ajouté deux autres modules à ceux qu'il avait déjà décrits, ce qui fait qu'il en est à sept. Il faut dire qu'il avait été aidé par un collègue[1]. Avec un peu d'imagination, ils en trouveront d'autres : il n'y a pas vraiment de raison de s'arrêter[2].

1. Haidt et F. Bjorklund, « Social Intuitionists Answer Six Questions about Moral Psychology », *op. cit.*
2. C'est la critique que fait Fodor à la « modularité devenue folle » : Jerry Fodor, « Modules, Frames, Fridgeons, Sleeping Dogs and the Music of the Spheres », dans Jay Garfield, dir., *Modularity in Knowledge*

En résumé :

Pour Haidt, notre morale de base est très riche. Nous développons très tôt une tendance à juger immorales toutes sortes d'actions sans victimes clairement identifiables : relations homosexuelles entre adultes consentants, blasphème, suicide, profanation de sépultures, consommation de nourriture impure, façons jugées scandaleuses de s'habiller ou traiter son corps, et ainsi de suite. Haidt est allé jusqu'à soutenir que l'incompréhension dont les libéraux font preuve à l'égard de ce moralisme naturel est à l'origine d'erreurs scientifiques et politiques profondes. Mais la question principale reste de celle de savoir si Haidt a bien réussi à prouver que des populations entières ont tendance à juger certaines fautes sans victimes comme étant « immorales » et non comme simplement contraires à des règles religieuses ou sociales.

Le cas de l'excision

Les personnes qui rejettent l'excision ne manquent pas. Sur quoi se fonde ce rejet ? Haidt estime que le jugement suivant, recueilli dans une enquête, est particulièrement significatif :

« C'est un cas évident de maltraitance d'enfant. Ne pas protéger ces jeunes filles de ces pratiques barbares, qui les privent à jamais de ce droit à l'intégrité physique

---

Representation and Natural Language Understanding, Cambridge, Mass., MIT Press, 1987.

que Dieu nous a donné, est une forme de racisme inversé [1]. »

D'après lui, ce jugement, simple en apparence, met en jeu plusieurs réactions différentes, relevant de mécanismes ou de micro-dispositifs psychologiques indépendants ou « modulaires » : un mécanisme sensible à la souffrance physique d'autrui, et d'autres mécanismes, chacun indépendant, sensibles à l'injustice, au fait qu'un commandement divin qui protège l'intégrité physique a été violé, ou que la pureté personnelle a été souillée.

Ce qui donnerait à la réprobation morale de l'excision son caractère tellement intransigeant, ce ne serait pas seulement qu'elle cause un tort physique concret à un individu particulier, mais qu'elle porte atteinte à un commandement divin et à des valeurs d'intégrité physique et de pureté personnelle. Cette réaction serait irréductible à l'indignation devant un tort concret causé à un individu de chair et d'os.

Mais les minimalistes pourraient objecter que c'est la répulsion à l'égard du mal fait à autrui qui porte en réalité tout le poids du jugement moral. Les réactions d'indignation devant l'atteinte à l'intégrité physique et à la pureté personnelle que Dieu protège par un droit inviolable seraient, certes, importantes mais elles auraient un caractère religieux et non *moral*.

Finalement, le choix entre les deux interprétations ne dépend pas des faits mais de la théorie de départ. Si on estime que le moral et le religieux sont des domaines entièrement indépendants, l'interprétation minimaliste semblera préférable. On dira que ce qui relève de la

1. Exemple examiné par Nicolas Baumard, *Comment nous sommes devenus moraux. Une histoire naturelle du bien et du mal*, *op. cit.*, p. 156.

réaction morale, c'est seulement la répulsion devant le tort fait à autrui. Le reste appartient au non-moral.

Si on juge que le moral et le religieux ne sont pas des domaines entièrement indépendants, l'interprétation maximaliste devient plausible. On sera autorisé à dire que le sentiment qu'un commandement divin a été violé, ou que la pureté personnelle a été profanée, relèvent aussi de la réaction morale.

Peut-on distinguer les conceptions morales selon leur propension à inventer des fautes morales sans victimes (comme les relations homosexuelles entre adultes consentants) ?

Jusqu'où pourrait aller un système moral dans l'invention de fautes morales sans victimes ? Pourrait-il aller jusqu'à juger immorales certaines façons de s'habiller ou de se coiffer ?

Jusqu'où pourrait aller un système moral dans l'exclusion de fautes morales sans victimes ? Jusqu'à laisser les gens libres de faire ce qu'ils veulent de leur corps, y compris le vendre en pièces détachées ?

Au vu de certaines recherches récentes en psychologie morale, on pourrait penser que les humains sont non seulement plus moraux qu'on a tendance à le dire, mais *beaucoup trop moraux,* c'est-à-dire beaucoup trop enclins à juger les autres, à faire la police morale, à fouiner dans la vie des gens, à se prendre pour des saints.

C'est ce que John Stuart Mill suggérait déjà lorsqu'il écrivait : « Il n'est pas difficile de montrer, par de nombreux exemples, qu'étendre les limites de ce qu'on peut appeler la police morale, jusqu'à ce qu'elle empiète sur la liberté la plus incontestablement légitime de l'individu, est, de tous les penchants humains, l'un des plus universels[1]. » Mais c'est une hypothèse controversée. En réalité, les chercheurs sont partagés entre deux hypothèses opposées.

Pour les uns, notre morale de base est pauvre, minimale, et il faut un travail social considérable pour faire de nous des moralisateurs intolérants à l'égard des styles de vie différents du nôtre, toujours tentés de mettre notre nez dans les affaires des autres.

Pour les autres, notre morale de base est riche et il faut un travail social considérable pour faire de nous des libéraux tolérants à l'égard des styles de vie différents du nôtre, et respectueux de l'intimité des autres.

Quelle est la meilleure ?
Nous ne le savons pas encore.

---

1. John Stuart Mill, *De la liberté* (1859), trad. Fabrice Patant, Paris, Presses Pocket, 1990, p. 147.

7) L'AMORALISTE

« Et si tout le monde en faisait autant ? » –
« Aimeriez-vous qu'on vous fasse la même chose ? »
Que valent ces arguments ?

Au moment où vous allez sortir d'un restaurant, un orage éclate. Vous n'avez pas le temps d'attendre qu'il passe et vous n'avez pas de parapluie. Par chance (pour vous), d'autres clients plus prudents en avaient pris un, qu'ils ont laissé à l'entrée dans un bac[1].

Vous jetez un petit coup d'œil à droite à gauche. Personne ne regarde.

Vous prenez un parapluie, et vous sortez tranquillement, ni vu, ni connu, comme si vous portiez l'anneau de Gygès, qui rend invisible quand on le tourne et permet, selon le mythe, de commettre toutes sortes de forfaits en toute impunité[2].

Vous êtes plus ou moins conscient de causer un

---

1. D'après un cas proposé par Thomas Nagel, *Qu'est-ce que tout cela veut dire ? Une brève introduction à la philosophie* (1987), trad. Ruwen Ogien, Combas, L'Éclat, 1993.
2. Platon, *La République, op. cit.*

123

certain tort à une personne que vous ne connaissez pas et qui ne vous a fait aucun mal. Mais vous n'en tenez pas vraiment compte.

Manifestement, ce n'est pas une raison suffisante pour vous empêcher de prendre le parapluie.

Vous êtes un de ces amoralistes qui embêtent les philosophes (et les non-philosophes) depuis qu'ils réfléchissent sur la morale[1].

Ils cherchent obstinément l'argument massue qui pourrait sortir l'amoraliste de son indifférence et, dans ce cas particulier, l'inciter à ne pas voler un parapluie à un inconnu un soir d'orage.

Ils veulent donner une réponse décisive à la question qui les préoccupe depuis toujours : « Pourquoi être moral ? »

Pourquoi être moral ?

Parmi les raisons de faire ou de ne pas faire certaines choses, il y en a qui relèvent de la prudence personnelle. Si vous buvez vraiment trop de bière, vous risquez d'être en mauvaise santé. Si vous souhaitez garder la santé, vous avez une raison de boire un peu moins de bière.

Il y a aussi le désir d'être approuvé et la crainte d'être désapprouvé par les autres, d'obtenir des récompenses ou d'éviter des punitions. Si vous buvez vraiment trop de bière, vous risquez de subir des leçons de morale à longueur de journée (entre autres inconvénients). Si vous

---

1. Les plus fameux sont le Thrasymaque de Platon, *La République*, II-IV, VIII-IX, et l'Idiot de Hobbes, *Leviathan*, XV, 72. Pour varier les références on peut ajouter l'escroc du film de David Mamet, *House of Games*, 1987.

préférez les éviter, vous avez une raison de boire un peu moins de bière. On peut envisager un grand nombre d'autres raisons de faire ou de ne pas faire certaines choses. Des raisons religieuses comme l'amour inconditionnel de Dieu ou la crainte de ses châtiments (particulièrement atroces après la mort) et ainsi de suite.

Certains philosophes estiment qu'à côté de ces raisons prudentielles, sociales, religieuses, d'agir ou de s'abstenir d'agir, il y a des raisons « purement » morales. Il n'existe pas de définition de ces raisons qui fasse l'unanimité, mais on a tendance à les caractériser ainsi[1] :

1) Elles concernent plus les autres que soi-même : c'est ce qui les distingue des raisons de prudence personnelle.

2) On n'est pas censé s'y conformer par l'espérance de récompenses ou la crainte de punitions : c'est ce qui les distingue des raisons sociales.

3) Elles ne sont pas fixées de façon arbitraire par une autorité surnaturelle : c'est ce qui les distingue des raisons religieuses.

4) On a tendance à penser que tout le monde devrait les suivre, ce qui n'est pas toujours le cas pour les raisons sociales ou religieuses[2]. En effet, ces dernières sont souvent vues comme des raisons valables pour les membres de telle ou telle société ou les croyants de telle ou telle religion seulement. Les juifs et les musulmans ne consomment pas de bœuf non saigné. Mais ils admettent en général que, si on n'est pas juif ou musulman, on n'est pas obligé de faire comme eux. Ils considèrent, en revanche, que tout le monde doit s'abstenir

---

1. Turiel, *The Culture of Morality, op. cit.*, et le chapitre précédent.
2. *Ibid.*

de voler, même ceux qui ne pratiquent pas leur reli-gion[1].

5) Elles concernent des choses qui nous paraissent importantes (comme la vie, la mort, le bonheur, le sens de la vie, le bien commun, etc.) plutôt que futiles (la couleur des chaussettes qu'on va mettre pour aller à la pêche). Certains philosophes estiment d'ailleurs que l'un des critères d'identification des règles morales, c'est l'intensité des réactions émotionnelles que suscite leur transgression. Ils ajoutent que si la transgression de règles morales suscite des réactions émotionnelles plus intenses que le non-respect du stationnement interdit, c'est à cause de leur importance dans nos vies[2].

Les chercheurs qui s'occupent d'éthique donnent sou-vent l'impression de penser que ces critères suffisent à distinguer les raisons morales des autres. C'est une idée controversée. Étant donné qu'il n'est pas très facile de caractériser les raisons «purement» morales autrement que de cette façon pointilliste, on peut être tenté de nier leur spécificité, et de les réduire à un amalgame hétéro-clite de raisons de prudence personnelle, de confor-misme social ou religieux.

Par ailleurs, il y a plusieurs candidats au titre de rai-son morale.

Les principales sont les raisons *déontologistes* et *consé-quentialistes*. Les premières sont des raisons de ne jamais faire certaines choses, comme mentir, tuer ou torturer, quels qu'en puissent être les bénéfices pour soi-même ou la société. Les secondes sont des raisons de promou-

---

1. *Ibid.*
2. Alan Gibbard, *Sagesse des choix, justesse des sentiments. Une théorie du jugement normatif* (1990), trad. Sandra Laugier, Paris, PUF, 1996.

voir le bien du plus grand nombre ou, plus exactement, de viser à maximiser le bien ou à minimiser le mal.

Il peut nous arriver de penser que, de ce point de vue conséquentialiste, il est moralement permis de causer la mort d'un individu pour en sauver dix mille ou de torturer un enfant pour en sauver cent mille[1]. Il se peut qu'en même temps nous ne soyons absolument pas disposés, personnellement, à tuer quelqu'un même pour sauver dix mille vies, ou à torturer un enfant même pour en sauver cent mille. Ce n'est pas par lâcheté, ou incompréhension de ce qu'est une exigence morale. C'est parce que nos raisons morales déontologistes entrent alors en conflit avec nos raisons morales conséquentialistes.

Qu'elles soient déontologistes ou conséquentialistes, ces raisons « purement » morales posent un problème particulier.

Il est assez facile de comprendre pourquoi les raisons de prudence personnelle ou la crainte de Dieu ou de la société pourraient nous retenir d'accomplir certains actes (voler, humilier, faire souffrir inutilement) ou nous motiver positivement à en effectuer d'autres (aider quelqu'un, œuvrer au bien commun). Il est plus difficile de savoir pourquoi on devrait être sensible aux raisons morales. Que dire à celui qui ignore ces raisons et se contente de suivre des règles de prudence personnelle et les lois de la cité, en les violant de temps en temps quand ça l'arrange et qu'il est sûr de ne pas se faire prendre, comme notre emprunteur de parapluie[2]?

---

1. Nagel, « Guerre et massacre », *op. cit.*
2. L'amoraliste n'est pas l'immoraliste qui défie ouvertement les règles morales qu'il connaît bien. C'est plutôt celui qui est indifférent à ces règles par désintérêt ou manque de motivation : Joseph Raz, « The Amoralist », dans Garrett Cullity et Berys Gaut, dir., *Ethics and Practical Reason*, Oxford, Clarendon Press, 1997, p. 369-398.

Il existe deux arguments qui reviennent en permanence chez les philosophes aussi bien que chez les non-philosophes.

« Et si tout le monde en faisait autant ? »
« Aimeriez-vous qu'on vous fasse la même chose ? »

Que signifient-ils exactement ? Sont-ils décisifs ?

Et si tout le monde en faisait autant ?

Il faut distinguer l'argument « Et si tout le monde en faisait autant ? » du critère kantien de l'« universalisation sans contradiction » avec lequel on le confond souvent.

L'idée kantienne est que certaines règles d'action personnelles deviendraient absurdes ou contradictoires si on les présentait comme des grands principes moraux valables pour tous et en toutes circonstances[1].

Soit la petite idée qui peut vous passer par la tête (pas trop souvent bien sûr) : « Je ne tiens mes promesses que si cela m'arrange. »

Faites-en un principe universel : « Celui qui fait une promesse n'est obligé de la tenir que si ça l'arrange. »

Le problème n'est pas que si chacun suivait ce principe, les conséquences pratiques seraient désastreuses. C'est que ce principe est absurde, irrationnel, car il est contradictoire en lui-même. Il nous autorise à faire des promesses qu'on n'a pas l'intention de tenir, c'est-à-dire des promesses dépourvues des propriétés qui font que ce sont des promesses.

---

1. Kant, *Fondement de la métaphysique des mœurs, op. cit.*

... sur la bonté humaine

Le test kantien de l'universalisation propose un critère d'évaluation de nos principes. Il mesure leur *cohérence conceptuelle*[1].

De son côté, l'argument « Et si tout le monde en faisait autant ? » nous demande d'*imaginer des conséquences pratiques*. On peut dire que c'est une sorte d'expérience de pensée, une « généralisation imaginaire[2] ».

À première vue, c'est surtout une machine à produire des platitudes, c'est-à-dire des propositions vraies dont l'intérêt n'est pas évident :

« Si tout le monde allait au même moment à la piscine du quartier, il n'y aurait plus de place pour nager. »

Ou, tout aussi plat :

« Si tout le monde sortait dans la rue au même moment, on ne pourrait plus avancer. »

Mais la généralisation imaginaire « Et si tout le monde en faisait autant ? » peut aussi avoir un rôle explicatif intéressant.

Il faut distinguer, toutefois, deux sortes de cas. La généralisation concerne ou bien des actions moralement neutres ou bien des actions jugées moralement défectueuses.

---

1. À ces incohérences dans la pensée, Kant ajoute des contradictions dans la volonté. Il dit qu'une règle posant qu'il ne faut jamais venir en aide aux autres ne pourrait pas valoir comme loi universelle. Ce serait une *contradiction dans la volonté*. Personne, en effet, ne peut *vouloir* qu'on ne vienne jamais en aide aux autres, puisqu'en cas de besoin, tout le monde sera tenté de *vouloir* qu'on lui vienne en aide : Kant, *Fondement de la métaphysique des mœurs, op. cit.*, p. 98-99. Ce que je veux souligner seulement, c'est que ni les incohérences de pensée, ni les contradictions de la volonté ne peuvent être assimilées à des conséquences pratiques du genre de celles que prédit l'énoncé « Et si tout le monde en faisait autant ? ».

2. Bernard Williams, « L'amoraliste », dans *La fortune morale*, trad. Jean Lelaidier, Paris, PUF, 1994, p. 6.

Actions moralement neutres

Poser la question « Et si tout le monde en faisait autant ? » est supposé nous aider à réaliser que des actions ni mauvaises ni irrationnelles en elles-mêmes peuvent le devenir si plusieurs personnes les accomplissent, dans certaines situations de dépendance mutuelle et au même moment par exemple[1]

On peut penser à l'action de retirer la totalité de ses avoirs à la banque (si on en a), qui n'a rien de mauvais ou d'irrationnel en elle-même. Si tout le monde le fait au même moment, le résultat risque d'être désastreux.

On peut aussi penser à un incendie qui dévaste une boîte de nuit surpeuplée, alors qu'il n'y a qu'une seule issue. Il n'y a rien de mal ou d'irrationnel à vouloir sauver sa vie en se précipitant vers la sortie. Si tout le monde

---

1. C'est ce genre de situations que les expériences dites du « dilemme du prisonnier » formalisent : Robert Nadeau, *Vocabulaire technique et analytique de l'épistémologie*, Paris, PUF, 1999. Supposons que la police vous soupçonne d'avoir commis un vol à main armée avec un complice. Un commissaire chevronné voudrait obtenir des aveux, car il sait qu'il n'a pas assez de preuves pour vous traîner en justice. Il vous propose donc le marché suivant. « Si vous avouez et dénoncez votre complice, vous êtes libre et votre complice passera 10 ans en prison. Si vous vous taisez tous les deux, c'est 2 ans pour chacun. Si vous avouez tous les deux c'est 6 ans pour chacun. » Vous savez que le commissaire va faire la même offre à votre complice. À première vue, il est préférable pour vous d'avouer. Si vous avouez et que l'autre n'avoue pas, vous êtes libre. Si vous avouez et que l'autre avoue aussi, c'est 6 ans pour chacun. Mais si vous n'avouez pas et que l'autre avoue, vous prendrez 10 ans, la peine maximale. On peut tenir le même raisonnement pour le complice : il devrait être tenté d'avouer lui aussi. Au total, il serait rationnel pour les deux complices d'avouer. Toutefois, ce résultat n'est pas optimal. Ce n'est ni celui qui donne le meilleur résultat d'ensemble (c'est même le pire : 12 ans de prison en tout au lieu de 4 si personne n'avoue et 10 si un seul avoue) ni même celui qui garantit le meilleur résultat personnel (6 ans chacun au lieu de 2 si personne n'avoue).

le fait au même moment sans se soucier des autres, le résultat risque d'être catastrophique.

Actions moralement défectueuses

Dans les cas qui nous préoccupent cependant, la question « Et si tout le monde en faisait autant ? » ne concerne pas des actions moralement neutres comme retirer ses dépôts d'une banque.

Elle porte sur des actions qui sont chacune, à première vue, moralement défectueuses, comme prendre le parapluie d'un inconnu un soir d'orage, resquiller dans une file d'attente, ou participer à une petite fête en pique-assiette, en étant le seul à venir les mains vides et en se servant abondamment de ce que les autres ont mis sur la table.

À quoi sert-elle ?

À rien, pour le déontologiste. Pour lui, la question « Et si tout le monde en faisait autant ? » a peut-être un intérêt social : on peut se demander si la tolérance à ces actes sera plus forte ou plus faible s'ils sont plus fréquents. Mais elle n'a aucun intérêt moral. On voit clairement sa vanité lorsqu'elle concerne des crimes dont la gravité est reconnue. Pour condamner un meurtre barbare, personne n'a besoin de faire appel à l'argument « Et si tout le monde en faisait autant ? ».

Évidemment, resquiller ou faire le pique-assiette ne sont pas des crimes de la même gravité. Mais ce ne sont pas des actions justes non plus. Pour un déontologiste, c'est une raison suffisante de les désapprouver. Inutile d'ajouter : « Et si tout le monde en faisait autant ? » C'est *un argument de trop*.

Toutefois, si le but est de trouver un argument qui pourrait convertir l'amoraliste, il est absurde de penser qu'une raison morale déontologiste comme « Tu ne dois pas le faire parce que c'est mal, un point, c'est tout ! » pourrait faire l'affaire, puisque, précisément, il n'est pas sensible à ce genre de raisons. Il faut lui proposer un argument d'un autre genre. Et c'est bien ce que la question « Et si tout le monde en faisait autant ? » est supposée fournir. Comment ?

À première vue, ce n'est pas en jouant sur les intérêts personnels de l'amoraliste. « Et si tout le monde en faisait autant ? » ne signifie pas « Si tu resquilles, si tu fais le pique-assiette, si tu voles le parapluie d'autrui un soir d'orage, c'est *toi* qui sera lésé ». Il serait absurde d'ailleurs de mettre cet argument en avant, car il est manifestement faux.

Cependant, l'argument « Et si tout le monde en faisait autant ? » a quelque chose à voir avec les conséquences. Il semble bien, en effet, que l'appel à cet argument a pour but de faire comprendre au resquilleur, au pique-assiette ou à celui qui « emprunte » un parapluie un soir d'orage, qu'il ne fait rien d'autre que vivre en « parasite » du système moral[1].

Si plus personne ne respectait les files d'attente, si plus personne n'amenait rien aux fêtes, si plus personne ne laissait de parapluies dans les bacs, il ne pourrait plus resquiller, profiter, prendre le parapluie d'un inconnu un soir d'orage. Il compte sur le fait que la plupart des gens respectent des règles morales pour profiter des avantages que donne le fait de ne pas les respecter.

Il n'est pas évident, cependant, que l'amoraliste pourrait se laisser impressionner par une accusation de parasitisme. C'est une qualification moraliste à laquelle il aurait toutes les raisons de rester indifférent.

---

1. Williams, « L'amoraliste », *op. cit.*, p. 6.

L'argument «Aimeriez-vous qu'on vous fasse la même chose?» est-il plus efficace pour faire douter l'amoraliste?

«*Aimeriez-vous qu'on vous fasse la même chose?*»

Il faut distinguer l'argument «Aimeriez-vous qu'on vous fasse la même chose?» de la *loi du talion*, ce principe de vengeance qui nous autorise à rendre le mal pour le mal: «Œil pour œil, dent pour dent[1]!»

«Aimeriez-vous qu'on vous fasse la même chose?» est une question rhétorique. La réponse qu'on attend est «Non», quand vous avez causé un tort à quelqu'un comme lui casser une dent. Mais cette réponse ne dit absolument rien de la punition que vous devriez subir (ni même que vous devriez en subir une). Elle n'autorise certainement pas celui à qui vous avez cassé une dent à vous en casser une aussi.

«Aimeriez-vous qu'on vous fasse la même chose?» semble plus proche de la fameuse *règle d'or* que de la loi du talion. Cette règle dit: «Ne fais pas aux autres ce que tu ne voudrais pas qu'ils te fassent» ou «Fais aux autres ce que tu voudrais qu'ils te fassent». Ce n'est pas un principe de vengeance, mais de bienveillance[2].

Cependant, comme la loi du talion, la règle d'or est un principe de réciprocité ayant un certain contenu[3]. Elle précise ce qu'il faut faire: faire aux autres ce que nous

---

1. Harry J. Gensler, *Questions d'éthique. Une approche raisonnée de quelques perspectives contemporaines* (1998), adaptation française Michel Paquette, trad. Marie-Claude Desorcy, Montréal, Chenelière-McGraw-Hill, 2002, p. 149.
2. *Ibid.*
3. *Ibid.*, p. 140-158.

voudrions qu'ils nous fassent et ne pas leur faire ce que nous ne voudrions pas qu'ils nous fassent.

Si on suit la règle aveuglément, d'ailleurs, on aboutit à des conclusions absurdes. Il serait permis à un masochiste de torturer les autres (Fais aux autres ce que tu voudrais qu'ils te fassent). Un médecin qui n'aimerait pas qu'on lui ôte l'appendice ne devrait pas l'enlever à un patient (Ne fais pas aux autres ce que tu ne voudrais pas qu'ils te fassent)[1]. De son côté, l'argument «Aimeriez-vous qu'on vous fasse la même chose?» n'a pas de contenu précis. C'est seulement un test général d'impartialité.

Comment pourrait-il s'appliquer au cas du parapluie?

Partons du principe que vous n'aimeriez pas qu'on prenne votre parapluie un soir d'orage (l'argument ne marche pas autrement).

Si vous êtes impartial, vous ne pouvez pas penser : si c'est *mon* parapluie qu'on prend, c'est important moralement. Mais si c'est celui de n'importe qui d'autre que *moi*, cela n'a *aucune importance morale.*

Bien sûr, si c'est votre parapluie qu'on prend plutôt que celui d'un autre, cela fera probablement une différence *psychologique* pour vous. Mais si vous voyez les choses d'un point de vue impartial, il n'y aura, pour vous, aucune différence *morale.*

De ce point de vue impartial, au moins, vous aurez une raison de ne pas prendre le parapluie d'un inconnu un soir d'orage. C'est exactement la même que celle qui devrait empêcher les autres de prendre le vôtre[2].

Le problème (il y en a toujours un nouveau qui surgit dans la réflexion morale) est que cette raison ne dictera pas nécessairement vos actions.

---

1. *Ibid.*, p. 140-141.
2. Nagel, *Qu'est-ce que tout cela veut dire?*, *op. cit.*

Vous pouvez avoir une raison de faire ou de ne pas faire telle ou telle chose, et une autre raison, plus forte, de ne pas vous comporter conformément à cette raison. Vous pouvez avoir une raison de faire ou de ne pas faire telle ou telle chose et manquer de *motivation personnelle* pour vous comporter conformément à cette raison[1].

Laissez l'amoraliste tranquille !

Si le problème de l'amoraliste n'est pas qu'il manque de raisons morales de faire telle ou telle chose, mais de motivation personnelle à agir d'après elles, il est inutile de lui faire des sermons.

À quoi bon répéter ce qu'il sait déjà[2] ?

Tout ce qu'on pourrait faire, pour le sortir de son inertie morale, serait de renforcer ses motivations personnelles à se comporter conformément à ces raisons morales, c'est-à-dire agir non pas sur les raisons de son action, mais sur ses *causes*, qu'elles soient psychologiques, sociologiques ou biologiques.

Pour changer l'amoraliste, il faudrait donc lui imposer un programme de conditionnement moral, peut-être

---

1. En philosophie morale, on appelle « externalistes » ceux qui admettent qu'on peut avoir des raison d'agir sans avoir la motivation correspondante, par opposition aux « internalistes » qui considèrent que si on n'a pas la motivation, c'est qu'on n'a pas vraiment la raison. La possibilité de l'amoralisme est souvent présentée comme un argument en faveur de l'externalisme : David O. Brink, *Moral Realism and the Foundations of Ethics*, Cambridge, Cambridge University Press, 1989, p. 46-50, et le Glossaire pour une vue plus complète.

2. Dans son examen de l'*akrasia* ou faiblesse de la volonté, Aristote avait déjà présenté l'argument à sa façon imagée en citant le proverbe « Quand l'eau vous étouffe, que faut-il boire par-dessus ? » : *Éthique à Nicomaque*, trad. J. Tricot, Paris, Vrin, 1983, livre VII, 1146b.

pas aussi radical que celui qu'Anthony Burgess a imaginé dans *Orange mécanique*, mais dont la valeur morale serait aussi peu évidente[1].

Plutôt que de s'engager dans ce genre de projet, ne vaut-il pas mieux laisser l'amoraliste tranquille ? N'est-il pas préférable d'essayer de vivre avec lui comme il est (en faisant un peu attention quand même, de temps en temps) ?

---

1. Le roman, adapté à l'écran par Stanley Kubrick en 1971, met en scène un jeune criminel ultra-violent, incarcéré pour une longue période, qui accepte de subir une terrible thérapie par conditionnement pour contrôler ses pulsions, afin d'être autorisé à sortir plus tôt de prison.

8) LA MACHINE À EXPÉRIENCES

Échangeriez-vous votre vie réelle, marquée par des frustrations et des déceptions, des succès partiels et des rêves inaccomplis, contre une vie d'expériences désirables mais complètement artificielles, provoquées par des moyens chimiques ou mécaniques ?

Supposez qu'il existe une machine qui puisse vous faire vivre toutes les formes d'expérience que vous souhaitez. Des neuropsychologues géniaux seraient capables de stimuler votre cerveau de telle sorte que vous pourriez croire et ressentir que vous êtes en train d'écrire un grand roman, de vous faire un bon ami, de lire un livre intéressant ou de faire n'importe quoi d'autre qui correspond à vos désirs. Mais, en fait, vous seriez en permanence dans la machine, avec des électrodes branchées sur le crâne. C'est vous qui fixeriez le programme des expériences que vous souhaiteriez avoir pour deux ans disons. Ensuite, vous auriez quelques heures hors de la machine pour choisir le programme des deux années suivantes. Bien entendu, une fois dans la machine, vous ne sauriez pas que vous y êtes ; vous penseriez que tout arrive vraiment.

Vous brancheriez-vous ?

Ne vous arrêtez pas à des problèmes mineurs comme celui de savoir qui fera marcher les machines si tout le monde se branche[1] !

Cette expérience de pensée a été utilisée pour démontrer que les conceptions dites « hédonistes » étaient fausses[2].

En effet, pour les hédonistes, ce qui compte, c'est d'avoir des expériences agréables ou, plus largement, des expériences qui correspondent à nos préférences. Que ces expériences soient réelles ou illusoires, profondes ou superficielles, chimiques ou naturelles, qu'elles soient fixées sur une personne au caractère stable ou pas, ne devrait avoir aucune espèce d'importance morale. Les paradis artificiels sont aussi valables moralement que les naturels, et la perte de soi n'a rien d'immoral.

Mais si les hédonistes avaient raison, tout le monde serait tenté de se brancher sur la machine à expériences !

Or, selon Robert Nozick, l'inventeur de cette expérience de pensée, nous (les humains) ne serons pas tentés de nous brancher sur la machine à expériences. Il avance trois raisons de type intuitif en faveur de cette hypothèse :

1) Nous voulons faire des choses et pas seulement avoir l'expérience de les faire.

2) Nous voulons être un certain genre de personne et non un objet indéterminé sur lequel on branche des électrodes.

---

1. D'après un cas proposé par Robert Nozick, *Anarchie, État et utopie*, *op. cit.*, p. 64.

2. Felipe De Brigard, « If you like it, does it matter if it's real ? », *Philosophical Psychology*, 23, 1, 2010, p. 43-57.

3) Le contact avec la réalité et l'authenticité ont une importance capitale dans nos vies.

Supposons que son hypothèse soit correcte, et que la plupart des gens n'accepteront pas de se brancher sur la machine à expériences. Supposons même que, dans une enquête massive, il apparaisse que 100 % des répondants refusent de se brancher sur la machine à expériences. Une question resterait en suspens. Pour Nozick, ce refus général prouve que l'expérience plaisante n'est pas la seule chose qui compte dans nos vies. Est-ce vraiment la seule interprétation possible ?

Non ! On pourrait supposer, par exemple, que ce refus a pour origine une répulsion psychologique irrationnelle pour tout ce qui n'est pas « naturel » ou l'angoisse à l'idée d'avoir des électrodes branchées sur le cerveau, et ainsi de suite. Mais la meilleure explication « alternative » est venue récemment. Il a fallu beaucoup d'astuce de la part d'un philosophe pour la proposer[1].

La tendance à l'inertie

Si nous refusons de nous brancher sur la machine à expériences, ce n'est pas parce que l'expérience compte moins que la réalité ou l'authenticité. C'est parce que nous changerions trop l'état dans lequel nous sommes actuellement si nous acceptions de nous brancher.

En fait, nous avons une certaine *tendance à l'inertie*. Nous ne voulons pas changer trop brutalement d'état, et c'est ce qui justifie la prédiction que nous refuserons la machine à expériences.

---

1. *Ibid.*

Toutefois, selon le même modèle, si nous étions branchés sur la machine à expériences nous n'accepterions pas d'en sortir. Ce serait aussi un changement trop brutal qui contredirait notre tendance à l'inertie. L'astuce est d'avoir pensé à cette paire d'hypothèses, et surtout à la seconde qui, si elle était confirmée, prouverait que *nous ne sommes pas du tout opposés par principe à vivre dans une machine à expériences.*

Or s'il est vrai que nous ne sommes pas du tout opposés, par principe, à vivre dans une machine à expériences, Nozick a tort, ainsi que tous les philosophes qui sont persuadés, depuis près d'un demi-siècle, qu'il a vaincu l'hédonisme par KO.

Cette hypothèse est fondée sur un modèle explicatif inspiré par certains travaux d'économistes, qui l'ont appelé le *biais du statu quo.* Pour la vérifier, il suffit de changer la façon de présenter l'expérience de pensée. La question ne serait plus :

« Acceptez-vous de quitter votre vie réelle et de vous brancher sur la machine à expériences ? »

Mais :

« Préférez-vous rester dans la machine à expériences ou retourner à votre vie réelle ? »

C'est ce qui a été fait avec une population d'étudiants non spécialisés en philosophie. L'expérience de pensée de la machine à expériences a été reformulée en trois scénarios selon le principe :

Vous êtes dans la machine à expériences. On vous propose de revenir à la vie réelle. Acceptez-vous ?

Scénario 1

Un matin, vous entendez quelqu'un frapper à votre porte. Vous ouvrez. Un personnage officiel vous fait l'annonce suivante :

« Nous sommes désolés de vous apprendre que vous avez été victime d'une grave erreur. Vous avez été branché sur une machine à expériences par des neuropsychologues géniaux capables de stimuler votre cerveau. Vous avez cru que vous vous étiez fait des amis, que vous étiez en train d'écrire un grand roman, de lire des livres intéressants ou de faire n'importe quoi d'autre qui correspondait à vos désirs.

Mais, en réalité, tout n'était que stimulation cérébrale. Vous étiez en permanence dans la machine, avec des électrodes sur le crâne.

Nous nous sommes aperçus que la demande d'être branché nous avait adressée par quelqu'un d'autre.

Nous vous proposons donc, avec encore tous nos regrets pour ce qui s'est passé, ces deux possibilités : ou bien rester dans la machine, ou bien retourner à votre vie réelle. »

Choisissez.

Dites-nous pourquoi.

Scénario 2

Même histoire que dans le scénario 1. Mais à la fin il est précisé :

« Dans la vie réelle, vous êtes dans le quartier de haute sécurité d'une prison.

Préférez-vous rester dans la machine à expériences ou retourner à votre vie réelle ? »

Choisissez.

Expliquez pourquoi.

Scénario 3

Même histoire que dans le scénario 1. Mais à la fin il est précisé :

« Dans la vie réelle, vous êtes un artiste richissime vivant dans un palace.

Préférez-vous rester dans la machine à expériences ou retourner à votre vie réelle ? »

Choisissez.

Expliquez pourquoi.

En résumé, les trois scénarios sont les suivants :

1) Neutre

Préférez-vous rester dans la machine à expériences ou retourner à votre vie réelle ?

2) Négatif

Préférez-vous rester dans la machine à expériences ou retourner à votre vie réelle, où vous êtes dans le quartier de haute sécurité d'une prison ?

3) Positif

Préférez-vous rester dans la machine à expériences ou retourner à votre vie réelle, où vous êtes un artiste richissime vivant dans un palace ?

Dans le scénario négatif, si on choisit la vie réelle on retourne dans le quartier de haute sécurité d'une prison. 87 % des répondants déclarent leur préférence pour rester dans la machine à expériences.

On ne peut pas dire que ce résultat soit très étonnant. Il n'empêche qu'il pourrait suffire à prouver que Nozick a tort. La réalité n'est pas *toujours* préférée ! Dans le scénario neutre, 46 % seulement préfèrent rester dans la machine.

54 % préfèrent le retour à la vie réelle sans se poser de questions sur sa qualité, ce qui semble envoyer le balancier de l'autre côté.

Mais le scénario positif devrait donner l'avantage final à l'idée que la réalité n'est pas nécessairement préférée.

Dans ce scénario, si on choisit la vie réelle, on retourne dans un palace en étant multimillionnaire. 50 % préfèrent quand même rester branchés sur la machine ! Ce résultat est déroutant. Sachant que vous aurez une vie de nabab, pourquoi rester dans la machine à expériences ?

C'est là qu'intervient l'hypothèse de la préférence pour le *statu quo* quel qu'il soit.

Vous avez une préférence un peu irrationnelle pour l'état dans lequel vous êtes, ce qui fait que vous choisirez de rester dans la machine à expériences, même lorsque les perspectives de retour à la vie réelle sont splendides.

De cette enquête, on peut tirer certaines conclusions sur la validité de l'hédonisme, en faisant remarquer simplement que l'expérience de Nozick ne suffit pas à le réfuter.

Mais il semble qu'on puisse aussi dériver une conclusion plus générale, et plus importante, à propos de la validité de nos intuitions morales.

Si on demande : «Acceptez-vous de vous brancher sur la machine à expériences ?», les gens sont censés répondre : «Non.»

Il faut conclure que les intuitions humaines ne vont pas dans le sens de l'hédonisme.

Si on demande : « Acceptez-vous de quitter la machine à expériences ? », les réponses sont plus variables. Mais en gros, la tendance est à l'inertie. On préfère rester dans la machine.

Il faut conclure que les intuitions humaines vont dans le sens de l'hédonisme.

On a donc sur les bras deux conclusions contradictoires : *nos intuitions sont hédonistes et ne sont pas hédonistes.*

Il est possible de sauver la cohérence en faisant intervenir l'hypothèse du *statu quo*. Dans les deux cas, on rejette les changements brutaux d'état par conservatisme.

Mais si l'hypothèse de la préférence pour le *statu quo* tient, cela veut dire que nos intuitions morales sont systématiquement affectées par un travers psychologique : le conservatisme ou l'inertie.

Est-ce que cela leur ôte toute valeur en tant que moyen de connaissance morale ? Il faudrait le prouver.

En tout cas, si on estime que cette tendance à l'inertie est irrationnelle, on hérite d'un problème d'épistémologie morale.

Comment des intuitions irrationnelles pourraient-elles servir à confirmer ou à infirmer une théorie morale, hédoniste ou autre ?

9) UNE VIE BRÈVE ET MÉDIOCRE EST-ELLE PRÉFÉRABLE À PAS DE VIE DU TOUT ?

À quelles conditions un enfant peut-il dire à sa mère qu'elle a commis une faute en le laissant naître ?

Grossesses à risques

Deux femmes prévoient d'avoir un enfant[1]. La première est déjà enceinte de trois mois quand le médecin lui annonce une bonne et une mauvaise nouvelle. La mauvaise nouvelle, c'est que le fœtus qu'elle porte a une malformation, qui, même si elle n'est pas grave au point que la vie de l'enfant devienne misérable ou ne vaille pas la peine d'être vécue, va fortement diminuer sa qualité de vie. La bonne nouvelle est que cette malformation peut être facilement soignée. Il suffit que la mère prenne une pilule sans effets secondaires et l'enfant échappera à cet handicap.

La seconde voit son médecin avant d'être enceinte alors qu'elle est sur le point d'arrêter toute contraception. Dans ce cas aussi le médecin lui annonce une bonne et une mauvaise nouvelle. La mauvaise nouvelle, c'est

---

1. D'après un cas proposé par Derek Parfit, *Reasons and Persons*, Oxford, Clarendon Press, 1984, p. 367.

145

qu'en raison de son état de santé, si elle conçoit cet enfant dans les trois prochains mois, il aura un handicap important ayant le même impact sur la qualité de vie de l'enfant que dans le cas précédent. Ce handicap ne peut pas être traité. Mais la bonne nouvelle est que la pathologie de la femme est temporaire. Si elle attend trois mois avant d'être enceinte, son enfant échappera au handicap.

Supposons que la première femme oublie de prendre le médicament et que la seconde n'attende pas avant de tomber enceinte, ce qui fait que les deux enfants naissent avec exactement le même grave handicap.

Les implications morales sont-elles identiques? Ce n'est pas évident.

Le premier enfant peut dire à sa mère: «En ne prenant pas le médicament, tu m'as causé un tort. Ma vie serait meilleure si tu l'avais pris.»

Mais le deuxième enfant ne peut pas dire: «En n'attendant pas trois mois avant de tomber enceinte, tu m'as causé un tort. Ma vie serait meilleure si tu avais attendu.»

Il ne peut pas le dire tout simplement parce que si sa mère avait attendu, il ne serait pas né du tout!

Une vie avec un handicap grave, mais pas misérable au point qu'elle ne vaille pas la peine d'être vécue, est-elle préférable à pas de vie du tout[1]?

---

1. Peter Singer, *Questions d'éthique pratique* (1990), trad. Max Marcuzzi, Paris, Bayard, 1997, p. 126.

10) J'AURAIS PRÉFÉRÉ NE PAS NAÎTRE

Aurait-il mieux valu ne pas naître, même si la vie qu'on vit est digne d'être vécue ?

Un ami vous dit :

« Ma vie est heureuse, pleine de plaisirs, et même de moments de joie extatique. Elle m'apporte en permanence de profondes satisfactions affectives et professionnelles. J'ai le sentiment de me réaliser pleinement. Et, vois-tu, ce sentiment de bonheur n'est pas passager : il est présent tout le temps, et il l'a toujours été dans ma vie. »

Vous constatez qu'on n'est pas le 1er avril, que votre ami ne plaisante pas, qu'il n'a pas bu, et rien ne semble montrer qu'il est plus fou que la moyenne des gens. C'est tout simplement un cas exceptionnel de bonheur authentique !

Vous félicitez votre ami, vous déclarez que vous êtes content pour lui, ce qui devrait augmenter son bonheur. Il vous remercie, puis ajoute :

«Ma vie est digne d'être vécue. Mais j'aurais préféré ne pas naître.»

Pour le philosophe Bernard Williams, votre ami dit n'importe quoi! Il se contredit lui-même dans la même phrase.

Pour Williams, en effet, affirmer «J'aurais préféré ne pas naître» implique «Ma vie n'est pas digne d'être vécue»[1]. Il n'y a même pas besoin de le préciser si la personne à qui on s'adresse a un peu de bon sens.

Quand on lui dit «J'aurais préféré ne pas naître», elle doit spontanément comprendre: «Ma vie n'est pas digne d'être vécue.»

Par conséquent «Ma vie est digne d'être vécue, mais j'aurais préféré ne pas naître» est une proposition contradictoire.

A-t-il raison? Est-il vraiment incohérent de dire: «Ma vie est digne d'être vécue, mais j'aurais préféré ne pas naître[2].»

Le premier problème que pose ce genre d'énoncé, c'est que la question de savoir ce qu'est «une vie digne d'être vécue» n'a pas de réponse qui fasse l'unanimité.

Certains exigent qu'on utilise des critères objectifs pour définir ce genre de vie. D'autres laissent à chacun le soin de décider. J'envisagerai les deux cas.

Le deuxième problème, encore plus compliqué, c'est qu'on a du mal à comprendre ce que veut dire: «une préférence pour ne pas être né».

---

1. Cas discuté par Bernard Williams, «Resenting One's Own Existence», dans *Making Sense of Humanity*, Cambridge, Cambridge University Press, 1995, p. 237.
2. Saul Smilansky, *Ten Moral Paradoxes*, Oxford, Blackwell Publishing, 2007, p. 101.

Il ne peut pas s'agir *littéralement* d'une préférence pour l'état dans lequel on est quand on n'est pas né. Nous ne savons pas dans quel état on est quand on n'est pas né. Comment pourrions-nous le «préférer», le choisir, dire qu'il est meilleur que celui dans lequel nous nous trouvons?

Il est donc plus raisonnable de penser que le jugement «Ma vie est digne d'être vécue, mais j'aurais préféré ne pas naître» porte sur la vie qu'on a.

Mais dans ce cas, comment ne pas donner raison à Bernard Williams? Comment ne pas penser que, si on aurait préféré ne pas naître, c'est parce que quelque chose ne va pas dans la vie qu'on vit, même si on est incapable de savoir quoi. «Ma vie est digne d'être vécue, mais j'aurais préféré ne pas naître» signifierait: «Je *crois* que ma vie est digne d'être vécue, mais en réalité, objectivement, elle ne l'est pas, car sinon je ne me dirais pas: j'aurais préféré ne pas naître.»

Aurait-il mieux valu ne pas naître que vivre une vie immorale?

Il semble néanmoins qu'il soit possible de donner une signification à «Ma vie est digne d'être vécue mais j'aurais préféré ne pas naître» qui ne repose pas sur l'idée *que nous nous trompons sur la qualité de notre vie*.

Considérons les propositions suivantes:

1) Ma vie est digne d'être vécue, mais il a fallu faire tellement d'efforts pour qu'elle soit ainsi que j'aurais préféré ne pas naître[1].

---

1. *Ibid.*

2) Ma vie est digne d'être vécue, mais il a fallu traverser tellement d'épreuves horribles pour qu'elle soit ainsi que j'aurais préféré ne pas naître[1].

3) Ma vie est digne d'être vécue, mais elle aura un terme, je vais mourir, et cette perspective m'angoisse tellement que j'aurais préféré ne pas naître[2].

4) Ma vie est digne d'être vécue, mais j'ai dû commettre tellement d'actes immoraux pour qu'elle soit ainsi que j'aurais préféré ne pas naître[3].

5) Ma vie est digne d'être vécue d'un point de vue personnel ou subjectif, mais elle n'a aucun sens d'un point de vue impersonnel ou objectif, et ce sentiment d'absurdité est si profond que j'aurais préféré ne pas naître[4].

Toutes ces réponses sont ambiguës. Elles peuvent certes signifier :

« Ma vie est digne d'être vécue, mais j'aurais préféré ne pas naître. »

Mais elles peuvent aussi vouloir dire :

« *Tout bien considéré*, ma vie n'est pas digne d'être vécue, c'est pourquoi j'aurais préféré ne pas naître. »

Est-il possible de trouver un sens non ambigu à la proposition « Ma vie est digne d'être vécue, mais j'aurais préféré ne pas naître » ?

---

1. *Ibid.*
2. Merci à Valérie Gateau, pour l'hypothèse.
3. Merci à Patrick Savidan pour l'hypothèse.
4. Merci à Jocelyn Benoist pour l'hypothèse.

11) FAUT-IL ÉLIMINER LES ANIMAUX POUR LES LIBÉRER?

Si les animaux ne sont pas des choses, il faudrait probablement renoncer à les vendre, à les acheter et à les manger. Est-ce que cela ne conduirait pas à la disparition complète de tous les animaux qui ne sont pas sauvages? Est-ce bien ce que nous souhaitons?

Le canot de sauvetage et les chimpanzés

Un canot de sauvetage pris dans une tempête en pleine mer est chargé à ras bord.

Il est occupé par des humains – adultes, comateux ou vieillards séniles – et un nombre équivalent de jeunes chimpanzés vifs et en pleine santé[1].

Tous vont mourir si le canot n'est pas délesté de son surpoids.

Serait-il juste de jeter par-dessus bord un ou plusieurs chimpanzés, même s'ils sont plus raisonnables ou sociables que les comateux et les vieillards séniles,

---

1. Jean-Luc Guichet, «Questions contemporaines d'anthropologie et d'éthique animale: l'argument antispéciste des cas marginaux» (non paru).

151

simplement parce qu'ils ne sont pas humains, sans aucun autre argument ?

On parle de « cas limites » ou « marginaux » pour qualifier ce genre de scénarios particulièrement choquants[1]. Ces « cas limites » auxquels il faut évidemment laisser le statut d'expérience de pensée, sans aucune implication politique, servent en fait à illustrer le raisonnement suivant :

1) Il existe des propriétés et des capacités qui servent de critère d'appartenance à la communauté morale, c'est-à-dire à la classe des êtres qu'on ne peut pas traiter simplement comme des choses juste bonnes à manger, à exploiter et à jeter une fois qu'elles sont devenues inutiles. Parmi ces critères, les plus fréquemment mis en avant sont la conscience de soi, la capacité de planifier et d'anticiper, celles de délibérer et de choisir, de ressentir des sensations comme le plaisir ou la peine et des émotions comme la peur, la joie ou la colère et ainsi de suite.

2) Or certains animaux non humains possèdent ces propriétés et ces capacités plus que certains animaux humains. Ainsi, selon Jeremy Bentham, « un cheval parvenu à maturité ou un chien est, par-delà toute comparaison, un animal plus sociable et plus raisonnable qu'un nouveau-né âgé d'un jour, d'une semaine ou même d'un mois[2] ».

---

1. Le simple fait de l'avoir évoqué a valu à Peter Singer des interdictions de s'exprimer en Allemagne pour des raisons faciles à comprendre.
2. Jeremy Bentham, *Introduction to the Principles of Morals and Legislation* (1789), chap. 17, trad. par Alberto Bondolfi dans *L'homme et l'animal. Dimensions éthiques de leurs relations*, Fribourg, Éditions universitaires Fribourg Suisse, 1995, p. 73.

3) L'argument des cas marginaux consiste à se demander s'il existe une justification morale au fait d'accorder, en cas de conflit, sa préférence à l'humain qui possède moins ces propriétés et ces capacités que le non-humain.

4) Ceux qu'on appelle «spécistes» affirment que, même dans ces cas, la préférence doit aller aux humains. Et ceux qu'on appelle «antispécistes» contestent que ce choix soit moralement légitime.

En fait, les spécistes optent pour une sorte de *discrimination positive* envers les humains.

La discrimination positive consiste à accorder une préférence systématique à certaines personnes (à l'entrée des universités, dans la vie publique, etc.), non pas parce que leurs qualités individuelles (intellectuelles, physiques) sont supérieures, mais parce qu'elles appartiennent à une certaine catégorie (les plus pauvres, les minorités ethniques, etc.).

De la même façon, les spécistes accordent une préférence aux membres de l'espèce humaine, du point de vue moral entre autres, même lorsque leurs capacités individuelles sont inférieures à celles des animaux.

Toute la question bien sûr est de savoir ce qui justifie cette «discrimination positive» envers les membres de l'espèce humaine.

L'argument antispéciste des «cas limites» est *continuiste*. Il exclut tout abîme moral entre animaux humains et non humains. Chaque individu est jugé selon certaines qualités (comme la capacité de souffrir ou de comprendre) qui peuvent être communes aux membres des deux espèces.

Pour certains philosophes, l'argument continuiste est une pure mystification. Il repose sur des critères de distinction entre humains et animaux qu'il est facile de mettre au service de la continuité entre les deux, comme la faculté d'éprouver du plaisir et de la peine ou de vivre en compagnie. Mais il suffit, disent-ils, de changer de critères pour rétablir l'abîme moral entre l'humain et l'animal. Certains justifient cet abîme à partir de l'opposition kantienne entre êtres de nature et êtres de liberté. D'autres mettent en avant les critères des « caractères normaux de l'espèce », la forme corporelle ou l'appartenance sociale.

Aucun de ces critères n'est décisif.

« *Nature* » et « *liberté* »

Luc Ferry : « Au nom de quel critère rationnel ou même seulement raisonnable pourrait-on prétendre dans tous les cas de figure devoir respecter davantage les humains que les animaux ? Pourquoi sacrifier un chimpanzé en bonne santé plutôt qu'un être humain réduit à l'état de légume ? Si l'on adoptait un critère selon lequel il y a continuité entre les hommes et les bêtes, Singer aurait peut-être raison de considérer comme "spéciste" la préférence accordée au légume humain. Si nous prenons en revanche le critère de la liberté, il n'est pas déraisonnable d'admettre qu'il nous faille respecter l'humanité, même en ceux qui n'en manifestent que les signes résiduels[1]. »

Ce que Luc Ferry appelle « liberté », c'est la possibilité de poser des actions désintéressées, irréductibles aux intérêts égoïstes ou à la recherche du plaisir et à l'évite-

---

1. Luc Ferry, *Le nouvel ordre écologique. L'arbre, l'animal et l'homme*, (1992), Livre de poche, p. 86.

ment des peines, ce dont les animaux non humains seraient incapables.

Mais son illustration sarcastique est complètement ratée. Il écrit qu'on «a déjà vu des hommes se sacrifier pour protéger des baleines» alors que la réciproque est plus rare[1]. Or les exemples de comportements altruistes, désintéressés, ne manquent vraiment pas dans le monde animal, parfois même entre membres d'espèces différentes[2], y compris au bénéfice des humains. Luc Ferry pense-t-il que les sacrifices de chiens pour leurs maîtres ne se produisent que dans les dessins animés?

Individu et espèce

Alberto Bondolfi propose de remplacer le critère des capacités individuelles actuelles par celui des capacités individuelles potentielles et des capacités de l'espèce à laquelle un individu appartient.

Ses arguments sont les suivants: «La première [difficulté] est liée à ce qu'on appelle les "cas marginaux". Rappelons que l'homme est "en général" doué de raison et de libre arbitre mais que ces facultés ne se retrouvent pas chez tous les membres de l'espèce. Il y a des nouveau-nés, des embryons humains, des handicapés mentaux ou des gens qui sont dans le sommeil ou dans le coma que personne ne veut exclure de l'espèce humaine. Pour quelle raison respectons-nous donc leur droit à la vie? Il

---

1. *Ibid.*, p. 84.
2. Les exemples d'entraide entre espèces animales différentes sont nombreux: crevettes qui nettoient les gueules des prédateurs aux sources du Nil, oiseaux qui protègent les œufs de crocodile, etc. Ces cas sont présentés dans le documentaire de Nicolas Gabriel, *L'entraide animale*, Saint Thomas Productions, 1998.

faut revoir les arguments espécistes trop rapides et proposer un critère plus percutant[1]. »

D'après lui, ce critère devrait être le principe de potentialité des membres d'une espèce. « Il ne repose pas tant sur les qualités et les capacités à éprouver de la douleur présentes de façon ponctuelle chez l'homme ou /et l'animal mais sur les capacités et les qualités habituellement admises[2]. »

Il est difficile de voir comment ce critère pourrait ne pas s'appliquer aux embryons humains et aux malades incurables en fin de vie, en ôtant toute légitimité aux interruptions volontaires de grossesse et aux aides médicales à mourir. Mais c'est une conclusion qui va trop à l'encontre des nombreuses convictions raisonnables pour être acceptée aisément.

Appartenance sociale et forme corporelle

Jean-Luc Guichet veut montrer que l'antispécisme repose sur l'oubli de plusieurs critères comme l'appartenance sociale ou la forme corporelle[3].

Appartenance sociale : « Les cas humains marginaux ne sont précisément pas si marginaux que cela : ils ne viennent pas de nulle part et sont reliés à d'autres humains par des attaches parentales et familiales, ils ont un patronyme, etc. Avoir affaire à tel ou tel homme, même handicapé mental, n'est donc pas simplement avoir affaire à lui, mais à toute sa parentèle, et plus large-

---

1. Alberto Bondolfi, *L'homme et l'animal. Dimensions éthiques de leurs relations, op. cit.*, p. 39.
2. *Ibid.*
3. Guichet, « Questions contemporaines d'anthropologie et d'éthique animale : l'argument antispéciste des cas marginaux », *op. cit.*

ment aux communautés particulières (ethniques, régionales, socioprofessionnelles, nationales, etc.) avec lesquelles il a des rapports d'appartenance et qui peuvent se substituer à lui pour me demander des comptes.»
Forme corporelle: «La forme globale du corps humain ne nous est pas indifférente, mais vaut pour nous comme un véritable signal éthique. Nous n'avons en effet pas le temps de vérifier que les humains que nous croisons tous les jours en sont bien, nous sommes donc habitués depuis toujours à les considérer comme tels, à partir simplement de leur corps, conditionnés ainsi à un véritable réflexe de reconnaissance éthique. Le corps humain comme tel, sans parole, nu, sans expression, même totalement dépouillé et minimal, c'est-à-dire même purement "animal", conserve à nos yeux quelque chose qui dépasse l'animalité: une valeur éthique qu'il a acquise pour nous depuis notre propre accès à la conscience.»

Mais, comme le fait remarquer Jean-Luc Guichet lui-même: «Que faire à l'égard d'un être humain si monstrueux que l'on ne pourrait le reconnaître intuitivement comme tel à partir de son corps?»
Par ailleurs, on peut se demander en quoi le fait d'invoquer des liens d'appartenance à des groupes humains pourrait justifier moralement le spécisme. Les maffieux aussi invoquent l'appartenance à un groupe pour justifier des traitements de faveur. Mais ils ont beaucoup de mal à convaincre les autres de la valeur morale de ce critère.
Autrement dit le critère de la forme corporelle n'est ni nécessaire ni suffisant, puisqu'il existe des monstres défigurés et mutilés qu'on continue de juger «humains».
Quant au critère de l'appartenance sociale, sa valeur morale est douteuse.

En fait, il est difficile de trouver de bons arguments qui pourraient justifier l'existence d'un abîme moral entre humains et animaux. Mais les tentatives d'aligner complètement le statut des animaux non humains sur celui des humains semblent, elles aussi, vouées à l'échec. Elles aboutissent à des conclusions paradoxales, au mieux.

Si on traite les animaux non humains comme on devrait traiter les humains, en excluant absolument toutes les formes d'exploitation et d'instrumentalisation et en abrogeant complètement leur statut de propriété, on n'aboutira pas à la libération des animaux non sauvages mais à leur disparition pure et simple, par extinction, liquidation, stérilisation[1]. Dans ces conditions, on ne peut pas éviter de se poser la question suivante, quel que soit notre type d'engagement envers le sort fait aux animaux :

Peut-on trouver les moyens d'éviter le paradoxe qui consiste à faire disparaître tous les individus appartenant à certaines classes d'animaux non humains au nom de leur libération ?

Le fait que la question puisse se poser pour les animaux marque une différence énorme entre le mouvement de libération animale et les mouvements de libération des femmes, des esclaves, des gays et autres minorités. Militer pour la libération des femmes de la domination masculine peut aboutir à faire disparaître

---

1. C'est à ces conclusions qu'aboutissent, notamment, le philosophe utilitariste Richard Hare (« Why I Am only a Demi-vegetarian », dans Dale Jamieson, dir., *Singer and his Critics*, Londres, Blackwell, 1999, p. 233-246) ou le juriste Gary Francione (« Prendre la sensibilité au sérieux » [2006], dans *Philosophie animale. Différence, responsabilité et communauté*, textes réunis par H. S. Afeissa et J.-B. Jeangène Vilmer, Paris, Vrin, 2010, p. 185-221).

certains traits qui caractérisent les femmes dans des sociétés à forte ségrégation sexuelle, comme la soumission ou la pruderie. Mais si militer pour la libération des femmes devait aboutir à faire disparaître les femmes *en tant qu'individus*, on jugerait probablement le projet autrement.

Quels critères ?

Il n'y a pas de critère qui pourrait servir à justifier l'abîme moral entre humains et animaux sans susciter de controverse.

Existe-t-il un critère qui permettrait d'établir la continuité morale entre humains et animaux de façon incontestable ?

Bentham en a proposé un, la sensibilité, à la suite d'un raisonnement fameux que j'ai déjà évoqué, mais qu'il vaut la peine de citer en entier : « Peut-être le jour viendra où le reste du règne animal retrouvera ces droits qui n'auraient jamais pu lui être enlevés que par la tyrannie. Les Français ont déjà réalisé que la peau foncée n'est pas une raison pour abandonner sans recours un être aux caprices d'un persécuteur. Peut-être finira-t-on un jour par s'apercevoir que le nombre de jambes, la pilosité de la peau ou l'extrémité de l'os du sacrum sont des raisons tout aussi insuffisantes d'abandonner une créature sensible au même sort. Quoi d'autre devrait tracer la ligne de démarcation ? Serait-ce la faculté de raisonner ou peut-être la faculté de langage ? Mais un cheval parvenu à maturité ou un chien est par-delà toute comparaison un animal plus sociable et plus raisonnable qu'un nouveau-né d'un jour, d'une semaine ou même d'un mois. Mais supposons qu'ils soient autrement : à quoi cela servirait-il? La question n'est pas: peuvent-ils raisonner. Ni: peuvent-ils parler? Mais bien: peuvent-ils souffrir[1]?»

Ce critère est-il incontestable?

Le critère de la souffrance est-il suffisant?

Pour Bentham, la seule question morale qu'on doit se poser à propos des animaux n'est pas «peuvent-ils raisonner. Ni: peuvent-ils parler? Mais bien: peuvent-ils souffrir[2]?».

Est-ce vraiment la seule question qui se pose?

On peut estimer que le critère de la souffrance est nécessaire. Mais il me paraît exclu qu'il soit suffisant pour les trois raisons suivantes:

1) Il ne permet pas de faire la distinction entre dommage et préjudice.

2) Il exclut tout débat moral sur l'abattage massif mais indolore des animaux (à supposer bien sûr que l'abattage industriel sans souffrance soit concevable, ce qui est douteux).

3) Il ne tient pas vraiment compte de la possibilité qu'une vie brève et médiocre soit préférable à pas de vie du tout.

---

1. Bentham, *Introduction to the Principles of Morals and Legislation*, *op. cit.*; J. S. Mill, «Whewell on Moral Philosophy» (1853), dans John Stuart Mill et Jeremy Bentham, *Utilitarianism and Other Essays*, Alan Ryan, ed., Penguin Books, 1987, p. 251-252; Peter Singer, *La libération animale* (1975), trad. Louise Rousselle revue par David Olivier de l'édition révisée (1990), Paris, Grasset, 1993, p. 37.

2. Bentham, *Introduction to the Principles of Morals and Legislation*, *op. cit.*

Dommages et préjudices

Le simple fait de causer une souffrance physique ou de contribuer par son action à faire pencher la balance des plaisirs et des peines du côté de la peine ne suffit pas encore à établir qu'une injustice ait été commise. Pourquoi ? Simplement parce que toute atteinte à l'intégrité d'autrui, toute souffrance qui lui est causée n'est pas constitutive d'un *préjudice.*

Les dégâts physiques habituels causés dans les sports violents comme la boxe thaïe ou le rugby, ou même dans une intervention chirurgicale à laquelle on a consenti et qui s'est déroulée selon le protocole médical normal ne sont pas considérés comme des torts ou des préjudices.

Le tort ou le préjudice est une sorte de dommage dont on doit pouvoir dire qu'il est injuste sous un aspect important quelconque[1]. En épousant quelqu'un, par exemple, on prive tous les autres prétendants de cette possibilité, et on leur cause certainement un dommage de ce fait. Mais peut-on, pour autant, parler de « préjudice » ? Il est difficile de voir ce qu'il y a d'injuste dans le fait d'unir sa vie à celle d'un autre en le privilégiant de cette façon.

Par ailleurs, pour qu'il y ait « dommage », il faut que l'état dans lequel la personne qui est supposée l'avoir subi *soit pire* que celui dans lequel elle se trouvait auparavant. Un unijambiste qui demanderait, après un accident, à être dédommagé pour la jambe qu'il n'avait déjà plus avant l'accident ne pourrait pas être pris au sérieux.

---

1. Voir mon *L'éthique aujourd'hui. Maximalistes et minimalistes, op. cit.,* p. 81-84, en référence à : Axel Gosseries, *Penser la justice entre les générations. De l'affaire Perruche à la réforme des retraites,* Paris, Aubier, 2004, p. 52-53.

Dans certains cas, l'état antérieur est difficile à établir. Supposons qu'un enfant naisse avec un handicap contre la volonté des parents, trompés par un médecin réactionnaire combattant clandestinement le droit d'interrompre volontairement sa grossesse. Pour évaluer le préjudice que l'enfant a subi, faut-il comparer son état avec celui qui *aurait été le sien s'il n'était pas né* (selon la volonté des parents) ? Mais quel genre d'état est « celui de ne pas être né » ?

La question se pose évidemment pour les animaux de consommation et les animaux domestiques. Il se pourrait que le choix pour eux soit entre une vie brève et pénible ou pas de vie du tout. Qu'est-ce qui est préférable ? Bref, le passage de la peine au préjudice pose des problèmes compliqués.

Un dernier exemple. On admet que, dans certains cas au moins, le consentement annule le tort : les dommages subis dans les sports de combat sont les exemples les plus frappants (si on peut dire). Mais si les animaux sont dans l'incapacité de consentir de façon suffisamment claire et explicite, ils ne peuvent annuler aucun tort qui leur est fait. Faut-il en conclure que la classe des actions qui peuvent causer des torts aux animaux est potentiellement beaucoup plus large que la classe des actions qui peuvent causer des torts aux humains ?

C'est l'attitude qu'on adopte à l'égard des enfants. On peut leur causer beaucoup plus de torts qu'aux adultes, pour la bonne raison qu'ils ne peuvent nullement consentir aux dommages qu'ils subissent.

C'est certainement une conclusion paradoxale pour les animaux, car on a plutôt tendance à penser qu'on ne peut pas leur causer autant de torts qu'aux humains, du fait que la question du consentement ne se pose pas du tout pour eux.

On a plutôt tendance, me semble-t-il, à aligner le statut des animaux sur celui des fœtus que sur celui des enfants nés. Même les plus opposés à l'avortement considèrent qu'il est plus grave de blesser ou de mutiler intentionnellement un fœtus que de le faire disparaître complètement[1].

Et tout le monde semble considérer que, même s'il vaut mieux, dans tous les cas, ne pas faire de mal à un enfant né, il est moins grave, dans l'échelle des crimes, de le blesser intentionnellement que de le tuer.

On pourrait dire que, pour les animaux comme pour les fœtus, on considère qu'il est moins grave de les tuer que de les faire souffrir ou de les mutiler de leur vivant. Le droit de tuer les animaux à certaines fins supposées utiles est, pour le moment, largement accepté. Alors que le droit de mutiler gratuitement et de faire souffrir inutilement des animaux est de moins en moins reconnu.

Une vie brève et médiocre ou pas de vie du tout

Admettons que l'existence de cas moraux limites ou marginaux suffise à établir une certaine continuité morale entre les animaux humains et non humains. On pourrait en tirer deux conclusions normatives contradictoires :

1) Il faut traiter les humains comme des animaux.
2) Il faut traiter les animaux comme des humains.

---

1. La plupart admettent que l'avortement est permis en cas de viol ou de danger certain pour la vie de la mère, alors qu'ils ne permettraient probablement pas de blesser ou de mutiler un bébé en bonne santé pour ce genre de raison ou pour d'autres.

Développée, la première conclusion dirait qu'il n'est pas illégitime de traiter les humains comme on traite les animaux aujourd'hui, c'est-à-dire comme des êtres qu'on peut exploiter sans aucune limite, qu'on peut tuer, faire souffrir, ridiculiser, réduire à l'état d'objet d'expérimentation scientifique si on en a les moyens et si cela nous arrange. Admettre ce principe ne serait d'ailleurs que mettre le droit en accord avec les faits, et ne pas l'admettre serait purement hypocrite.

La seconde conclusion dit qu'il faut traiter les animaux comme on reconnaît qu'il faut traiter aujourd'hui les humains, c'est-à-dire positivement en tenant compte de leurs intérêts et négativement en excluant toutes les formes d'exploitation, d'instrumentalisation, et en abrogeant leur statut de propriété. Les humains ne doivent pas être traités comme des esclaves ou des objets de consommation ou d'expérimentation. Les animaux non plus.

La première conclusion est inacceptable du point de vue moral : il n'existe aucune conception morale, même la plus éloignée de celle à laquelle nous sommes habitués, qui recommande ce genre de comportement.

La seconde conclusion, plus sympathique en apparence, pose aussi des problèmes.

Si on traite les animaux non humains exactement comme on devrait traiter les humains, positivement en tenant compte de leurs intérêts, et négativement en excluant toutes les formes d'exploitation, d'instrumentalisation, et en abrogeant leur statut de propriété, on n'aboutira pas à la libération des animaux domestiques, de consommation, de divertissement, mais à leur disparition pure et simple par extinction ou liquidation.

Extinction

D'après le philosophe utilitariste Richard Hare, si nous cessons de consommer des animaux, le marché de la viande s'effondrera. Il y aura de moins en moins d'animaux engendrés à des fins de consommation[1]. Ils pourront encore être élevés et exploités, parce qu'ils produisent du lait ou des œufs, mais en moins grand nombre. Parmi ceux qui se reproduiront, certains deviendront des animaux sauvages ou domestiques : ils perdront les caractéristiques que nous leur connaissons.

Ainsi, les vaches, les poules et les cochons disparaîtront progressivement, ce qui diminuera la quantité de bonheur personnel de tous ceux qui les apprécient esthétiquement et gastronomiquement, et aussi la somme totale de bien-être animal.

Pour Hare, l'argument moral « qui s'appuie sur l'idée qu'il est mal de tuer des animaux s'effondre complètement si on réalise qu'en l'acceptant, on réduira considérablement le nombre des animaux et donc la somme totale de bien-être animal[2] ».

Pour que l'argument soit acceptable, il faudrait que le seul critère du bien-être animal soit le plaisir ou l'absence de peine, et qu'on soit disposé à endosser ce que Parfit appelle la « conclusion répugnante[3] ».

---

1. Richard M. Hare, « Why I Am only a Demi-vegetarian », *op. cit.*
2. *Ibid.*, p. 245.
3. Derek Parfit, *Reasons and Persons, op. cit.*, p. 387-390.

Le critère du plaisir et de la peine

Ce n'est que si l'abattage des animaux est complètement indolore que leur consommation *post mortem* ne diminuera pas excessivement la somme totale de leur bien-être. C'est ainsi que raisonnait Bentham. Il ne voyait pas d'obstacle à l'abattage indolore des animaux pour des raisons d'utilité générale : « Nous nous en trouvons mieux ; et ils ne s'en trouvent jamais pire. Ils n'ont aucune de ces longues anticipations de misère future que nous avons[1]. »

C'est le même raisonnement qui permet aujourd'hui à des utilitaristes engagés pour la cause animale comme Peter Singer de justifier l'expérimentation scientifique sur les animaux. Elle devrait être autorisée, disent-ils, si ses avantages en termes de bien-être général sont incontestablement plus grands que la souffrance qu'elle cause, et s'il est impossible de lui substituer une autre procédure aussi efficace.

Ce que l'utilitariste exclut, en revanche, c'est tout acte conduisant à blesser ou à inquiéter *gratuitement* un animal, ce qui semble être le cas dans les combats de coqs, la corrida, la chasse ou la pêche de loisir, les zoos, les cirques animaliers, les tests cosmétiques. Les plaisirs et les avantages que nous y trouvons seraient alors « hors de proportions avec le lot de souffrances engendrées[2] ».

À partir de ces prémisses utilitaristes, Richard Hare nous propose une expérience de pensée qui pourrait aller dans le sens de l'idée que l'élevage d'animaux pour la consommation n'est pas nécessairement un mal : « Et si nous nous mettions à la place des truites d'élevage ? »

---

1. Cité dans Hare, « Why I Am only a Demi-vegetarian », *op. cit.*
2. *Ibid.*

Hare considère qu'il ne doit pas être déplaisant, pour une truite, de vivre dans les eaux des fermes d'élevage anglaises, même si c'est une vie peu exaltante. Il ajoute qu'il ne trouverait pas révoltant, en tant que truite, d'être ensuite tué pour être consommé, à condition d'avoir été habilement assommé auparavant.

«Je suis assez convaincu que, si j'avais le choix, je préférerais, tout bien considéré, la vie d'un poisson d'élevage à celle d'un poisson sauvage, ou encore à la non-existence[1].»

Dans cette expérience de pensée, Hare semble endosser la «conclusion répugnante». En quoi consiste-t-elle?

La conclusion répugnante

Selon Parfit, une quantité énorme de vies brèves et misérables pourraient avoir la même valeur, dans le calcul de la somme totale de bonheur, qu'une petite quantité de vies longues et heureuses[2]. Telle est du moins la *conclusion répugnante* qu'un utilitariste devrait soutenir, et c'est pourquoi sa conception d'ensemble devrait être jugée moralement défectueuse.

Sans aller jusque-là, Hare affirme qu'il vaut mieux, pour un animal, avoir une vie brève et assez médiocre finalement (parce qu'elle se termine dans l'assiette d'un humain) que pas de vie du tout.

---

1. Hare, «Why I Am only a Demi-vegetarian» *op. cit.*, p. 240.
2. Parfit, *Reasons and Persons*, *op. cit.*

Liquidation

Le juriste Gary Francione estime que ce qui ne va pas dans notre façon de traiter les animaux de consommation, de recherche, de compagnie, de travail et de divertissement, c'est que nous leur donnons le statut de propriété[1].

D'après lui, « la reconnaissance, sur le plan moral et juridique, de l'importance de la sensibilité n'a nullement entraîné un changement de paradigme dans la façon dont nous traitons les êtres non humains[2] ».

Nous admettons, dit-il, que les animaux peuvent souffrir et, de ce point de vue, la contribution des utilitaristes est inestimable.

Mais si les utilitaristes ont montré que les êtres non humains méritaient de recevoir une considération égale aux êtres humains parce qu'ils étaient, autant qu'eux, susceptibles de souffrir, ils n'ont donné aucun argument pour abroger les dispositions législatives qui autorisent à les vendre, les acheter, les louer ou les détruire[3].

Or, c'est ce *statut de propriété* qui est à l'origine d'un grand nombre de traitements choquants que nous faisons subir aux animaux.

C'est pourquoi, affirme Francione, « les défenseurs des droits des animaux devraient concentrer leurs efforts sur la promotion du véganisme et l'abrogation par étapes des dispositions législatives faisant des êtres non humains la propriété des êtres humains[4] ».

À la fin, il formule la revendication radicale suivante :

---

1. Francione, « Prendre la sensibilité au sérieux », *op. cit.*
2. *Ibid.*
3. *Ibid.*, p. 205
4. *Ibid.*, p. 221.

« Si nous prenions les animaux au sérieux et si nous reconnaissions l'obligation qui est la nôtre de ne pas les traiter comme des choses, nous cesserions de produire des animaux domestiques mais aussi d'en faciliter la production. Il nous reviendrait alors de prendre soin de ceux que nous avons aujourd'hui, mais nous cesserions d'en élever pour la consommation humaine et nous laisserions en paix les animaux domestiques. Nous cesserions de manger des animaux, d'en faire des vêtements ou d'utiliser des produits d'origine animale. Nous considérerions le végétalisme (véganisme) comme le principe fondamental de la morale, sans contestation aucune [1]. »

Mais cette proposition, dont la logique est impeccable, aurait l'inconvénient de faire complètement disparaître tous les animaux, à l'exception des animaux sauvages. Les animaux de compagnie n'auraient aucun avenir s'il était impossible de se les approprier.

Francione ne se contente pas de reconnaître cette implication de son raisonnement. Il la *revendique*. Pour lui, il ne s'agit pas de laisser simplement les animaux domestiques se reproduire tout seuls.

« Nous devrions tout bonnement stériliser tous les animaux domestiques vivants, afin de nous assurer qu'ils disparaissent tous jusqu'au dernier : seul moyen de mettre fin à leur esclavage. L'extinction des animaux domestiques – sans distinction aucune entre les espèces compagnes et celles à usage alimentaire – serait le seul remède à nos crimes [2]. »

---

1. Cité par Kari Weil, « Liberté éhontée », trad. Thierry Hoquet, *Libérer les animaux ? Critique*, août-septembre 2009, p. 665-666.
2. *Ibid.*, p. 666.

C'est un état de choses que nous pouvons hésiter à promouvoir. Il ne faut pas oublier que, si on peut parler de progrès dans le rapport moral aux animaux, ce n'est pas seulement parce que des humains sont de plus en plus nombreux, aujourd'hui, à penser qu'on devrait les traiter beaucoup mieux qu'on ne les traite. C'est aussi parce qu'on a cessé de vouloir les traiter comme des humains, c'est-à-dire comme des êtres responsables, comptables de leurs actes.

À part certains personnages des *Monthy Python*, plus personne ne semble regretter qu'il n'y ait plus, aujourd'hui, de grands procès d'animaux ayant causé des troubles à l'ordre public avec jugement en bonne et due forme et peine capitale le cas échéant, comme il y en avait au Moyen Âge. C'est le même processus qui s'est produit avec les enfants dont les intérêts et les besoins ont été reconnus, en même temps que leur responsabilité a été limitée.

Il y a des raisons normatives de ne pas traiter les animaux comme des humains, même si, du point de vue moral, aucune différence radicale entre les deux ne semble pouvoir être justifiée.

Est-il possible d'envisager un certain type de relations à l'égard des animaux non sauvages qui exclurait le droit de les posséder, mais qui ne les empêcherait pas de prospérer?

12) LE MONSTRE D'UTILITÉ

Peut-on être un utilitariste cohérent ?

Vous pensez qu'il n'est pas injuste de faire des expérimentations sur des animaux vivants parce que vous estimez que la somme des bénéfices pour les humains est supérieure au total des souffrances animales.

Vous pensez qu'il n'est pas injuste d'élever des animaux pour manger ou s'habiller du moment qu'on n'utilise pas de méthodes cruelles ou intensives, parce que les humains y gagnent beaucoup de plaisir et les animaux n'éprouvent pas trop de déplaisir, surtout s'ils sont abattus de façon suffisamment indolore.

Vous pensez que ce qui compte moralement, c'est de produire la plus grande somme de bien-être au total.

Vous pouvez demander votre admission au club des utilitaristes !

Mais si vous êtes dans le club, vous risquez d'être conduits à admettre qu'il serait juste de donner toutes les richesses à quelques individus et de laisser des milliards d'humains dans la misère.

C'est, en effet, ce que vous devrez conclure s'il est démontré, sans l'ombre d'un doute, que la jouissance de ces quelques individus est tellement immense qu'elle compense très largement le malheur des milliards de gens qui n'ont rien.

Le même raisonnement devrait vous amener à trouver juste qu'une seule personne, dont les capacités à jouir sont gigantesques, accapare tous les biens de la planète, ou que tous les humains se sacrifient pour elle.

C'est ce genre d'être qu'on peut appeler un « monstre d'utilité » (au sens philosophique du mot « utilité » qui signifie : le bénéfice qu'on tire d'une chose) [1].

Seriez-vous prêts à rester dans le club des utilitaristes, si ces conclusions étaient inévitables ?

---

1. D'après un cas proposé par Nozick, *Anarchie, État et utopie, op. cit.*, p. 62.

13) ON VOUS A BRANCHÉ
UN VIOLONISTE DANS LE DOS

Accepteriez-vous de rester neuf mois immobilisé dans un lit pour sauver la vie d'un inconnu ?

Vous vous réveillez un matin avec un inconnu dans le lit. Vous vous apercevez que tout un réseau de tubes vous connectent ensemble par le dos et que des fluides circulent dans ce réseau. On vous a branché un inconnu dans le dos pendant votre sommeil[1] !

Comment ? Pourquoi ?

En fait, ce sont des membres de la société des amoureux de la musique qui ont tout organisé. Ils vous ont endormi, kidnappé, et ils ont convaincu des médecins de vous brancher à cet inconnu, car ils n'ont rien trouvé de mieux pour sauver sa vie. Il faut dire que l'inconnu est un violoniste absolument génial, atteint d'une très grave maladie des reins. Vous seul aviez le sang qu'il fallait pour nettoyer ses reins progressivement et c'est au nettoyage que servent les tubes.

Pour vous rassurer, les médecins vous disent que vous

---

1. D'après un cas proposé par Judith Jarvis Thomson, « A Defense of Abortion », *Philosophy and Public Affairs*, 1, 1, 1971, p. 47-66.

n'en avez que pour neuf mois. Pour vous faire sentir l'importance de cette procédure médicale, ils ajoutent que le violoniste mourra immédiatement si vous le débranchez.

Vous pouvez, certes, agir comme un bon Samaritain et sacrifier neuf mois de votre vie pour ce violoniste inconnu de vous, que vous n'aviez même pas décidé de sauver au départ.

Mais si vous exigez qu'on le débranche, serez-vous monstrueusement immoral ? Ne s'agira-t-il pas d'un acte de légitime défense, parfaitement acceptable du point de vue moral, à l'égard d'un intrus qui voudrait vous immobiliser pendant neuf mois ?

Si vous répondez oui, il vous faudra aussi répondre oui à la question de savoir s'il existe un droit moral d'interrompre une grossesse non désirée, car il s'agit de cas similaires qui doivent être traités de façon similaire.

La défense la plus radicale de l'avortement

Pour certains philosophes, s'il était possible de prouver de façon décisive que les fœtus sont des personnes ayant les mêmes droits que les enfants nés, la question de savoir si on peut les éliminer serait réglée. On ne pourrait pas.

C'est cet argument que l'expérience de pensée du violoniste branché dans le dos est censée remettre en cause. Elle pose le problème suivant.

Même si on admet que les fœtus sont des personnes, au moins potentiellement, n'est-il pas possible, néanmoins, d'envisager des cas dans lesquels il serait légitime de prendre des mesures pour contrer la menace qu'ils représentent sur l'existence de la mère ou la qualité de sa vie[1]?

Pensez à quelqu'un qui vous kidnapperait et vous séquestrerait pendant des mois, en prélevant régulièrement votre sang et votre moelle osseuse. Serait-il moralement permis de mettre un terme à cette agression?

Le violoniste branché dans le dos a beaucoup fait parler les philosophes, ce qui n'est pas une mauvaise chose, évidemment. Mais les implications radicales de cette expérience de pensée en matière de défense de l'avortement n'ont pas été unanimement acceptées.

En fait, tout tourne autour de la question de savoir si la volonté de débrancher un malade qu'on vous a accroché dans le dos et celle de mettre un terme à une grossesse non désirée sont suffisamment similaires pour qu'on soit dans l'obligation intellectuelle de les traiter de la même manière.

Pour de nombreux philosophes, il est difficile de voir le fœtus comme un intrus, excepté dans les cas de viol[2]. Comme la responsabilité de la femme est engagée dans le cas d'un rapport sexuel consenti, elle doit en assumer les conséquences, c'est-à-dire, dans certains cas, aller jusqu'au terme de la grossesse. Mais il est difficile de voir pourquoi le fait d'avoir consenti à un rapport sexuel qui aboutit à une grossesse impliquerait un devoir absolu d'aller jusqu'à son terme.

On sait bien qu'il existe différentes raisons d'accepter une interruption de grossesse dont tout le monde, ou

---

1. Dans «A Defense of Abortion», *op. cit.*, Thomson invoque l'argument de la légitime défense dans le cas où la vie de la mère est menacée par l'état du fœtus. Elle admet donc qu'il peut y avoir légitime défense même contre une menace innocente, ce que conteste Bernard Baertschi (communication personnelle).

2. David Boonin, *A Defense of Abortion*, Cambridge, Cambridge University Press, 2003, p. 133-276.

presque, reconnaît la validité morale. Rares sont les philosophes et les théologiens qui ont défendu une prohibition absolue de l'avortement. À l'exception de quelques fanatiques, ils ont toujours considéré qu'il était permis en cas de viol, d'inceste, de malformation importante du fœtus et de danger grave pour la vie de la mère. L'argument qui permet de justifier ces actions est le même dans tous les cas. Il n'y a pas de devoir absolu d'aller jusqu'au bout d'une grossesse. Si le coût est trop élevé pour la mère, il est moralement permis de l'interrompre[1]. Au fond, il n'est pas différent de celui que Thomson a essayé de clarifier. Toute la question est de savoir à qui appartient le droit moral d'évaluer les coûts. À qui doit-on laisser la décision finale?

Judith Jarvis Thomson comme Ronald Dworkin semblent exclure les « avortements de convenance », ceux qu'on pratique pour éviter de décaler ses vacances, par exemple[2]. Personnellement, j'estime qu'il faut laisser les femmes libres de prendre les décisions qu'elles jugent appropriées dans leur propre cas, hors de tout contrôle moral de leurs raisons. Si elles sont libres d'avorter, elles doivent l'être quel que soit le motif. Je rejette, par conséquent, la position des philosophes qui excluent les « avortements de convenance » pour ne pas gâcher ses vacances, ou toute autre raison dite « frivole » de ce genre.

Et vous?

---

1. C'est un argument qui est évoqué par Nicolas Baumard, *Comment nous sommes devenus moraux. Une histoire naturelle du bien et du mal*, *op. cit.*, p. 113-114.
2. Ronald Dworkin, *Life's Dominion. An Argument about Abortion, Euthanasia and Individual Freedom*, New York, Vintage Books, 1994, p. 33-34.

14) FRANKENSTEIN MINISTRE DE LA SANTÉ

Que vaut l'argument disant qu'il ne faut pas jouer à être Dieu ou aller trop loin contre la nature ?

Scénario 1 : Post-humain

Si le génie génétique permet d'améliorer dans des proportions considérables nos capacités musculaires, perceptuelles, affectives ou cognitives, notre taille et d'autres éléments de forme extérieure, nos critères présents d'identification de l'appartenance à l'espèce humaine seront forcément modifiés.

S'il devient possible d'induire chimiquement ou mécaniquement dans notre cerveau toutes sortes de croyances, de désirs, de sensations, les techniques de surveillance et de manipulation des esprits pourront aller très loin : les notions mêmes d'expérience personnelle et de liberté de conscience intérieure ne pourront pas résister.

Si la transplantation d'organes naturels ou artificiels ne pose plus aucun problème technique, les idées que nous nous faisons du caractère sacré, indivisible, indisponible, du corps humain et de ses liens intimes avec notre identité personnelle finiront par changer.

Si le clonage reproductif humain devient possible, nous serons probablement obligés de renoncer à l'idée qu'un avenir personnel dont on ne sait presque rien est constitutif de notre identité.

Si le processus de vieillissement est mieux compris et mieux contrôlé, si nous vivons infiniment plus longtemps en bonne santé, nos conceptions de ce qu'est une vie « ratée » ou « réussie » ne pourront plus être les mêmes.

S'il devient possible de créer des êtres transhumains, post-humains, sub-humains, cyborgs ou chimères, les idées que nous nous faisons des limites de la communauté morale, c'est-à-dire des êtres que nous avons choisi de ne pas traiter comme des choses, juste bonnes à exploiter et à consommer, risquent d'être profondément transformées[1].

Il serait absurde de nier que si tous ces savoirs et techniques devenaient aisément applicables et accessibles, il y aurait certainement des conséquences pratiques pour nos vies.

Seraient-elles toutes négatives ? Pourraient-elles modifier radicalement nos conceptions de l'éthique ?

Nous sommes encore très loin de comprendre toutes les implications des applications des technologies biomédicales.

On peut envisager la possibilité qu'elles rendent obsolètes certaines idées préconçues concernant la nature humaine *et modifier nos conceptions du bien.*

Mais pourquoi devraient-elles atteindre *nos conceptions de la justice* et leurs exigences, comme celle d'un accès égal de tous aux innovations techniques désirables ?

---

1. Smilansky, *Ten Moral Pardoxes, op. cit.,* p. 134-137.

Pensez-vous qu'il faudrait interdire la réalisation de ces projets biotechniques même si tout le monde pouvait en profiter de façon égale?

Pensez-vous qu'il faudrait interdire la réalisation de ces projets biotechniques même si elle pouvait contribuer à éliminer certaines inégalités naturelles entre les personnes?

Pensez-vous qu'il faudrait interdire la réalisation de ces projets biotechniques sans aucune considération de justice, simplement parce qu'elle menacerait nos conceptions de l'identité humaine?

Pensez-vous qu'il faudrait interdire la réalisation de ces projets biotechniques sans aucune considération de justice, simplement parce qu'elle menacerait nos conceptions du bien?

Pensez-vous qu'il serait possible d'accepter certains de ces projets mais pas tous ou pensez-vous qu'il faudrait les interdire tous sans aucune exception par crainte d'une *pente fatale* qui nous mènerait des plus tolérables aux plus monstrueux?

Scénario 2: *Trop humain*

À 40 ans, les femmes ont encore la moitié de leur vie devant elles en moyenne et leur longévité ira croissant. Progrès de la médecine aidant, elles resteront de plus en plus longtemps en bonne santé, maîtresses de leurs capacités et de leurs apparences. La possibilité de congeler leurs ovules leur permettra de concevoir un enfant tardivement sans risque, et même de le faire après la ménopause. L'égalité avec les hommes en matière de procréation cessera d'être une utopie.

Pourtant, les femmes semblent refuser massivement ces perspectives. 92 % les rejettent complètement. Seules 8 % des Françaises de moins de 40 ans semblent pouvoir les envisager. Et, dans cet ensemble, 3 % seulement disent que si elles en avaient la possibilité, elles le feraient « certainement » et 5 % disent qu'elles le feraient « probablement »[1] !

Pourquoi ?

Dans leurs explications, elles disent qu'il ne faut pas « aller trop loin contre la nature »[2]. Mais elles ont largement accepté la contraception chimique. N'était-ce pas un clair adieu à la nature ?

Que vaut l'argument disant qu'il ne faut pas « aller trop loin contre la nature » ?

Comme toutes les notions très générales, « nature » a plusieurs sens. Pour John Stuart Mill, il en a deux principaux[3] :

1) Soit « nature » signifie tout ce qui existe et tout ce qui pourrait exister selon les lois physiques (ce qui exclut les miracles, mais pas les OGM).

2) Soit « nature » signifie le monde tel qu'il serait sans l'intervention de l'homme (ce qui exclut directement ou indirectement tout ce qui existe sur la planète).

Dans le premier sens, l'idée que l'homme *doit* suivre la nature est absurde, car l'homme ne peut rien faire d'autre que suivre la nature. Tout ce qu'il vit ou ressent dépend des lois de la nature. Tout ce qu'il fait, tout ce

---

1. IPSOS, *Enquête maternité*, 2009.
2. *Ibid.*
3. John Stuart Mill, *La nature* (1874), trad. Estiva Reus, Paris, La Découverte, 2003.

qu'il fabrique repose sur les lois de la nature (même les OGM). Dans le deuxième sens, l'idée que l'homme *doit* suivre la nature est irrationnelle et immorale.

Irrationnelle:
Toute action humaine revient à altérer le cours de la nature, et toute action utile à l'améliorer. Ne rien faire « contre la nature » reviendrait à ne rien faire du tout ! On pourrait dire aussi que « prendre la nature pour modèle » au deuxième sens impliquerait qu'on interdise absolument toute innovation technique, y compris le fil à couper le beurre.

Immorale:
Si l'homme faisait *tout* ce que la nature fait, on le trouverait absolument monstrueux.
« En fait, ce qui saute aux yeux, c'est que la nature accomplit chaque jour presque tous les actes pour lesquels les hommes sont emprisonnés ou pendus lorsqu'ils les commettent envers leurs congénères [...]. La nature empale les hommes, les brise comme sur la roue, les livre en pâture aux bêtes féroces, les brûle vifs, les lapide comme le premier martyr chrétien ; elle les fait mourir de faim, geler de froid, les empoisonne avec le venin rapide ou lent de ses exhalaisons, et tient en réserve des centaines d'autres morts hideuses que l'ingénieuse cruauté d'un Nabis ou d'un Domitien n'a jamais surpassées[1]. »

J'ajouterais, pour aller dans le même sens que Mill (c'est une habitude), que le devoir de suivre la nature (ou l'interdiction d'aller contre la nature) *dans les deux*

---

1. *Ibid.*, p. 68-69

sens bafoue plusieurs règles élémentaires de raisonnement moral.

Dire que l'homme *doit* suivre la nature (ou ne pas aller contre la nature) viole la règle : *Il est inutile d'obliger les gens à faire ce qu'ils font nécessairement.* En effet si l'homme ne peut rien faire d'autre que suivre la nature (au premier sens) à quoi bon marteler que c'est son devoir de le faire? À quoi bon lui recommander de faire ce qu'il fait déjà?

Par ailleurs, les appels à la nature au deuxième sens, pour dire ce qui est bien ou mal, juste ou injuste, violent systématiquement la règle : *De ce qui est, on ne peut pas dériver ce qui doit être.*

Cette règle implique en effet :

1) ce n'est pas parce que quelque chose *est* naturel que c'est bien ;

2) ce n'est pas parce que quelque chose *n'est pas* naturel que c'est mal.

L'appel à la nature conduit, enfin, à bafouer le principe *Il faut traiter les cas similaires de façon similaire* et à inventer toutes sortes de « pentes fatales ».

Dire qu'il y a une « pente fatale » revient à affirmer que, si on tolère une certaine action dont la valeur morale fait l'objet d'une controverse (euthanasie, recherche sur les embryons, avortement, etc.), on en viendra *nécessairement* à tolérer des actions dont le caractère moralement répréhensible ne fait l'objet d'aucune controverse, comme l'élimination massive des pauvres, des faibles, des laids, des handicapés ou l'infanticide tardif.

Si on ne veut pas aboutir à ces conclusions inadmissibles, il vaut mieux ne pas se mettre sur la pente fatale qui y conduit nécessairement.

Le problème que pose cet argument est que les raisons pour lesquelles on devrait *nécessairement* aboutir aux conclusions répugnantes sont ou bien cachées ou bien infondées.

Le cas du débat public sur le clonage est intéressant parce qu'on voit bien comment l'idée qu'il ne faut pas « aller trop loin contre la nature » ou « se prendre pour Dieu » entraîne un usage inconsidéré de l'argument de la pente fatale, et d'autres erreurs de raisonnement moral.

1) La technique du clonage pourrait, bien sûr, être exploitée à des fins malveillantes. Mais les autres techniques de procréation artificielle aussi, ce qui ne suffit pas à justifier leur interdiction. Personne, par exemple, ne pense qu'il faudrait interdire complètement la fécondation *in vitro* sous prétexte qu'un jour, un gouvernement tyrannique pourrait forcer les femmes à porter des embryons congelés pour repeupler la nation et résoudre le problème des retraites. Pourquoi le pire est-il envisagé pour le clonage ? N'est-ce pas une crainte infondée de « pente fatale » ?

2) On comprend assez bien ce qui pourrait justifier une demande massive de clonage à des fins thérapeutiques même si on est contre sa mise au point pour toutes sortes de raisons, religieuses entre autres. Mais qu'est-ce qui pourrait bien justifier une demande de clonage reproductif massive ? La règle *Il est inutile d'interdire aux gens de faire ce qu'ils ne feront en aucun cas* est bafouée.

3) Le clonage est souvent dénoncé comme une atteinte à la personne parce que l'enfant ainsi né serait le produit d'un projet purement instrumental. Mais s'il fallait interdire tous les projets de reproduction qui pourraient être jugés « instrumentaux », il n'en resterait pas beaucoup qui pourraient être autorisés. Pendant des siècles, on faisait

des enfants pour être entretenu, soigné et soutenu quand on devenait vieux ou malade. On ne peut pas dire de ces projets parentaux qu'ils n'étaient pas instrumentaux. Et pourtant, personne ne semble penser qu'ils étaient particulièrement immoraux.

En réalité, le projet de faire des enfants est toujours plus ou moins instrumental. On continue de se reproduire pour garantir une certaine sécurité matérielle ou affective, faire plaisir à son partenaire ou à ses parents, etc. Ce n'est que dans le cas du clonage que le caractère supposé instrumental de la reproduction est jugé immoral ou monstrueux. Pourquoi ?

La règle *traiter les cas similaires de façon similaire* est violée.

Du fait, cependant, que la plupart des arguments contre le clonage devraient être rejetés parce qu'ils violent des règles élémentaires de raisonnement moral, il ne suit pas qu'il y ait de bonnes raisons de le promouvoir. Une expérience de pensée pourrait nous aider à voir pourquoi.

Il n'est pas complètement farfelu d'envisager une situation dans laquelle la fécondité naturelle de l'homme serait menacée par un appauvrissement général et irréversible du sperme humain. Dans ce cas, le clonage pourrait représenter une solution raisonnable, la seule peut-être, au problème de la survie de l'espèce humaine.

Peut-on envisager d'autres cas qui pourraient justifier une promotion du clonage ? Si non, pourquoi faudrait-il le promouvoir ?

15) QUI SUIS-JE SANS MES ORGANES ?

Qui suis-je si toutes mes cellules ont été reconstruites à l'identique ou si tous mes organes ont été remplacés ?

Imaginez qu'une technique permette de copier absolument toutes les particules qui vous composent et de les reconstruire à distance absolument à l'identique. Grâce à cette technique, on vous téléporte sur une autre planète. Malheureusement, l'opérateur, un génie scientifique, est un peu tête en l'air, comme tous les génies scientifiques. Il oublie de détruire l'original. Il y a donc au même moment deux « vous » exactement identiques, particule pour particule. Qui est le vrai « vous » ? Celui qui est resté sur la Terre ou la copie parfaite sur une autre planète[1] ? Il existe une version très ancienne de ce genre de problèmes.

---

1. D'après un cas proposé par Derek Parfit, *Reasons and Persons,* *op. cit.*

185

Le bateau de Thésée

Selon la légende, les Athéniens aurait préservé pendant des siècles le bateau de Thésée en remplaçant ses planches une à une quand elles étaient trop usées[1]. Certains affirmaient que le bateau était resté le même. Mais d'autres pensaient qu'il n'avait plus rien à voir avec l'original, que c'était un autre bateau.

Les philosophes continuent de s'opposer sur cette question comme sur toutes les autres que les Grecs leur ont léguées, bien sûr.

Quoi qu'il en soit, ce qui devrait nous intéresser, du point de vue de la réflexion morale, c'est qu'avec la possibilité technique de remplacer les organes d'origine par d'autres organes, naturels ou artificiels, greffons ou prothèses, un problème identique se pose concrètement à nous désormais.

Le corps d'une personne dont les organes ont été remplacés par des greffons ou des prothèses est-il le même ?

Dans l'état présent de nos lois et indépendamment de tout engagement métaphysique, il faudrait, selon certains juristes, répondre que c'est le même[2].

Le corps serait une entité qui resterait identique à elle-même quelles que soient les modifications de ses parties.

Un criminel qui, avant son procès, aurait remplacé tous ses organes (à l'exception peut-être du cerveau) par des greffons et des prothèses serait néanmoins exposé aux mêmes sanctions. Il serait le même avec des organes différents.

---

1. J'ai proposé l'analyse qui suit dans *Le corps et l'argent*, Paris, La Musardine, 2010, p. 46-48.

2. Marcela Iacub, « Le législateur et son scalpel. Le corps humain dans les lois bioéthiques », dans *Le crime était presque sexuel et autres essais de casuistique juridique*, Paris, Champs-Flammarion, 2003.

Autrement dit, le corps en tant que support de l'identité et de la responsabilité personnelle est une totalité abstraite et inaltérable, jamais une simple somme de parties détachées. C'est en tant que tel qu'il est inaliénable, qu'il est porteur de certains droits même après la mort, alors que ses éléments et ses produits peuvent, eux, être cédés, échangés, remplacés.

Dans la mesure où le remplacement de parties du corps n'altère pas l'identité et la responsabilité personnelle, il ne devrait pas y avoir d'obstacle politique ou moral insurmontable à la circulation d'éléments du corps prélevés avec le consentement effectif ou présumé de leur possesseur. Car ce ne serait pas une atteinte au corps lui-même, qui resterait une entité morale et juridique inaliénable.

De tout cela, il suit que faire commerce des éléments ou des fonctions du corps ne signifie pas du tout commercialiser le corps lui-même.

Des « questions de société » comme celle de la légalisation du travail sexuel, de la rémunération des prélèvements d'organes, de sang ou de sperme, et de la gestation pour autrui pourraient être dédramatisées si cette distinction légale était respectée.

Par ailleurs, il se pourrait qu'à l'avenir, progrès de la médecine aidant, nous finissions par voir nos organes comme des choses assez étrangères à nous-mêmes, qui ne déterminent pas notre identité.

L'existence de marchés d'organes deviendrait alors aussi peu révoltante que celle de marchés de légumes ou de meubles vendus en pièces détachées.

Les problèmes moraux que nous nous posons à propos de la « marchandisation » des fonctions, des produits et des éléments du corps humain auront-ils disparu ? Peut-on réduire à des préjugés culturels, qui deviendront bientôt obsolètes, toutes les réserves qui existent à l'égard de marchés d'organes ou des mères porteuses salariées ?

Existe-t-il des arguments moraux à valeur universelle et éternelle qui pourraient nous dire pourquoi le commerce des parties et des fonctions reproductives du corps humain devrait être exclu, même si telle est la volonté des partenaires de l'échange ?

Un disciple de Kant dira que c'est parce que ce commerce est contraire à la dignité humaine.

Pourquoi ? Parce que toute personne humaine a une valeur et pas de prix. C'est d'ailleurs exactement en cela que consiste sa dignité. Le corps humain étant le support de la personne, il hérite de ses propriétés morales. Il a une valeur et pas de prix. Lui donner un prix, comme c'est nécessaire pour le vendre ou l'acheter, c'est porter atteinte à sa dignité.

Par conséquent, pour le disciple de Kant, ce qui ne va pas dans la marchandisation des corps, ce n'est pas qu'elle contredit certaines normes culturelles qui n'ont rien d'éternel ou d'universel mais qu'elle porte atteinte à ce principe moral éternel et universel : la dignité de la personne humaine.

L'appel à l'idée de dignité humaine nous permet-il cependant de faire un tri suffisamment précis entre ce qui peut être légitimement acheté ou vendu et ce qui ne peut l'être en aucun cas ?

Est-il contraire à la dignité humaine de recevoir une rémunération en échange de la mise à la disposition d'autrui de son image ou de ses découvertes scientifiques ?

Pourquoi serait-il contraire à la dignité humaine de vendre ses capacités à donner du plaisir sexuel, à porter un enfant pour autrui et non de vendre ses capacités athlétiques, sa patience, son habileté, ses connaissances, son intelligence ?

Il est contraire aux lois et aux mœurs de notre société de recevoir une rémunération en échange d'un don d'organe. Mais en quoi est-ce contraire à la dignité humaine ?

16) ET SI LA SEXUALITÉ ÉTAIT LIBRE ?

À quoi ressemblerait un monde où la sexualité serait libre ?

Nous mettons nos capacités à donner du plaisir sexuel à la disposition d'autrui au lieu de les garder pour nous-mêmes. Pourquoi ?

La réponse n'est pas évidente. Le sexe n'est pas seulement une partie de plaisir. C'est une activité qui a un certain coût psychologique, physique, et même économique.

C'est parce que ces coûts du sexe sont bien connus qu'on peut parfaitement comprendre ceux qui préfèrent regarder un match de foot à la télé ou se faire les ongles des doigts de pied.

Les évolutionnistes nous disent qu'il existe des causes instinctives, liées aux intérêts de l'espèce, à notre tendance à nous engager dans des activités dont les bénéfices individuels ne sont pas évidents.

Mais on ne suit pas toujours ses instincts et, de toute façon, la question qui pourrait relever de la compétence des philosophes n'est pas celle des causes (c'est à la biologie de faire le travail) mais celle des raisons.

191

Plus exactement, elle est celle de savoir si ces raisons sont bonnes ou légitimes.

Alors, quelles sont ces raisons de mettre nos capacités à donner du plaisir sexuel à la disposition d'autrui au lieu de les garder pour nous-mêmes ? On peut le faire dans une logique d'échange, c'est-à-dire parce qu'il y a quelque chose à gagner en contre-partie : de l'amour, de la gratitude, du plaisir sexuel, de l'admiration pour sa beauté ou ses talents au lit, des enfants, un partenaire pour la vie, de l'argent, une aide pour déménager ou repeindre son appartement, etc.

Mais on peut le faire aussi dans une logique du don, sans rien attendre en retour, même pas du plaisir sexuel : parce qu'on aime absolument comme on peut aimer Dieu ou une star, parce qu'on veut donner tout ce qu'on possède, parce qu'on a le sentiment que c'est son devoir, parce qu'on est complètement séduit physiquement ou moralement, etc.[1].

Au total, il existe une infinité de raisons de mettre nos capacités à donner du plaisir sexuel à la disposition d'autrui.

Est-il légitime de les hiérarchiser, de juger que certaines sont bonnes et d'autres mauvaises ?

À part quelques cyniques, personne ne nie que l'amour peut être une bonne raison de s'engager dans un rapport sexuel. Mais ce n'est ni la seule, ni nécessairement la meilleure. Pourquoi la sacraliser comme certains le font ? Pourquoi lui donner un tel privilège moral ?

Est-il vraiment plus vil de se servir de ses capacités sexuelles pour se faire payer un week-end à Capri ?

---

1. Sur ces logiques : Norbert Campagna, *Prostitution et dignité*, Paris, La Musardine, 2008.

Que se passerait-il dans un monde où la sexualité serait vraiment libre ?

Dans un tel monde, les raisons de mettre ses capacités à donner du plaisir sexuel à la disposition d'autrui ne seraient plus hiérarchisées. On cesserait de penser que les unes sont nobles et les autres ignobles.

Les activités sexuelles échapperaient non seulement à la répression pénale (on ferait ce qu'on veut de notre vie sexuelle du moment qu'on ne cause pas de tort aux autres) mais aussi à l'intervention morale (il n'existerait plus de mauvaises raisons de se servir de ses capacités sexuelles). Ce serait un monde où la sexualité serait enfin libérée du paternalisme politique et moral.

Mais on pourrait aller plus loin encore et imaginer un monde dans lequel il n'y aurait tout simplement plus aucune raison de se servir de ses capacités sexuelles. Ce serait un monde complètement libéré de la sexualité.

Dans un tel monde, l'obsession du sexe aurait complètement disparu. On n'y penserait pas plus qu'à Dieu dans les sociétés les plus laïcisées.

Le sexe n'aurait plus aucun intérêt pratique. Il ne serait plus une ressource dans nos marchandages avec nos congénères.

Il n'aurait plus d'intérêt reproductif. Le recours à la procréation médicalement assistée sous toutes ses formes (clonage et utérus artificiel compris) deviendrait la règle générale.

Il n'aurait plus d'intérêt scientifique. Plus personne ne chercherait à expliquer les conduites en examinant les antécédents sexuels.

Il n'est pas difficile de comprendre pourquoi on pourrait aimer vivre dans un monde où la sexualité serait enfin complètement libérée du paternalisme politique et moral.

Mais il est plus difficile de voir pourquoi on pourrait aimer vivre dans un monde complètement libéré de la sexualité, à moins d'être vraiment très puritain... ou très fatigué !

17) IL EST PLUS DIFFICILE DE FAIRE LE BIEN QUE LE MAL INTENTIONNELLEMENT

Si nous jugeons qu'une action humaine est mauvaise, nous aurons tendance à penser qu'elle est intentionnelle même si elle ne l'est pas.

Dans la tradition philosophique, on juge la valeur morale d'un acte à ses intentions. Mais certaines études expérimentales montrent que, spontanément, nous jugeons les intentions à la valeur morale des actions.

Plus précisément, notre tendance à juger qu'une personne agit intentionnellement sera plus forte si les résultats de son action sont mauvais, et plus faible si les résultats de son action sont bons.

C'est Joshua Knobe qui est arrivé à ce résultat étonnant, en examinant un ensemble de recherches effectuées selon le modèle suivant[1].

---

1. D'après Joshua Knobe, « The Concept of Intentional Action. A Case Study in the Uses of Folk Psychology », dans Joshua Knobe et Shaun Nichols, dir., *Experimental Philosophy*, *op. cit.*, p. 129-147.

On demande à des sujets d'enquête de juger le comportement d'un chef d'entreprise dans deux situations différentes :

1) Le chef d'entreprise se fiche de détruire l'environnement ou de le protéger du moment qu'il augmente ses profits. S'il lance un programme qui détruit l'environnement, direz-vous qu'il l'a détruit intentionnellement ?

2) Le chef d'entreprise se fiche de détruire l'environnement ou de le protéger du moment qu'il augmente ses profits. S'il lance un programme qui améliore l'environnement, direz-vous qu'il l'a amélioré intentionnellement ?

Dans son enquête, Knobe constate que 82 % des répondants jugent que le chef d'entreprise qui lance le programme destructeur l'a fait intentionnellement, et que 23 % seulement jugent que le chef d'entreprise qui lance le programme protecteur l'a fait intentionnellement. Pourtant, dans les deux cas, le chef d'entreprise agit exactement de la même façon du point de vue de ses intentions !

D'où cette conclusion, qui insiste sur l'importance de l'évaluation morale de l'action dans sa perception comme action intentionnelle :

Si une action est jugée mauvaise, on sera plus enclin à estimer qu'elle est intentionnelle[1].

---

1. Ce point de vue a d'ailleurs été défendu pour des raisons conceptuelles par Gilbert Ryle, dans *La notion d'esprit* (1949), trad. Suzanne Stern-Gillet, préface de Julia Tanney et Daniel Andler, Paris, Petite Bibliothèque Payot, 2005, et peut-être aussi par Aristote.

À ce genre d'expériences, on peut faire l'objection suivante.

Il n'est pas évident que la connaissance des méthodes courantes d'attribution d'intention nous aide à mieux comprendre la notion d'intention elle-même. Ce sont des questions différentes[1].

---

1. Pour en savoir plus sur la contribution de la philosophie expérimentale à la clarification de ces questions et de beaucoup d'autres en philosophie générale, le mieux est de se reporter au livre brillant et drôle (ce qui ne gâche rien !) de Florian Cova, *Qu'en pensez-vous ? Introduction à la philosophie expérimentale*, Paris, Germina, 2011.

18) ON EST LIBRE, MÊME SI
TOUT EST ÉCRIT D'AVANCE

Même si un ordinateur super-puissant prédit, des années à l'avance, et avec une précision absolue, ce que nous allons faire, nous le ferons quand même librement.

Imaginez que, d'ici un siècle, on connaisse toutes les lois de la nature et qu'on construise un super-ordinateur capable de déduire, à partir de ces lois et de l'état présent du monde, tout ce qui va se passer.

Supposez que ce super-ordinateur connaisse l'état du monde dans ses moindres détails le 25 mars 2150, vingt ans avant la naissance de Charlie. Le super-ordinateur déduit de l'état du monde et des lois de la nature que Charlie va commettre un hold-up à la BNP (qui existera encore bien sûr) du coin de la rue, le 26 janvier 2195 à 18 heures.

La prédiction est correcte, évidemment, et Charlie commet le hold-up, le 26 janvier 2195 à 18 heures.

Pensez-vous que, lorsque Charlie commet le hold-up, il agit librement?

Scénario 1

Ce scénario a été soumis à une population d'étudiants qui n'avaient aucune formation en philosophie. 76 % ont répondu : « Oui. Charlie agit librement[1]. » Mais on sait que notre tendance à estimer qu'une personne est responsable de ses actes est beaucoup plus forte quand ces actes sont jugés immoraux. Deux autres scénarios ont donc été construits selon le même modèle mais avec une fin morale ou neutre, afin de vérifier si ce facteur pouvait suffire à expliquer pourquoi on attribuait la liberté à une personne dont les actes étaient connus d'avance.

Scénario 2

Le super-ordinateur prédit que Charlie va sauver un enfant le 26 janvier 2195 à 18 heures.

Scénario 3

Le super-ordinateur prédit que Charlie va faire son jogging le 26 janvier 2195 à 18 heures.

Les scénarios 2 et 3 ont été soumis à d'autres populations de mêmes caractéristiques générales. Ce qui est

---

1. D'après Eddy Nahmias, Stephen G. Morris, Thomas Nadelhoffes et Jason Turner, « Is Incompatibilism Intuitive ? », dans Joshua Knobe et Shaun Nichols, *Experimental Philosophy*, *op. cit.*, p. 81-104.

étonnant, c'est que les résultats ne varient pas significativement :

– 68 % répondent que Charlie agit librement quand il sauve l'enfant conformément à la prédiction du super-ordinateur ;

– 79 % répondent que Charlie agit librement quand il fait son jogging conformément à la prédiction du super-ordinateur.

On peut comparer avec le premier résultat où 76 % répondaient que Charlie agit librement quand il commet le hold-up prédit par le super-ordinateur.

Autrement dit, si nous estimons qu'une personne est libre même lorsque ses actes sont connus d'avance, ce n'est pas seulement dans le cas où on juge qu'ils sont immoraux[1].

Les philosophes professionnels se demandent depuis longtemps, sans avoir beaucoup avancé, s'il est possible de concilier ce que nous savons du comportement des humains, soumis, comme tout ce qui appartient au monde naturel, à des forces qui leur échappent, et notre tendance à les juger comme s'ils étaient libres et responsables de leurs actes.

Comment faisons-nous pour rendre compatibles ces idées et ces attitudes plutôt contradictoires ?

Ils ont proposé différentes solutions à ce conflit. L'une des plus discutées vient de Hobbes. Elle consiste à faire observer qu'une action libre n'est pas une action folle, arbitraire, sans raisons, mais une action

---

1. Je ne donne évidemment pas les détails de toutes les autres expériences qui étaient supposées rendre ce résultat probant. Ceux qui voudraient les connaître peuvent se reporter à Nahmias *et alii*, « Is Incompatibilism Intuitive ? », *op. cit.*

causée ou déterminée par nos propres raisons, c'est-à-dire une action volontaire. En réalité, «libre» ne serait pas le contraire de «causé» ou de «déterminé», mais seulement de «non volontaire», «contraint» «imposé par la menace ou la force». C'est en ce sens volontariste que liberté et déterminisme seraient compatibles.

Mais ceux qu'on appelle «incompatibilistes» sont plus exigeants. Pour eux, être libre, ce n'est pas seulement agir pour ses propres raisons, mais avoir, également, le pouvoir de choisir ses raisons ou d'être à leur origine. Or nous ne l'avons pas d'après eux. Et c'est pourquoi la liberté et le déterminisme sont incompatibles[1].

Une autre façon d'essayer de résoudre le conflit revient à dire que nos croyances dans le déterminisme et la liberté peuvent parfaitement coexister sans se contredire, car elles relèvent d'aspects complètement différents de nos vies.

D'un côté, nous savons qu'il existe des raisons de croire que nous sommes soumis à des forces qui nous échappent, ou que nous ne pouvons pas agir autrement que nous le faisons.

D'un autre côté, nous ne pouvons pas nous empêcher d'avoir des réactions émotionnelles de joie, de colère et d'indignation à l'égard de ce que nous faisons ou de ce que font les autres comme si nous étions libres. Ces attitudes expriment des nécessités profondes de la vie en société. Il serait absurde de penser qu'on pourrait les éliminer[2].

---

1. Ted Honderich, «Compatibilisme et incompatibilisme», dans *Êtes-vous libre? Le problème du déterminisme* (2002), trad. Nadège D. Renaud et Édouard Guinet, Paris, Syllepse, 2009, p. 129-147.

2. Peter Strawson, *Freedom and Resentment and Other Essays*, Londres, Methuen, 1974.

Autrement dit, nos croyances dans le déterminisme et dans la liberté répondent à des nécessités différentes. Elles ont une vie indépendante. Elles ne s'influencent pas mutuellement. C'est en ce sens qu'elles sont compatibles.

Mais un « incompatibiliste » pourra toujours objecter que nos réactions émotionnelles de joie, de colère et d'indignation à l'égard de ce que nous faisons ou de ce que font les autres sont simplement irrationnelles et ne devraient pas influencer nos jugements.

Bref, pour certains philosophes, dits « incompatibilistes », liberté et déterminisme sont inconciliables. Si le déterminisme est vrai, nous ne sommes pas libres. Et si nous ne sommes pas libres, toutes les idées de responsabilité, ou de châtiment « mérité », sont des inventions humaines cruelles et irrationnelles.

Pour d'autres philosophes, dits « compatibilistes », liberté et déterminisme sont conciliables. Même si le déterminisme est vrai, nous pouvons être libres d'agir et responsables de nos actions.

Certaines expériences montrent que, contrairement peut-être à ce qu'on pourrait attendre, la plupart des gens ont tendance à se ranger à l'avis des seconds. Ils sont « compatibilistes ».

Ainsi, comme on l'a vu, ils ont majoritairement tendance à répondre qu'une personne aura agi librement, même si un ordinateur super-puissant avait prédit des années à l'avance et avec une précision absolue ce qu'elle allait faire[1].

---

1. Nahmias *et alii*, « Is Incompatibilism Intuitive ? », *op. cit.* ; Peter Strawson, *Freedom and Resentment and Other Essays, op. cit.*

À ce genre d'expériences, on peut faire l'objection suivante :
Pourquoi faudrait-il tenir compte de l'opinion des gens sur cette question métaphysique du déterminisme et de la liberté ? Il se pourrait que la plupart des gens aient des vues erronées sur ce sujet difficile.

19) LES MONSTRES ET LES SAINTS

Est-il plus difficile d'être un monstre ou un saint ?

Venir en aide

X passe un coup de fil depuis une cabine téléphonique dans un centre commercial très actif. Au moment précis où X sort de la cabine, un passant fait tomber à ses pieds un dossier dont le contenu se disperse. Le passant essaie de ramasser les documents aussi vite que possible. X va-t-il l'aider avant que la foule ait eu le temps de les piétiner ?

Qu'avez-vous besoin de savoir de X pour prédire ce qu'il va faire ?

Vous vous attendez à ce que la véritable personnalité des individus se révèle dans ce genre de circonstances. Vous pensez donc qu'il suffirait de connaître la « personnalité » ou le « caractère » de X pour savoir ce qu'il va faire.

Si X est généreux ou compassionnel, il aidera le passant.

Si X est mesquin ou égoïste, il ne le fera pas.

En tout cas, c'est le genre de prédiction que vous devrez faire si vous croyez aux personnalités ou aux caractères (c'est la même chose dans cette analyse).

Le problème c'est que, dans ce genre de situations, le caractère n'est pas aussi déterminant que vous pour riez le supposer.

C'est du moins ce qu'ont montré un très grand nombre d'expériences sur les *comportements d'aide* (plus de mille entre 1962 et 1982 !) [1].
Voici quelques exemples :

Des psychologues ont organisé une mise en scène dans laquelle le passant qui faisait tomber son dossier était un complice de l'expérimentateur [2].
La cabine téléphonique était trafiquée.
Tantôt une pièce de monnaie (de la valeur d'un euro) était restée bien en évidence à l'endroit ou l'appareil rend la monnaie. Tantôt il n'y avait pas de pièce.
Les résultats étaient spectaculaires :
– dans le groupe de ceux qui avaient trouvé la pièce de monnaie sur l'appareil, 87,5 % aidèrent le passant ;
– dans le groupe de ceux qui n'avaient pas trouvé la pièce de monnaie, 4 % seulement aidèrent le passant.

Les expérimentateurs firent donc les hypothèses suivantes :
– Il suffit que X trouve de la monnaie sur l'appareil pour se comporter généreusement, qu'il soit « mesquin » ou pas.
– Il suffit que X ne trouve pas de monnaie sur l'appareil pour se conduire comme un « rat », qu'il soit compatissant ou pas. C'est la *situation* plus que la personnalité qui permet de prédire les conduites.

---

1. John M. Doris, *Lack of Character. Personality and Moral Behavior*, Cambridge, Cambridge University Press, 2002, p. 34.
2. A. M. Isen et P. F. Levin, « Effect of Feeling Good on Helping ; Cookies and Kindness », *Journal of Personality and Social Psychology*, 21, 1972, p. 384-388.

Pour expliquer ce mécanisme, ils supposèrent que le facteur déterminant était l'humeur. En fait, d'après eux, ce qui, dans ce contexte, nous motive directement à aider, c'est d'être dans un état de bonne humeur. Apparemment, un petit coup de chance suffit à nous mettre dans cet état.

Ils choisirent cette hypothèse en raison de sa portée très large. Il y a, en effet, des relations assez significatives entre la bonne humeur et de bonnes performances à des tests de mémoire, de comportements coopératifs ou de prise de risque, et entre la bonne humeur et ce que les psychologues appellent les comportements « prosociaux » en général (altruistes, généreux).

Qu'il y ait des relations entre la bonne humeur et les comportements « prosociaux » n'est pas très étonnant : c'est presque trivial. Ce qui est plus étonnant, c'est à quel point les facteurs qui déclenchent la bonne humeur et les comportements « prosociaux » associés peuvent être *futiles* ou *insignifiants*. Il suffit de trouver une pièce de monnaie sur l'appareil dans une cabine de téléphone public pour être bon !

Les autres facteurs associés à la bonne humeur et aux comportements généreux sont aussi étonnamment insignifiants.

Ainsi, on a montré que l'exposition à certaines bonnes odeurs avait des relations positives avec le fait de se comporter de façon généreuse [1].

Le dispositif mis au point était très simple.

Un complice de l'expérimentateur demandait à des personnes qui se trouvaient dans un centre commercial si elles voulaient bien faire la monnaie d'un dollar.

---

1. R. A. Baron, « The Sweet Smell Of... Helping : Effects of Pleasant Ambient Fragrance on Prosocial Behavior in Shopping Malls », *Personality and Social Psychology Bulletin*, 23, 1997, p. 498-503.

Celles qui étaient tout près d'une boulangerie d'où émanaient des odeurs de bon pain ou de viennoiseries le faisaient volontiers ; celles qui étaient dans un endroit qui ne sentait rien de particulier le faisaient beaucoup moins[1].

Dans ce genre d'expérience aussi, on fait l'hypothèse que c'est la bonne humeur liée à la perception de l'odeur agréable qui est déterminante.

Et ce qui est frappant c'est le caractère futile, insignifiant, du facteur qui la déclenche.

Il suffit d'une bonne odeur de croissant chaud !

D'autres facteurs susceptibles d'induire des comportements « prosociaux » ont été examinés : des effets de groupe, l'influence de la formation philosophique, et enfin la personnalité à titre de contrôle.

Ils sont moins futiles, mais aussi moins décisifs.

Il suffit de ne pas être trop entouré pour venir en aide à ceux qui en ont besoin

Selon certaines expériences, on a plus tendance à aider quand on est seul en présence d'une victime que quand on est en société[2].

Personne ne dit que l'explication de ce fait (si c'en est un) soit facile à donner.

Les hypothèses les plus plausibles sont les suivantes.

Quand on est en société, deux mécanismes peuvent inhiber nos tendances à aider autrui :

1) l'influence de l'apathie des autres (si personne ne bouge, on ne bouge pas non plus : on croit que l'apathie est l'attitude qui convient) ;

---

1. Doris, *Lack of Character. Personality and Moral Behavior, op. cit.*, p. 31.
2. *Ibid.*, p. 32-33.

2) la « diffusion de la responsabilité[1] » (on se sent moins coupable de ne pas agir si on se dit qu'un autre pourrait le faire).

Si on est pessimiste, on peut se dire qu'il suffit d'être en groupe pour se comporter en « sale type ».

Si on est optimiste, on peut dire qu'il suffit d'être seul pour se comporter en « type bien ».

Cependant, être seul ne suffit pas toujours, comme le montre l'expérience peu rassurante des « bons Samaritains ».

Il suffit de ne pas être pressé pour être un bon Samaritain

Des étudiants en théologie sont convoqués dans un bâtiment universitaire pour participer à une étude sur l'éducation religieuse et la force des vocations[2].

Après une présentation rapide du questionnaire, on leur dit qu'ils doivent se rendre dans un autre bâtiment pour finir l'entretien, en prenant tout leur temps (pour un groupe), rapidement (pour un autre groupe) ou très rapidement (pour le dernier).

Entre les bâtiments se trouve un complice de l'expérimentateur qui s'effondre au passage des séminaristes en gémissant.

---

1. B. Latané et J. M. Darley, *The Unresponsive Bystander. Why Doesn't He Help ?*, New York, Appleton century-Crofts, 1970 ; Doris, *Lack of Character. Personality and Moral Behavior*, *op. cit.*, p. 33.
2. J. M. Darley et C. D. Batson, « From Jerusalem to Jericho : A Study in Situational and Dispositional Variables in Helping Behavior », *Journal of Personality and Social Psychology*, 27, 1973, p. 100-108.

On pourrait s'attendre à ce que tous les séminaristes (qui connaissent par cœur la parabole du bon Samaritain!) s'arrêtent pour aider la pauvre victime. Mais ce n'est pas du tout ce qui se passe. En fait, les seuls qui ont tendance à s'arrêter sont ceux qui ne sont pas pressés.

Les résultats sont les suivants :
— très pressés : 10 % s'arrêtent pour aider ;
— moyennement pressés : 45 % s'arrêtent pour aider ;
— pas pressés : 63 % s'arrêtent pour aider.

Certains séminaristes, parmi les plus pressés, n'hésitent pas à piétiner la victime si elle s'interpose, en donnant une image caricaturale de l'indifférence humaine à la douleur des autres. On ne peut pas pourtant dire que la victime était menaçante, ou que l'environnement était stressant comme dans les grandes villes modernes !

L'hypothèse explicative qui peut venir à l'esprit, c'est qu'ils se sentaient moralement obligés, comme de bons séminaristes, à l'égard de leur expérimentateur et se trouvaient pris dans un conflit de devoirs. Mais elle est peu plausible étant donné la disproportion entre les obligations à l'égard de l'expérimentateur (il ne s'agissait pas d'un examen, mais d'une activité annexe volontaire sans importance) et celles qu'ils auraient dû avoir, en tant que séminaristes, à l'égard d'une personne en détresse.

On pourrait avoir envie de vérifier si le même genre de comportement pourrait être observé avec des proches. Piétinerait-on son frère ou sa mère pour arriver à temps à une convocation sans importance ?

Ce qui est intéressant, toutefois, du point de vue moral, c'est le rapport aux inconnus, aux étrangers. Et ce qu'on peut dire, à cet égard, si on est pessimiste, c'est qu'il suffit d'être pressé pour oublier ses Évangiles. Mais si on est optimiste, on peut dire qu'il suffit de ne pas être pressé pour être un bon Samaritain ! Ce qui pourrait atténuer cette conclusion optimiste, ce sont les doutes sur la validité de ces résultats en dehors du contexte expérimental, et sur la possibilité de faire des inférences généralisantes à partir de ces recherches qui ne concernent que des populations spécifiques en petit nombre. J'y reviendrai.

Qui aide le plus : les femmes ou les hommes ? les riches ou les pauvres ?

Si on oublie ces généralisations, on retiendra quelques résultats spécifiques assez intéressants.

On pourrait supposer, surtout si on est sensible à certains préjugés, que les femmes auront plus tendance à aider que les hommes. Mais les faits ne plaident pas en faveur de cette hypothèse. Les études sociologiques sur les comportements « prosociaux » ont montré ou bien qu'il n'y avait pas de différence significative entre les hommes et les femmes ou davantage de comportements « prosociaux » chez les hommes[1].

Et les riches ? Sont-ils plus « prosociaux » que les pauvres en général ? Les résultats sont du même genre que les précédents. Pas de différence significative, mais, dans les deux classes, il existe une tendance à aider plus les voisins ou les membres de la même communauté[2].

Et la « personnalité » ?

---

1. Doris, *Lack of Character. Personality and Moral Behavior, op. cit.*, p. 37.
2. *Ibid.*

Les tests préalables subis par les séminaristes de l'expérience les rangeaient du côté des « personnalités » compatissantes. Mais l'expérience a montré que ces tests prédisaient mal les conduites. Dans d'autres cas pourtant ils n'ont pas été vains. Certaines études ont montré que les personnes dites « prudentes » aideront moins un passant dont le dossier vient de tomber que les personnes dites « soucieuses de l'estime d'autrui ».

Au total, l'hypothèse « situationniste » qui conteste l'importance du caractère dans la prédiction des conduites n'a pas été réfutée.

Cette hypothèse ne nie pas l'existence de certains traits typiques de comportement à un très haut niveau de généralité. Elle dit seulement qu'ils ne permettent pas de prédire ou d'expliquer correctement des conduites.

Nuire aux autres

Pourrions-nous nous comporter comme des nazis, humilier ou massacrer les plus faibles (handicapés, vieillards, enfants, etc.) ou des gens qui ne nous ont rien fait personnellement *simplement parce qu'on nous a donné l'ordre de le faire* ?

Un test célèbre, mis au point par le psychologue Stanley Milgram, était censé nous donner les moyens de répondre à cette question angoissante[1].

En 1960, il avait proposé à la population de la région de New Haven, dans le nord des États-Unis, de participer à une expérience psychologique contre paiement,

---

1. Stanley Milgram, *Soumission à l'autorité* (1974), trad. E. Molinié, Calmann-Lévy, 1974.

par courrier et petites annonces dans les journaux locaux.

L'idée était d'exposer à cette expérience des personnes d'âges et de milieux sociaux différents. Parmi ceux qui furent choisis, il y eut des postiers, des enseignants, des ouvriers, des ingénieurs : mille à peu près, pour l'ensemble des expériences et des variantes, conduites pendant trois ans entre 1960 et 1963.

Une fois sur le site de l'expérience, le psychologue de service annonçait aux personnes sélectionnées que le but du test était de vérifier si des punitions physiques pouvaient améliorer les capacités de mémorisation d'une liste de mots.

On choisissait un « professeur » et un « élève » pour chaque test. Mais en fait l'« élève » était toujours le même, un complice du psychologue expérimentateur, un comédien d'âge mûr particulièrement doué pour hurler à la mort.

L'« élève » était attaché sur une chaise et des fils électriques étaient fixés sur son corps sous les yeux du « professeur ».

Pour que le « professeur » se rende bien compte de ce que représentait une décharge de la machine, on lui administrait un choc assez douloureux de 45 volts et on lui disait qu'il enverrait des décharges allant jusqu'à 450 volts, c'est-à-dire dix fois plus que celui qu'il venait de subir.

Puis le « professeur » était installé dans une autre chambre, d'où il ne pouvait plus voir l'« élève ». On le plaçait aux manettes d'une imposante machine à chocs électriques.

C'est alors que le test commençait.

L'« élève » était censé mémoriser des listes de deux mots associés. Lorsqu'on lui en donnait un, il devait dire l'autre.

Chaque fois que l'«élève» se trompait, le «professeur» devait lui administrer un choc électrique. L'expérimentateur donnait l'ordre d'augmenter progressivement la puissance du choc, toujours d'une «voix ferme et polie» et sans exprimer la moindre menace, sous le prétexte de vérifier si cela améliorait les capacités de mémorisation de l'«élève».

Le «professeur» pouvait percevoir, à travers les cris et les râles de l'«élève», qu'il causait de grandes souffrances. Souvent, le «professeur» était troublé. L'expérimentateur l'incitait alors à continuer en lui donnant des ordres gradués allant de «Continuez s'il vous plaît» à «Vous n'avez pas le choix, vous *devez* continuer».

Si le «professeur» exprimait un souci pour la santé de l'«élève», l'expérimentateur lui assurait qu'il ne causait aucun dommage irréversible. Après le choc de 150 volts, l'«élève» demandait en hurlant que le test s'arrête. Il avait trop mal : il ne consentait plus.

C'est à ce moment que les «professeurs» hésitaient le plus. L'incitation de l'expérimentateur à continuer était répétée, toujours sur le même ton ferme et poli, et toujours sans exprimer la moindre menace.

65 % des «professeurs» sont allés jusqu'au bout de l'expérience malgré tout, c'est-à-dire qu'ils ont administré des chocs de 450 volts provoquant des hurlements d'agonie, puis des râles et un silence signifiant que l'«élève» ne devait vraiment plus être en bon état.

Les «professeurs» qui étaient allés jusqu'au bout étaient appelés «obéissants», et ceux qui avaient refusé «désobéissants».

Il est très important de préciser qu'aucun des «obéissants» n'a obéi gaiement. Milgram n'était pas tombé par hasard sur une bande de sadiques de New Haven. Tous étaient mal à l'aise, anxieux. Tous hésitaient, suaient, mordaient leurs lèvres, grognaient, s'enfonçaient les ongles dans la chair[1].

Certains déclarèrent, par la suite, qu'ils ne croyaient pas que les chocs électriques étaient véridiques. Mais outre qu'il ne s'agissait que d'une minorité (80 % pensaient que les chocs étaient réels), ces attitudes angoissées ne donnaient pas l'impression que les « professeurs » croyaient à un canular.

Bien que toutes sortes de considérations éthiques aient limité les possibilités de reproduire l'expérience (on ne peut pas dire qu'aucun tort n'était causé aux « professeurs » les plus « obéissants » qui découvraient qu'ils s'étaient comportés comme des monstres), on lui connaît cependant un grand nombre de répliques et de variantes[2].

Ce qui a impressionné les psychologues, c'est la constance des résultats :

« Deux tiers d'obéissants, partout où l'expérience a été tentée, c'est ce qu'on peut dire en résumé et en toute équité[3]. »

Certains s'attendaient à ce que la « culture » ait une influence décisive. Ce n'est pas le cas. On a obtenu les mêmes résultats en Jordanie (63 % d'« obéissants ») qu'aux États-Unis (65 %)[4]. Et si l'Allemagne se distingue (85 % d'« obéissants »), c'est en pire, si on peut dire.

D'autres s'attendaient à ce que le sexe ait une influence décisive. Ce n'est pas le cas. La proportion de

---

1. Doris, *Lack of Character. Personality and Moral Behavior, op. cit.*, p. 43.
2. La plus adaptée aux problèmes d'aujourd'hui met face à face un demandeur d'emploi fictif et un agent de placement qui doit dire des choses humiliantes comme « Vous êtes nul. Vous feriez mieux de chercher un autre métier » selon un scénario conçu par l'expérimentateur : W. H. J. Meeus et Q. A. W. Raaijmakers, « Obedience in Modern Societies : The Utrecht Studies », *Journal of Social Issues*, 51, 1995, p. 155-175.
3. R. Brown, *Social Psychology*, 2e éd., New York, MacMillan, 1986.
4. M. E. Shanab et K. A. Yahia, « A Cross-Cultural Study of Obedience », *Bulletin of Psychonomic Society*, 11, 1978, p. 267-269.

femmes « obéissantes » est la même que celle des hommes dans les expériences de Milgram (65 % pour les deux sexes). Et si, dans certaines études, les femmes sont un peu plus « obéissantes » que les hommes, dans d'autres elles le sont un peu moins[1].

Certains psychologues, enfin, auraient dû prédire que la « personnalité » aurait une influence décisive. Les plus « autoritaires » étant supposés être les plus respectueux de l'autorité, la proportion d'« obéissants » aurait dû être beaucoup plus élevée chez les « autoritaires ».

Ce n'est pas le cas. Milgram a fait passer son test à des sujets qui avaient été classés « autoritaires » et « non autoritaires » dans des tests de personnalité. L'expérience n'a pas indiqué de différences de comportement significatives entre les deux groupes.

Du point de vue de la philosophie morale, c'est le dernier résultat qui est le plus important. Il tend à montrer que ce qui détermine le comportement, ce n'est pas le caractère, mais d'autres facteurs liés à la situation, comme la pression d'un groupe ou d'une autorité.

Une autre conclusion qu'on peut tirer, c'est qu'il n'existe rien de tel que des « personnalités » morales ou immorales. Si elle était confirmée, l'éthique des vertus ne devrait pas en sortir intacte.

Cependant le débat n'est pas clos.

Kohlberg défend une théorie du développement moral par étapes, de l'égoïsme à l'autonomie en passant par le conformisme. D'après lui, les individus qui ont atteint le stade le plus élevé du développement moral (l'autonomie) devraient être plus nombreux parmi les « désobéissants »[2].

---

1. Doris, *Lack of Character. Personality and Moral Behavior, op. cit.*, p. 47.
2. Lawrence Kohlberg, « My Personal Search for Universal Morality », *op. cit.*

C'est une hypothèse qui admet l'existence de personnalités plus morales que d'autres. Mais, dans l'état présent de la recherche, elle reste une spéculation, d'autant que le modèle du «développement moral par étapes» de Kohlberg est loin de faire l'unanimité. Quand on essaie de comprendre les mécanismes que Milgram voulait mettre en évidence, il faut tenir compte du fait qu'il suffisait d'introduire quelques variations pour que le taux de refus augmente.

1) Lorsque le volontaire était accompagné d'un ou plusieurs autres complices qui lui disaient de refuser, ou qui refusaient lorsqu'on leur demandait de faire passer les tests, une sorte de coalition finissait par se former contre l'expérimentateur.

2) Par ailleurs, lorsque le volontaire *voyait* le complice ou devait lui prendre la main pour le forcer à recevoir un choc électrique, le taux de refus augmentait aussi.

3) Enfin, lorsque l'expérimentateur ne paraissait pas tout à fait digne de confiance (blouse tachée, façon de parler trop familière, etc.), les refus augmentaient également.

C'est pourquoi, d'ailleurs, les extrapolations faites à partir des résultats de Milgram pour expliquer le comportement d'exécuteurs de masse agissant sous les ordres de nazis sont en partie injustifiées[1].

Ces exécuteurs de masse travaillaient en équipe, en contact direct avec leurs victimes, sans être soumis à une autorité absolue.

Selon la théorie de Milgram, ils auraient dû refuser en plus grand nombre de mettre à mort des vieillards, des

---

1. Christopher R. Browning, *Des hommes ordinaires : le 101ᵉ bataillon de réserve de la police allemande et la solution finale en Pologne* (1992), trad. Élie Barnavi, Paris, Les Belles Lettres, 1994.

femmes et des enfants qui ne leur avaient fait personnellement aucun mal.

Parmi les explications les mieux acceptées du comportement de ces exécuteurs de masse, certaines affirment que leur motivation principale était de ne pas passer pour des «lâcheurs», des «faibles», des «mauviettes» aux yeux des autres. La théorie de la soumission à l'autorité est censée justifier cette hypothèse[1].

C'est une erreur. En effet, si ces explications sont exactes, ce qui aurait motivé le comportement des exécuteurs de masse, c'est le conformisme à l'égard d'individus qui sont des *égaux* et non la soumission à une autorité *supérieure*.

L'interprétation des résultats de Milgram reste ouverte. L'une des plus intéressantes, à mon avis, suggère que le problème pour les «professeurs» qui administraient les chocs était un problème de justification du genre de ceux qu'on retrouve dans les arguments de «pente glissante», ou dans les «sorites», ces paradoxes logiques qui arrivent à prouver que les chauves n'existent pas ou que tout le monde est chauve[2].

Si j'ai accepté d'envoyer une décharge électrique de 50 volts, pourquoi pas 60, alors que la différence entre les deux n'est pas énorme? Si j'ai accepté d'envoyer une décharge électrique de 60 volts, pourquoi pas 70 alors que la différence entre les deux n'est pas énorme? et ainsi de suite jusqu'à 450.

Les «professeurs» hésitaient après le choc de 150 volts, c'est-à-dire au moment où l'«élève» demandait en hurlant que le test s'arrête. Mais si le «professeur» conti-

---

1. *Ibid.*
2. Jiri Benovsky, *Le puzzle philosophique*, Éditions d'Ithaque, 2010. Voir aussi note 1 page 293.

nuait, le même mouvement de glissement pouvait se produire. Pourquoi un choc fort serait-il acceptable et pas un choc très fort[1] ?

Peut-on tirer des expériences de soumission à l'autorité la conclusion que faire le bien ou faire le mal ne dépend absolument pas de nos propres convictions (morales ou immorales), ou de notre propre caractère (bon ou mauvais), mais du hasard qui nous a placé dans telles ou telles circonstances ?

L'enquête de Milgram est finalement assez paradoxale. Il défend l'idée que c'est la situation et non le caractère qui détermine les conduites. S'il appliquait ce principe à la lettre, il ne devrait tirer aucune conclusion générale sur les conduites humaines à partir de ses expériences. Il devrait se contenter de dire que les gens se conduisent ainsi dans ce dispositif expérimental-là, *un point c'est tout.* Toute conclusion qui irait au-delà introduirait des considérations sur la nature humaine ou les caractères, du genre de celles qu'il exclut absolument en principe.

Mais Stanley Milgram veut quand même dire des choses sur la nature humaine. Il pense pouvoir renforcer la thèse de Hannah Arendt sur la banalité du mal. N'est-ce pas contradictoire ?

Cette objection lui est faite assez fréquemment. Elle n'est pas entièrement justifiée.

Après tout, ce que Milgram cherche à isoler, ce sont des facteurs généraux qui peuvent avoir une influence causale sur les conduites dans d'autres contextes aussi, comme la dépendance à l'égard d'une autorité scientifique.

C'est une objection bienvenue néanmoins dans la

---

1. Doris, *Lack of Character. Personality and Moral Behavior, op. cit.*, p. 50.

mesure où elle recommande la prudence dans l'usage philosophique qui peut être fait de ses données empiriques.

À quoi servent ces expériences en philosophie ?

En philosophie morale, les expériences de soumission à l'autorité ont surtout servi, ces dernières années, à remettre en cause l'une des bases de toutes les formes d'éthique des vertus depuis Aristote : l'existence de « personnalités » bonnes, justes ou vertueuses, qui le restent quelles que soient les pressions ou les menaces de l'environnement.

Dans ses versions les plus récentes, l'éthique des vertus repose sur l'idée qu'il existe des « personnalités » tellement vertueuses qu'elles pourraient nous servir d'exemples moraux.

Pour savoir ce qu'il faut faire, il suffirait de se demander qu'aurait fait X ou Y (plutôt Socrate ou Gandhi qu'un *serial killer* !).

Mais les théories psychologiques dites « situationnistes » affirment que l'idée d'une « personnalité vertueuse » n'a pas de signification très claire.

Cette façon de définir les gens par leur « personnalité » proviendrait d'une tendance plutôt irrationnelle à les juger de façon globale.

En réalité, il n'y aurait ni unité ni continuité empirique significative dans les attitudes et les conduites des gens.

Quels sont les arguments en faveur de cette conception non unifiée du comportement humain, qui va tellement à l'encontre de nos intuitions communes ?

Qu'est-ce qu'un « caractère » pour le sens commun ?

C'est, en gros, une certaine façon d'agir ou de ressentir *cohérente*, c'est-à-dire stable dans le temps et invariante d'une situation à l'autre. Quand on dit de quelqu'un qu'il est « généreux », « honnête », « fort », « résolu », « courageux », ou « mesquin », « jaloux », « déloyal », « faible », « pervers », « vicieux », on a, semble-t-il, des idées de ce genre à l'esprit[1].

Le « caractère » est aussi supposé expliquer et prédire des conduites de façon économique. C'est en ayant à l'esprit, consciemment ou inconsciemment, l'idée de « caractère » qu'on fait des prédictions comme : « Il va probablement chercher à récupérer les bijoux qu'il a offerts *parce qu'il est mesquin*. » C'est en ayant à l'esprit, consciemment ou inconsciemment, l'idée de « caractère » qu'on propose des explications comme : « Il a rendu le portefeuille plein d'euros *parce qu'il est honnête*. »

Les « situationnistes » contestent l'existence de telles dispositions *stables dans le temps* et *invariantes d'une situation à l'autre*, pertinentes dans l'explication et la prédiction des conduites réelles, en s'appuyant sur des études empiriques. D'après eux, nul n'est « généreux », « cruel » ou « mesquin », systématiquement, invariablement, à tous les moments de sa vie, quelles que soient les situations ou les personnes impliquées[2].

Ce qu'on peut conclure de leurs recherches, c'est qu'en réalité, l'existence de « caractères » est indémontrable ou invérifiable. Quelles pourraient être les *preuves*

---

1. Doris, *Lack of Character. Personality and Moral Behavior, op. cit.*, p. 24-27.
2. *Ibid.*

de l'existence d'un « caractère » ? La constance dans les conduites suffirait-elle ?

En fait, toutes les preuves comportementales d'une disposition psychologique sont contestables[1]. Certaines personnes pourraient *être* cruelles, mais on ne le verrait pas parce qu'elles s'abstiendraient d'*agir cruellement* pour ne pas s'exposer à la colère, au mépris ou à l'indignation des autres. Certaines personnes pourraient *agir courageusement* en temps de guerre par exemple, mais par conformité aux autres ou par crainte des sanctions, c'est-à-dire sans *être vraiment* courageuses.

Combien d'actions courageuses ou cruelles faudrait-il avoir effectuées, d'ailleurs, pour prouver au-delà de tout doute raisonnable qu'on est *vraiment* une personne courageuse ou cruelle ? Si une personne se montrait lâche une seule fois, faudrait-il mettre en doute son courage ? Si elle montrait de la compassion une seule fois, faudrait-il mettre en doute sa cruauté ? Bref, on ne pourrait pas être certain que quelqu'un est vraiment cruel ou courageux s'il ne le montrait jamais, mais on n'en serait pas plus sûr s'il le montrait parfois ou souvent[2].

Ces interrogations ne sont pas de pures spéculations philosophiques. Si, pour évaluer le « caractère », les psychologues ont cherché d'autres moyens méthodologiques que les conduites observables, les « tests de personnalité » par exemple, c'est précisément parce que ces conduites n'étaient pas des preuves fiables[3].

L'incohérence des attributions communes de « carac-

---

1. Ryle, *La notion d'esprit, op. cit.*
2. Voir mon *L'éthique aujourd'hui. Maximalistes et minimalistes, op. cit.*, p. 63-66.
3. Doris, *Lack of Character. Personality and Moral Behavior, op. cit.*, p. 26. Mais la faible corrélation entre ces tests de personnalité et le comportement réel atteint la crédibilité de ces mesures aussi, d'après Doris.

tère » est aussi une donnée étonnante dont il faut tenir compte. Dans nos jugements de tous les jours sur le « caractère » ou la « personnalité » des gens, ce que nous savons de leurs *conduites réelles* ne semble avoir aucune influence systématique[1].

Finalement, il faut bien reconnaître que l'attribution « scientifique » ou « non scientifique » d'un « caractère » ou d'une « personnalité » relève d'inférences douteuses. Elle ressemble à l'expression de préjugés plus qu'à un constat factuel[2]. Elle exprime une tendance à juger les gens de façon « globale » qui peut faire des ravages sociaux lorsqu'elle est *négative*.

Pensez aux effets dévastateurs des jugements globaux négatifs, indépendants de toute prise en compte réfléchie du comportement réel, sur les « noirs », les « juifs », les « asiatiques », les « musulmans », les « femmes », les « prostituées », les « gitans », etc.

Il n'est même pas évident qu'une attribution globale *positive* soit plus appréciable. L'amour aveugle, indépendant de toute prise en compte réfléchie du comportement réel, à l'égard des « saints », des « leaders charismatiques », des « gourous », des « stars », et des politiciens qui appartiennent à votre camp, peut faire autant de ravages sociaux.

Par ailleurs, la valeur du « caractère » dans l'explication de l'action est faible ou secondaire, pour ne pas dire nulle.

Si, pour expliquer pourquoi Charlie a détruit toute la vaisselle dans la cuisine, nous disons seulement que c'est parce qu'il a son « petit caractère » (« nerveux »), personne ne sera satisfait.

---

1. *Ibid.*, p. 93-97.
2. *Ibid.*

On nous fera remarquer que nous avons donné une explication insuffisante. On nous demandera des motifs (son amie l'a trompé avec son meilleur ami ? elle s'est moqué de sa coupe de cheveux ridicule ? c'est la vaisselle de sa belle-mère qu'il déteste ? etc.).

Il nous arrive pourtant d'accepter des explications par le caractère sans aucun autre motif comme : « Il a rendu le portefeuille plein d'euros *parce qu'il est honnête.* »

Ces explications ne sont-elles pas partielles au mieux, inutiles et trompeuses au pire ? Faut-il renoncer aux notions de « caractère » ou de « personnalité » en raison de ces difficultés ? C'est ce que pensent les psychologues empiriques « situationnistes »[1].

Mais leurs thèses restent hautement controversées.

Pour d'autres psychologues, il est faux de penser qu'il n'existe pas d'unité ou de continuité empirique significative dans les attitudes et les conduites des gens. Leurs arguments sont les suivants :

1) Il n'y a peut-être pas d'unité ou de continuité *absolue.* Mais il serait absurde de nier qu'il existe des *tendances* ou des constances de caractère relatives (plus ou moins fortes)[2]. Ces tendances sont réelles, empiriquement observables. Ce ne sont pas que des « constructions sociales », des « effets narratifs », des « illusions utiles » à la survie des individus qui ont besoin, pour prospérer, de juger les autres rapidement et globalement sur la base d'indices parfois fragiles.

2) Il est, certes, difficile de prouver qu'il y a des personnalités absolument maléfiques, acharnées à faire souffrir n'importe qui dans n'importe quel contexte. Car même si de tels rivaux de Satan existent, ils n'oseront pas

---

1. *Ibid.*
2. *Ibid.*

ou ne voudront pas parler d'eux-mêmes ainsi (ce fut le cas pour les grands nazis), et nous manquerons de preuves subjectives.

3) En revanche, il y a certainement des exemples de personnes qui sont justes, bonnes, qui le restent quelles que soient les circonstances, et qui ont pu témoigner de leurs sentiments. Pendant l'occupation nazie, il y a eu des collaborateurs, des délateurs, des indifférents, mais aussi des Justes, des personnes compatissantes et courageuses qui ont sauvé des personnes persécutées, et ont témoigné par la suite de ce qui s'était passé pour elles[1].

L'existence des Justes, même s'ils n'étaient qu'une toute petite minorité, pose un réel problème au situationniste.

D'abord, l'environnement moral était le même que pour leurs voisins indifférents ou délateurs, mais ils ont agi différemment.

Ensuite, affirmer qu'il y a des personnalités compatissantes et courageuses n'est pas aussi coûteux que supposer l'existence de personnalités purement « maléfiques ». Quand vous dites à quelqu'un qu'il est bon, il ne va pas vous demander des preuves. Quand vous lui dites qu'il est mauvais, il va probablement en exiger. De façon générale, on demande moins de preuves du fait qu'il existe des personnalités compatissantes et courageuses, et il faut donner des arguments plus solides pour prouver qu'il n'y en en a pas.

Enfin, la difficulté est grande pour les situationnistes dans le cas des Justes, car il semble qu'il n'y ait pas de facteurs sociologiques décisifs qui pourraient expliquer pourquoi eux et pas d'autres ont agi comme ils l'ont fait. Or, en l'absence de tels facteurs, les hypothèses

---

1. *Ibid.*

psychologiques qui font appel à la notion de « personnalité » peuvent prospérer[1].

On a dit que la religion avait été un facteur déterminant. C'est une erreur. Il y a eu, certes, des religieux parmi les Justes. Mais il y a eu aussi des religieux délateurs, collaborateurs, indifférents. Il ne suffit pas d'être religieux pour être un Juste.

On a trouvé beaucoup de marginaux ou d'individualistes parmi les Justes. Mais il y a eu aussi des marginaux et des individualistes délateurs, collaborateurs, indifférents. Il ne suffit pas d'être marginal ou individualiste pour être un Juste.

En revanche, quelques traits de personnalité caractéristiques des Justes ne se retrouvent pas chez les délateurs, les collaborateurs, les indifférents. Les Justes étaient, selon certains psychologues, des gens qui avaient un large sens de la responsabilité pour les autres, un sentiment d'humanité partagée et des valeurs humanistes[2]. Ces psychologues ont rassemblé ces traits pour construire une « personnalité altruiste ». C'est une idéalisation à partir de laquelle ils estiment possible de prédire des comportements. Le problème, c'est que ces prédictions ne se vérifient que dans certains domaines.

Ainsi, Oskar Schindler, l'industriel allemand qui sauva courageusement la vie d'un millier de juifs et dont l'action fut magnifiée dans un film célèbre de Steven Spielberg, fut considéré comme un Juste.

Cependant, affirmer qu'il avait une « personnalité altruiste » serait peu fondé. Il s'est certainement com-

---

1. Samuel P. Oliner et Pearl M. Oliner, *The Altruistic Personality: Rescuers of Jews in Nazi Germany*, Londres, Collier, MacMillan, 1988.

2. E. Fogelman, *Conscience and Courage: Rescuers of Jews during the Holocaust*, New York, Doubleday, 1994 ; K. R. Monroe, *The Heart of Altruism: Perceptions of a Common Humanity*, Princeton, N.J., Princeton University Press, 1996.

porté de façon altruiste envers ses ouvriers juifs, et on peut le féliciter pour cette action[1]. Mais il n'était pas qu'altruiste. Dans les autres aspects de sa vie, en amour, en affaires, il était plutôt terriblement égoïste. Bref, on peut dire qu'il s'est comporté de façon altruiste dans un certain contexte et dans un certain domaine, mais non que c'était une « personnalité altruiste ». Sa façon de se conduire n'était pas assez unifiée pour autoriser ce genre de généralisation.

Pour expliquer le comportement des Justes sans faire référence à des « personnalités altruistes » unifiées, constantes dans leur comportement, les situationnistes ont cherché d'autres facteurs, plus contingents.

Parmi les facteurs situationnels qu'ils ont relevés, l'un des plus intéressants est qu'une demande directe de protection avait été adressée aux Justes, qu'ils n'ont pas voulu ou pas pu refuser. Ils ne seraient peut-être pas devenus des Justes si on ne leur avait rien demandé[2].

Mais il se peut aussi que les persécutés se soient adressés à eux parce qu'ils avaient le sentiment qu'ils étaient des Justes.

Un autre facteur intéressant a été identifié. Le comportement des Justes a souvent été progressif. Ils ont d'abord aidé ponctuellement sans prendre de risques. Par la suite, ils se sont sentis de plus en plus responsables des personnes qu'ils avaient protégées, de plus en plus investis dans la mission de les sauver. Jusqu'au point où cette mission était devenue la chose qui comptait le plus pour eux, plus même que leur propre vie[3].

---

1. N. Tec, *When Light Pierced the Darkness: Christian Rescue of Jews in Nazi Occupied Poland*, Oxford, Oxford University Press, 1986.
2. Oliner et Oliner, *The Altruistic Personality: Rescuers of Jews in Nazi Germany*, *op. cit.*
3. F. Rochat et A. Modigliani, « The Ordinary Quality of Resistance :

Une telle explication ne fait pas appel à l'idée de «personnalité altruiste», et n'enlève rien au caractère admirable de l'action.

Les implications de la théorie situationniste pour l'éthique des vertus sont-elles aussi sombres que certains philosophes expérimentaux le prétendent[1]?

Les amis des vertus ont essayé de bloquer ces objections à l'aide des deux arguments suivants:

1) On peut donner à l'idée d'être une bonne personne la valeur d'un idéal qui n'a pas besoin d'être réalisé concrètement.

2) L'éthique des vertus n'est pas réductible à l'idée qu'il existe des personnalités vertueuses. Son but est seulement de justifier la proposition que *certains actes* sont vertueux (courageux, honnêtes, généreux, etc.) et que toute théorie éthique sérieuse doit donner des raisons de promouvoir ce genre d'actes[2].

Ces amendements sont-ils suffisants pour sauver l'éthique des vertus?

Est-ce qu'ils ne privent pas l'éthique des vertus de tout ce qui fait son intérêt: donner une place au «caractère» et à la «personnalité» dans l'évaluation morale?

From Milgram's Laboratory to the Village of Le Chambon », *Journal of Social Issues*, 51, 1995, p. 195-210.
1. Machery, «The Bleak Implications of Moral Psychology», *op. cit.*
2. Appiah, *Experiments in Ethics, op. cit.*

DEUXIÈME PARTIE

LES INGRÉDIENTS
DE LA « CUISINE » MORALE

1) LES INTUITIONS ET LES RÈGLES

Reprenons le cas de l'enfant qui se noie. Il est construit de la façon suivante[1] :

1) Il serait monstrueux de laisser mourir un enfant en train de se noyer sous vos yeux dans un étang, alors que vous pourriez le sauver en faisant un tout petit effort, sans aucun risque pour votre propre vie.

2) Si vous jugez qu'il serait monstrueux de laisser mourir un enfant en train de se noyer sous vos yeux dans un étang, alors que vous pourriez le sauver en faisant un tout petit effort, sans aucun risque pour votre propre vie, vous devrez aussi juger qu'il est monstrueux de laisser mourir de faim un enfant dans un pays frappé par la sécheresse, alors qu'il vous suffirait d'envoyer un chèque de 20 euros à une association de lutte contre la famine pour le sauver.

La première proposition exprime une *intuition morale*.

La deuxième proposition, encore plus longue et plus compliquée, fait appel à des règles de raisonnement moral. Complètement développée, elle aurait l'allure

---

1. Singer, *Sauver une vie. Agir maintenant pour éradiquer la pauvreté*, op. cit.

suivante, qui pourrait décourager les lecteurs allergiques aux phrases un peu trop abstraites (espérons qu'ils ne le soient pas tous) :

« Si vous jugez qu'il serait monstrueux de faire A, vous devrez juger monstrueux de faire B, car A et B sont des cas similaires, et qu'il faut traiter les cas similaires de façon similaire. »

Autrement dit, elle suppose la plausibilité d'un jugement comparatif (A et B sont similaires) et la *reconnaissance d'une règle de raisonnement moral* (« Il faut traiter les cas similaires de façon similaire »). La combinaison des deux permet de laisser aux intuitions morales un statut hypothétique qui pourrait leur être profitable.

Peter Singer commence en effet par solliciter l'approbation du lecteur au moyen de l'affirmation suivante : « Il serait monstrueux de laisser mourir un enfant en train de se noyer sous vos yeux dans un étang, alors que vous pourriez le sauver en faisant un tout petit effort et sans aucun risque pour votre propre vie. »

Mais c'est surtout pour nous convaincre que c'est exactement de cette manière que nous nous comportons lorsque nous refusons de consacrer une certaine partie de nos revenus à la lutte contre la famine[1].

La question, pour lui, n'est pas de savoir si tout le monde pense qu'il serait monstrueux de laisser mourir un enfant en train de se noyer dans un étang, alors qu'il serait facile de le sauver, ou si ce sont seulement les plus éduqués ou ceux qui ont reçu une éducation religieuse.

Elle n'est pas non plus de savoir si les raisons pour lesquelles on pense qu'il serait monstrueux de laisser mourir un enfant en train de se noyer dans un étang,

---

1. *Ibid.*, p. 17-26.

alors qu'il serait facile de le sauver, sont biaisées par des facteurs psychologiques non rationnels, comme l'empathie naturelle envers les personnes qui se débattent dans de l'eau glacée. L'argument de Peter Singer dit seulement :

« *Si* vous jugez qu'il serait monstrueux de laisser mourir un enfant en train de se noyer sous vos yeux dans un étang, alors qu'il vous serait facile de le sauver, vous devrez aussi juger qu'il serait monstrueux de ne pas consacrer une certaine partie de vos revenus à la lutte contre la famine. »

C'est en ce sens qu'il est hypothétique.

Bien sûr, on peut aller plus loin et s'interroger sur la validité de l'affirmation. Est-il vrai qu'il est *toujours* monstrueux de laisser mourir un enfant en train de se noyer sous vos yeux dans un étang, alors qu'il vous serait facile de le sauver ? Mais c'est une autre histoire.

À partir de ces exemples, on peut, en tout cas, faire l'hypothèse que toute analyse conceptuelle de l'éthique passe par l'examen de ces deux ingrédients :
1. les intuitions morales ;
2. les règles de raisonnement moral.

Je les ai évoqués de façon informelle. Il est temps de les analyser plus systématiquement.

La place des intuitions morales dans la construction, la justification et la critique des théories morales

Pour les philosophes qui s'occupent d'éthique normative dans une perspective analytique, le problème principal aujourd'hui, c'est la place des intuitions morales dans la construction, la justification et la critique des théories morales.

Ils ont remarqué que les «philosophes politiques et moraux font couramment appel aux "intuitions morales" dans leurs raisonnements. Ils considèrent que les théories morales et les principes moraux sont douteux s'ils contredisent leurs intuitions. Et ils ont tendance à mobiliser des "intuitions" dans l'élaboration et la défense de leurs propres théories[1] ».

Ils pensent que, pour progresser dans la réflexion éthique, ce qu'il faut examiner en priorité, c'est la valeur de cette Méthode (avec un grand M pour signifier son importance en philosophie morale), inspirée au départ par l'idée d'«équilibre réfléchi» de John Rawls, mais qui vit désormais sa propre vie[2]. Les questions que pose la Méthode sont du genre suivant.

Dans quelle mesure pouvons-nous nous fier à nos intuitions morales, si nous en avons, pour savoir ce qui est bien ou juste?

Comment faire le partage entre les «bonnes» intuitions morales, celles dont il faut tenir compte si on veut éviter que nos théories morales soient sans aucune pertinence pour nos vies, et les «mauvaises», celles qu'il vaut mieux laisser tomber pour éviter de dire n'importe quoi?

Certaines des causes de nos intuitions morales pourraient-elles suffire à les disqualifier? Si nous apprenions, par exemple, que nos intuitions morales en faveur des droits des animaux n'ont pas d'autre cause que le

---

1. Copp, «Experiments, Intuitions, and Methodology in Moral and Political Theory», *op. cit.*
2. *Ibid.* John Rawls, *Théorie de la justice* (1979), trad. C. Audard, Paris, Seuil, 1987. Sur la place des «intuitions» dans la méthode Rawls: Jon Mandle, *Rawls's «A Theory of Justice». An Introduction*, Cambridge, Cambridge University Press, 2009, p. 8-9. Sur l'équilibre réfléchi, voir le Glossaire.

sentiment d'amour inavoué pour le personnage de Bambi, faudrait-il en tenir compte dans le débat moral ?

La valeur des règles de raisonnement moral

C'est une bonne chose de s'intéresser d'un peu plus près, dans une perspective analytique, aux intuitions morales. Mais cela ne devrait pas nous faire oublier que de nombreuses et difficiles questions se posent aussi à propos des *règles de raisonnement moral.*

Sont-elles bien formées ?
Sont-elles redondantes ?
Sont-elles cohérentes ?

2) UN PEU DE MÉTHODE !

Nous avons distingué les expériences de pensée faites par des philosophes professionnels à l'intention de leurs collègues, et l'expérience de pensée « démocratisée ».

Concrètement, une expérience de pensée « démocratisée » se déroule ainsi :

1) On présente à des sujets sélectionnés selon différents critères jugés pertinents (jeunes ou adultes, garçons ou filles, instruits ou pas, religieux ou pas, etc.) des petites fictions qui sont censées susciter leur perplexité morale, comme celle du *Tramway qui tue*. Elles sont ou bien présentées par écrit sur un document appelé « vignette » dans le jargon professionnel, ou bien racontées par l'expérimentateur. Elles se terminent par des questions comme : « Que feriez-vous ? », « Que faut-il faire ? », « A-t-il bien fait ? », « Est-ce permis ? », etc.

2) On note la réponse spontanée des personnes qui ont été exposées au récit.

3) On demande une justification à ces jugements spontanés.

4) On propose des explications à la distribution des réponses.

5) On essaie de tirer des conclusions plus générales sur la validité des théories morales : conséquentialisme, déontologisme, éthique des vertus.

L'expérience de pensée « démocratisée », en philoso-phie morale, c'est tout cet ensemble : construction de la fiction morale, présentation à la population la plus large possible sélectionnée selon les critères les plus variés, enregistrement des jugements spontanés et discussion sur les tentatives de justifier ces jugements, confrontation des explications par les causes et les raisons, conclusions théoriques.

L'expérience de pensée pour philosophes saute les deuxième et troisième étapes : présentation à la popula-tion la plus large possible sélectionnée selon les critères les plus variés, enregistrement des jugements spontanés et discussion sur les tentatives de justifier ces juge-ments.

Toutes ces expériences portent sur nos *croyances* morales, c'est-à-dire sur ce que nous trouvons bien ou mal, désirable ou indésirable, juste ou injuste, que ces croyances soient *spontanées* ou r*éfléchies.*

Elles servent à évaluer la validité des intuitions consé-quentialistes ou déontologistes, mais aussi à repenser l'une des questions les plus traditionnelles de la philoso-phie morale. Existe-t-il un « sens moral » universel, inné, un « instinct moral », et quelle est sa forme exacte dans nos esprits ?

Nous avons aussi distingué ces expériences de pensée des expériences de comportements : comportements d'aide ou comportements destructeurs.

La philosophie morale expérimentale s'est intéressée plus particulièrement aux expériences de laboratoire comme celle de Stanley Milgram, dans le but de mettre à l'épreuve l'idée de « personnalité » morale ou immorale.

Devant ce vaste programme, une objection peut tout de suite venir à l'esprit. N'est-ce pas un projet particulièrement naïf, dans la mesure où il semble faire confiance à des recherches qui posent des problèmes méthodologiques et épistémologiques non négligeables ?

Problèmes méthodologiques

Dans la plupart des travaux auxquels la philosophie morale expérimentale fait référence, les sujets d'enquête sont exposés à des situations *imaginaires*, auxquelles ils n'ont probablement jamais été confrontés dans leur vie, au moins pas sous cette forme simplifiée.

Ces travaux souffrent des déficits propres au genre : difficulté à évaluer la portée exacte des résultats en dehors des conditions expérimentales ; tendance à faire rentrer les réponses des sujets d'expérimentation dans des catégories préétablies qui ne sont peut-être pas les leurs, etc.

Par ailleurs, les conclusions de ces recherches sont formulées en termes statistiques, ce qui pose toutes sortes de problèmes relatifs au nombre de sujets engagés dans l'expérience (parfois peu nombreux), à leur « représentativité », et aux seuils à partir desquels on estime qu'un résultat est *significatif* [1].

Si une recherche prétend établir que le « mal est banal » parce que 20 % d'une trentaine d'étudiants de licence en philosophie morale ont accepté d'administrer des chocs électriques douloureux à des congénères dans le contexte d'une expérience rétribuée sur la mémoire, on n'aura pas tort de s'en méfier.

---

1. Doris, *Lack of Character. Personality and Moral Behavior, op. cit.*, p. 1-14.

Problèmes épistémologiques

Toutes ces recherches (expériences de laboratoire et enquêtes de terrain) appartiennent au genre des sciences humaines. Or la possibilité (et l'intérêt) d'aligner ces disciplines sur les sciences naturelles en utilisant leurs méthodes, dans la même ambition *explicative* et *prédictive*, continue de faire l'objet d'un vive controverse. Les plus sceptiques estiment que le projet d'appliquer au comportement humain en général et aux états psychologiques en particulier des méthodes qui n'ont fait leurs preuves que dans l'explication et la prédiction des événements physiques n'a aucune chance d'aboutir[1].

Si les sciences humaines ne sont pas, et ne seront jamais, des sciences rigoureuses, explicatives et prédictives, même lorsqu'elles en imitent les méthodes, qu'ont-elles de plus que la spéculation philosophique en chambre ? À quoi bon perdre son temps à les examiner de près ?

Il faut ajouter que, pour de nombreux philosophes, la vocation des sciences humaines est telle que l'intérêt de ses résultats, s'il y en avait, serait peu évident pour la réflexion morale.

Les sciences humaines veulent nous informer sur ce qui est. Elles décrivent des faits. L'une des vocations de la philosophie morale est de nous dire ce qui est bien, ce qu'il faut faire. Elle propose des normes.

Or, disent ces philosophes, on ne peut dériver aucune norme à partir d'un simple fait. Ainsi, du fait que la plupart des gens ne donnent rien aux organisations de lutte

---

1. Donald Davidson, *Actions et événements* (1982), trad. Pascal Engel, Paris, PUF, 1993.

contre la famine, il ne suit pas que c'est bien ou que c'est ce qu'il faut faire.

Ces objections méthodologiques et épistémologiques sont bien connues des philosophes qui ont fait le pari de s'intéresser à la recherche empirique. Ils sont généralement très conscients des problèmes méthodologiques. Les expériences de laboratoire et les enquêtes de terrain qu'ils exploitent sont en petit nombre. Elles font partie des travaux de référence qui ont résisté à une critique méthodologique constante depuis qu'ils ont été publiés[1].

Les deux objections épistémologiques paraissent plus difficiles à réfuter. Mais en réalité, elles ne sont pas décisives, étant donné les objectifs limités de la philosophie morale expérimentale.

Pour déterminer ce qui est juste ou injuste, bien ou mal, la réflexion morale ne peut pas se passer de références aux intuitions morales de chacun et de tout le monde, non plus qu'aux « capacités » ou aux « besoins » typiquement humains[2].

Pour analyser les jugements ou les comportements moraux, elle est bien obligée de faire référence aux « motivations », aux « intentions », aux « émotions », au « caractère », à la « personnalité » des gens.

Autrement dit, la réflexion morale n'est jamais complètement indépendante de certains faits, en ce sens qu'elle exploite en permanence des concepts dont la caractérisation est liée à certains faits (intuitions morales *de chacun et de tout le monde,* besoins *typiquement humains,* motivation et caractère *des gens,* etc.).

---

1. Doris, *Lack of Character. Personality and Moral Behavior, op. cit.,* p. 1-14.
2. Bernard Williams, « Must a Concern for the Environnment be Centred on Human Beings? », dans *Making Sense of Humanity,* Cambridge, Cambridge University Press, 1995, p. 233-240.

Les philosophes « expérimentaux » n'interviennent que lorsque ces concepts sont mobilisés dans les raisonnements de leurs collègues.

Ils remettent en cause le privilège que se donnent certains philosophes de penser qu'ils en savent plus que tout le monde sur ces concepts, sans avoir fait l'effort d'aller voir.

Mais cela ne signifie pas qu'ils rejettent complètement l'idée que le passage des faits aux normes pose des problèmes ou qu'ils ignorent naïvement les limites des sciences humaines.

3) QUE RESTE-T-IL
DE NOS INTUITIONS MORALES?

Un principe d'épistémologie générale nous dit : « Les hypothèses systématiquement contredites par les faits doivent être rejetées. »

À ce principe général, certains philosophes voudraient faire correspondre un principe d'épistémologie morale spécifique : « Les principes moraux systématiquement contredits par nos intuitions morales doivent être rejetés[1]. »

C'est au nom de ce dernier principe que l'utilitarisme est supposé avoir été réfuté depuis longtemps. En effet presque toutes les expériences de pensée semblent montrer que les principes utilitaristes sont contre-intuitifs. Les expériences du *Monstre d'utilité* et de la *Foule déchaînée* ont même été spécialement inventées pour le prouver. Mais l'utilitarisme continue de prospérer. Est-ce parce qu'il y a des philosophes moraux particulièrement idiots ? C'est une hypothèse qu'on ne peut évidemment pas écarter, mais je ne crois pas que la résistance des philosophes aux intuitions anti-utilitaristes en serait la preuve.

Il faut d'abord se dire que, s'il semble irrationnel de conserver les hypothèses empiriques systématiquement démenties par les faits, il ne paraît pas du tout

---

1. Appiah, *Experiments in Ethics*, *op. cit.*, p. 225

irrationnel de conserver les principes moraux systématiquement contredits par nos intuitions morales[1].

C'est une asymétrie qui plaide en faveur des utilitaristes. Ils pourraient parfaitement soutenir qu'en cas de
conflit entre leurs principes et les intuitions communes,
ce sont les intuitions qui doivent céder. Mais il ne faut
pas en conclure que les utilitaristes se moquent des
intuitions. En réalité, ils rejettent seulement les intuitions qui les desservent. Ils ne sont pas mécontents de
trouver des *intuitions qui plaident pour leur point de vue*. Il y
a, en effet, assez d'intuitions morales pour satisfaire tout
le monde. Ainsi les intuitions suivantes plaident pour
l'utilitarisme :

1) Les gens ont tendance à chercher le plaisir et à
éviter la peine.

2) Si nous avons le choix entre deux actions, il faut
choisir celle qui maximise le bien ou minimise le mal.

3) Il est irrationnel et même immoral de s'en tenir
fanatiquement à des principes, alors que les conséquences sont désastreuses.

Les déontologistes procèdent exactement de la même
façon. Ils rejettent les intuitions qui les desservent. Mais
ils ne sont pas mécontents de trouver des intuitions qui
plaident pour leur point de vue, comme celle qui nous
interdirait de penser qu'il est moralement permis de
pousser un gros homme sur une voie ferrée pour arrêter un tramway fou.

---

1. Dire qu'il est irrationnel de conserver les hypothèses empiriques
systématiquement démenties par les faits ne signifie évidemment pas
que les faits peuvent complètement démentir une théorie scientifique.
On ne sait jamais quelle partie de la théorie ils démentent en réalité et il
faut parfois conserver une théorie contre les faits comme on conserve
une théorie morale contre les intuitions : W. V. O. Quine, *Theories and
Things*, Cambridge, Mass., Harvard University Press, 1981.

Ce que montrent, par ailleurs, les expériences de pensée c'est que toute intuition morale est susceptible de recevoir plusieurs interprétations : l'utilitariste n'est jamais exclue d'office.

Soit la paire de jugements spontanés portés par la plupart des gens :

1) « Il est moralement permis à un conducteur de tramway qui est sur le point d'écraser cinq traminots de le détourner vers une voie d'évitement où travaille un seul traminot. »

2) « Il n'est pas permis moralement de pousser un gros homme sur la voie ferrée dans le même but. »

Les philosophes donnent trois interprétations différentes de ces jugements :

1) Les gens appliquent spontanément le principe *déontologiste* de ne pas traiter une personne comme un simple moyen.

2) Les gens appliquent spontanément la doctrine *déontologiste* du respect des droits fondamentaux.

3) Les gens souffrent parce qu'ils restent intellectuellement fidèles à leur ligne utilitariste et *émotionnellement* conduits à la neutraliser.

Ce qui me paraît vraiment important du point de vue épistémologique, c'est de ne jamais confondre l'intuition, la justification de l'intuition, et leur interprétation par les psychologues et les philosophes.

Dans l'expérience de pensée du *Tramway qui tue,* cette classification correspond aux données suivantes :

Qu'est-ce que l'intuition ?

C'est le fait (brut) que les gens répondent spontanément : « Il est moralement permis d'actionner l'aiguillage » et « Il n'est pas permis moralement de pousser le gros homme ».

Qu'est-ce que la justification ?

Ce sont les réponses données par les sujets d'enquête aux psychologues et aux philosophes qui leur demandent de justifier leurs jugements spontanés. Elles sont du genre : « On n'a pas à se prendre pour Dieu et décider de la vie ou de la mort des gens », « Ce n'est pas la même chose de détourner une menace sur les cinq traminots et de créer une nouvelle menace sur le gros homme » ou, le plus souvent, « Je ne peux pas expliquer pourquoi » !

Qu'est-ce que l'interprétation ?

Ce sont les explications des intuitions et des justifications proposées par des psychologues ou des philosophes : « Les gens appliquent spontanément le principe du double effet » ou « Les réactions émotionnelles irrationnelles inhibent les jugements conséquentialistes rationnels ».

On change complètement de point de vue quand on passe des intuitions et des justifications aux interprétations. On passe du regard de l'agent à celui de l'interprète.

Lorsque les psychologues ou les philosophes disent

que les gens ont des «intuitions déontologistes» ou des «intuitions conséquentialistes», c'est une façon maladroite ou abusive de s'exprimer.

L'intuition « Il n'est pas permis moralement de pousser le gros homme» est un fait brut, qui n'est ni déontologiste ni conséquentialiste. Elle ne nous est pas livrée avec son interprétation déontologiste ou conséquentialiste. C'est l'interprétation des psychologues ou des philosophes qui permet de coller ce genre d'étiquette.

Si un kantien dit «Il n'est pas permis moralement de pousser le gros homme» est une *intuition déontologiste,* c'est un abus de langage. Il devrait dire : «Mon interprétation de l'intuition est déontologiste.»

Si un conséquentialiste affirme «Il n'est pas permis moralement de pousser le gros homme» montre que nos *intuitions conséquentialistes* sont inhibées par des émotions irrationnelles, c'est un abus de langage. Il devrait dire : «Mon interprétation de l'intuition est conséquentialiste.»

Il faut donc faire attention à ne pas confondre l'intuition et son interprétation, si on ne veut pas commettre ce genre d'abus.

Mais respecter cette distinction peut poser un sérieux problème à ceux qui veulent justifier leurs conceptions morales ou réfuter une conception morale rivale en faisant appel aux intuitions.

Ces intuitions ne disent rien par elles-mêmes. Pour qu'elles puissent acquérir cette fonction de réfutation ou de justification, il faut les interpréter. Comme on peut les interpréter de plusieurs façons différentes, il n'est pas étonnant qu'elles puissent venir à l'appui de théories différentes.

Un déontologiste peut parfaitement interpréter la paire de jugements «Il est moralement permis d'actionner l'aiguillage » et « Il n'est pas permis moralement de pousser le gros homme » dans un sens qui lui permettra d'affirmer qu'elle réfute le conséquentialisme.

Un conséquentialiste peut parfaitement interpréter la paire de jugements « Il est moralement permis d'actionner l'aiguillage » et « Il n'est pas permis moralement de pousser le gros homme » dans un sens qui lui permettra d'affirmer qu'elle réfute le déontologisme.

Dans ces conditions, comment les intuitions pourraient-elles nous aider à départager ces deux grandes théories morales rivales ?

4) OÙ EST PASSÉ L'INSTINCT MORAL ?

Comment se fait-il que nous ayons tendance à juger les actions des autres en termes de bien et de mal, de juste et d'injuste, alors que, très souvent, elles ne nous concernent pas directement ? Comment expliquer le fait que nos actions altruistes, bienveillantes ou généreuses n'ont rien d'exceptionnel, alors que notre espèce est supposée être composée d'individus fondamentalement égoïstes, préoccupés avant tout par leur propre bien-être matériel ?

Parmi les réponses traditionnelles à ces questions, certaines font référence à la force de l'apprentissage social par récompenses et punitions, et d'autres à l'existence d'un « sens moral inné » ou d'un « instinct moral »[1].

Morale apprise

Si nous jugeons les autres en termes moraux, et s'il nous arrive d'agir moralement, c'est seulement parce que nous avons été dressés à le faire dès notre petite enfance, et parce qu'il existe des institutions qui

---

1. Nurock, *Sommes-nous naturellement moraux ?*, *op. cit.*

disposent des moyens de nous contraindre à agir ainsi par la suite[1].

Morale innée

Si nous jugeons les autres en termes moraux et s'il nous arrive d'agir moralement, c'est parce que nous sommes naturellement équipés de certaines capacités morales qui s'expriment très tôt après la naissance. Nous serions *programmés*, pour ainsi dire, à juger les autres en termes moraux, et à nous comporter assez fréquemment de façon altruiste ou bienveillante, en raison peut-être des avantages de ces conduites pour notre espèce[2].

Cette deuxième hypothèse, dite «naturaliste» (par opposition à «culturaliste»), est celle qui est la plus discutée aujourd'hui.

Il faut dire que les théories du conditionnement social par récompenses et punitions, dites «béhavioristes», sont un peu tombées en désuétude dans tous les domaines des sciences humaines.

C'est en linguistique que l'attaque contre ces théories a été la plus efficace. Les linguistes ont été nombreux à admettre que l'apprentissage des langues maternelles posait un problème. En effet, l'enfant finit par maîtriser sa langue maternelle sans qu'on la lui ait apprise systématiquement. Il est capable de composer, dans cette langue, un nombre incalculable de phrases bien formées qu'il n'a jamais entendues.

---

1. Jesse J. Prinz, «Is Morality Innate?», dans Walter Sinnott-Armstrong, dir., *Moral Psychology*, vol. 1, *The Evolution of Morality : Adaptations and Innateness*, Cambridge, Mass., The MIT Press, 2008, p. 367-406.
2. Haidt et Bjorklund, «Social Intuitionists Answer Six Questions about Moral Psychology», *op. cit.*

La meilleure explication possible de ce phénomène semble être que tous les humains sont équipés de capacités linguistiques innées, qui leur permettent de reconstruire leur langue en entier à partir des informations très pauvres qu'ils reçoivent.

C'est une hypothèse du même genre qui semble gagner du terrain dans le domaine moral.

De la même façon qu'il existerait des capacités linguistiques innées qui nous permettraient de parler une langue qu'on n'a jamais apprise de façon systématique, nous aurions des capacités morales innées, qui nous permettraient de savoir ce qui est bien ou mal, juste ou injuste sans que personne nous l'ait jamais systématiquement enseigné[1].

Le fait que même les bébés expriment des réactions d'inconfort devant le spectacle de douleurs infligées aux autres, ou que les réactions des enfants devant l'injustice sont similaires quelle que soit l'éducation reçue, viendrait à l'appui de cette hypothèse[2].

Cette théorie dite du « sens moral » (déjà soutenue par les philosophes écossais du XVIIIe siècle) ne dit pas que les humains sont naturellement « bons ». Elle peut parfaitement admettre qu'à côté de ces tendances bienveillantes ou « prosociales » innées, il y en a d'autres destructrices et « antisociales », elles aussi innées[3].

Elle affirme seulement que les humains sont enclins à porter des jugements moraux sur les actions des autres sans l'avoir appris, et que leurs actions dites « prosociales » ou « morales » (altruistes, généreuses, etc.)

---

1. Jesse J. Prinz, « Resisting the Linguistic Analogy : A Commentary on Hauser, Young and Cushman », dans Walter Sinnott-Armstrong, dir., *Moral Psychology*, vol. 2, *op. cit.*, p. 157-179.
2. Nurock, *Sommes-nous naturellement moraux ?*, *op. cit.*
3. Doris, *Lack of Character. Personality and Moral Behavior*, *op. cit.*

n'ont rien d'exceptionnel. C'est cela seulement que signifierait l'idée que les humains sont «naturellement moraux».

Certains chercheurs estiment que la théorie dite de la «modularité de l'esprit humain» pourrait donner une assise scientifique solide à l'idée d'un sens moral naturel.

Ce n'est pas ce que pense Jerry Fodor, qui a fait beaucoup d'efforts pour donner un contenu suffisamment précis à la notion de module[1]. D'après lui, la notion de module moral n'est qu'une métaphore, séduisante mais sans aucun intérêt scientifique.

Pourquoi?

Qu'est-ce qu'un module exactement?

Selon Fodor, un *module* est un mécanisme psychologique hautement spécialisé, organisé pour traiter de la manière la plus efficace certains problèmes tout à fait spécifiques: reconnaître les formes, les sons, les odeurs, les couleurs, la texture ou le goût des choses, découper un flux sonore en mots et phrases, etc.[2].

Un module fonctionne comme un réflexe: automatiquement, rapidement, indépendamment de notre conscience et de notre volonté. On peut clairement identifier sa base physique: le module cesse de fonctionner lorsque cette base est détruite (pensez à la vision). Il est imperméable à l'égard des croyances et des connaissances. C'est du moins ce qu'on peut conclure de l'exis-

---

1. Jerry Fodor, *La modularité de l'esprit* (1983), trad. Abel Gerschenfeld, Paris, Minuit, 1986.
2. *Ibid.*

tence de certaines illusions de la perception. Même si nous *savons* que deux lignes ont la même longueur, nous *verrons* l'une plus longue que l'autre si elles se terminent par des angles allant dans des directions opposées (illusion dite de « Müller-Lyer »).

Pour Fodor, les seuls dispositifs authentiquement modulaires, les seuls qui répondent à *tous* ces critères, sont *perceptuels*. Il s'agit en gros de nos cinq sens et de systèmes de décodage automatique du langage.

La pensée, elle, n'est pas et ne peut pas être organisée en modules, car pour penser il faut mettre en relation nos croyances au lieu de les isoler. C'est un processus qui n'est pas nécessairement rapide, qui n'a rien d'automatique et n'a pas d'inscription clairement localisée dans le cerveau. C'est pourquoi, selon Fodor, il n'y a pas de modules cognitifs au sens strict. Le travail de la pensée est le fait d'une sorte d'intelligence générale qui parcourt toutes sortes de domaines, et non de modules idiots à but spécifique, qui accomplissent bêtement la tâche pour laquelle ils ont été programmés[1].

Au total, il rejette catégoriquement la théorie de la « modularité massive », cette conception de l'esprit humain défendue par Dan Sperber entre autres, qui admet l'existence d'une infinité de modules, de toutes formes, et possédant toutes sortes de fonctions, perceptuelles, cognitives, morales ou autres[2].

De façon très explicite, Fodor exclut l'idée qu'il pourrait y avoir des modules moraux, lorsqu'il tourne en

---

1. Jay Garfield, « Modularity », dans Samuel Guttenplan, dir., *A Companion to the Philosophy of Mind*, Oxford, Basil Blackwell, 1994, p. 441-448.
2. Dan Sperber, « Défense de la modularité massive », dans E. Dupoux, dir., *Les langages du cerveau*, Paris, Odile Jacob, 2002, p. 55-64.

dérision l'idée qu'il existerait un «module de détection des tricheurs[1]».

Avons-nous vraiment dans la tête un module moral pour « détecter les tricheurs » [2] ?

De certaines études expérimentales, la psychologue Leda Cosmides et l'anthropologue John Tooby tirent la conclusion que notre esprit est naturellement équipé d'un système qui nous permet de détecter de façon rapide, automatique, quasi inconsciente, ceux qui ne sont pas dignes de confiance dans la coopération sociale. C'est ce qu'ils appellent le «module de détection des tricheurs[3]».

Ils partent d'une expérience de psychologie fameuse dite de la «sélection des cartes», proposée en 1966 par Peter Wason[4].

Le but de cette expérience n'est pas très clair en fait. Mais on a pris l'habitude de dire qu'il est de vérifier la maîtrise de raisonnements conditionnels de la forme «Si P alors Q» ou nos capacités «poppériennes» à sélectionner les meilleures hypothèses[5].

---

1. Jerry Fodor, «Pourquoi nous sommes si doués dans la détection des tricheurs», appendice à *L'esprit, ça ne marche pas comme ça* (2000), trad. Claudine Tiercelin, Paris, Odile Jacob, 2003.

2. L'analyse qui suit est tirée de mon «Ils voient des modules partout», dans *Le rasoir de Kant et autres essais de philosophie pratique*, Paris - Tel-Aviv, Éditions de l'Éclat, 2003, p. 161-187.

3. Leda Cosmides, dans «The Logic of Social Exchange», *Cognition*, 31, 1989, p. 187-276; Leda Cosmides et John Tooby, «Cognitive Adaptation for Social Exchange», dans J. Barkow, L. Cosmides et J. Tooby, dir., *The Adapted Mind*, Oxford, Oxford University Press, 1992, p. 163-228.

4. George Botterill et Peter Carruthers, *The Philosophy of Psychology*, Cambridge, Cambridge University Press, 1999, p. 109-111.

5. *Ibid.*, p. 110.

L'expérience, soumise à des gens supposés «intelligents» (des étudiants de premier cycle d'université par exemple), a l'allure suivante.

On présente 4 cartes qui portent un chiffre d'un côté et une lettre de l'autre

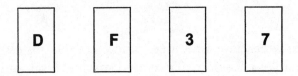

On dit aux sujets:

«Vous avez devant vous 4 cartes qui portent un chiffre d'un côté et une lettre de l'autre. *Si une carte a un "D" sur l'un des côtés, elle a un "3" de l'autre.* Quelles sont les cartes qu'il vous faut retourner pour découvrir si cette règle est vraie?»

Un logicien amateur pourrait faire observer qu'il suffit de connaître la table de vérité du connecteur conditionnel «Si... alors» pour réussir. En effet, la tâche consiste à se demander: est-ce que «Si D alors 3» est vrai pour cet ensemble de cartes? C'est une application du cas général dans lequel on se demande si tel ou tel raisonnement respecte la table de vérité du connecteur conditionnel «Si... alors». Cette table montre que le conditionnel est faux dans *un cas seulement*: lorsque l'antécédent est vrai et le conséquent faux (c'est-à-dire lorsqu'on on a P vrai et Q faux dans la table).

Voici la table de vérité du connecteur conditionnel «Si... alors» (symbolisé ici par «→»)

P	Q	P → Q
Vrai	Vrai	Vrai
Vrai	Faux	Faux
Faux	Vrai	Vrai
Faux	Faux	Vrai

Pour vous faire une idée concrète de la justesse de cette table, considérez l'exemple suivant. Mon ami me dit : « Si tu passes devant un tabac, achète-moi des cigarettes. » J'accepte.

1) Si je passe devant le tabac (P vrai) et que j'achète des cigarettes (Q vrai), tout va bien.

2) Si je ne passe pas devant le tabac (P faux) et que je n'achète pas de cigarettes (Q faux), pas de problème.

3) Si je ne passe pas devant le tabac (P faux) mais que j'achète des cigarettes quand même (Q vrai), mon ami ne va pas me le reprocher !

4) Mais supposons à présent que je passe devant le tabac (P vrai) et que *je n'achète pas de cigarettes* (Q faux). Mon ami me fera justement remarquer que je n'ai pas respecté la règle que j'avais acceptée. « Tu es passé devant le tabac et tu n'as pas acheté de cigarettes. Pourquoi ? »

En réalité, c'est le seul cas, parmi les quatre, où il pourra raisonnablement se plaindre de mon action et où je serai dans l'obligation de trouver des excuses.

Revenons à la tâche de sélection des cartes.

Le logicien amateur devrait se dire : « Pour savoir si la règle "Si P alors Q" est respectée, il suffit de vérifier qu'il n'y aucun cas dans lequel P est vrai (il y a un D) et Q est faux (il n'y a pas de 3). Donc il est inutile de soulever la carte où il y a un 3 (Q est vrai) et inutile de soulever la carte où il y a un F (P est faux). Il suffit de soulever la carte D et la carte 7. Si D ne porte pas 3 au dos, ou si 7 porte D, alors l'ensemble de cartes ne vérifie pas "Si D alors 3".»

Tout a l'air si simple!

Mais les résultats de l'expérience sont catastrophiques. Le taux d'échecs est considérable[1].

Les sujets, même lorsqu'ils sont logiciens, ont presque tous tendance à choisir soit la carte D, soit les cartes D et 3, alors qu'il faut choisir D et 7. On pourrait penser que les résultats seraient meilleurs si la tâche était présentée de façon plus concrète, avec des exemples plus familiers. Mais, en fait, la formulation concrète ne change rien aux résultats. On trouve les mêmes taux d'échecs avec des énoncés du type «Aller au Stade de France» et «Prendre le RER».

Cependant, les performances s'améliorent considérablement dans le cas où la tâche est formulée en termes de *permission* ou d'*interdiction*. La tâche de sélection des cartes suivantes, par exemple, donne de bons résultats:

«Nous voulons savoir si, dans ce café, la règle disant qu'il n'est pas permis de boire de la bière si on a moins de 18 ans est respectée.»

La première carte porte «25 ans», la seconde «Coca-Cola», la troisième «16 ans», la quatrième «bière».

Dans près de 75% des cas, les sujets choisissent les bonnes cartes: «16 ans» (pour vérifier si elle porte au dos «bière») et «bière» (pour vérifier si elle porte «16 ans»)[2].

---

1. De 90% à 95%, selon Steven Pinker, *Comment fonctionne l'esprit humain?* (1997), trad. Marie-France Desjeux, Paris, Odile Jacob, 2000, p. 358; de 75% à 90% selon Botterill et Carruthers, *The Philosophy of Psychology, op. cit.*, p. 109.
2. R. A. Griggs et J. R. Cox, «The Elusive Thematic-Materials Effect in Wason's Selection Task», *British Journal of Psychology*, 73, 1982, p. 407-420.

Enfin, les résultats sont bons aussi dans le cas où la tâche est formulée en termes de *promesse* ou d'*échange social*: «Si tu me donnes une bonne idée pour mon article sur la modularité massive, je t'offre un Big Mac[1].»

Bref, les sujets sont nuls lorsque la tâche est formulée en termes *descriptifs* et bons lorsqu'elle est formulée en termes *déontiques*.

Comment expliquer ce résultat? Pour Leda Cosmides la réponse est évidente. C'est la psychologie évolutionniste qui détient la clé: nous avons un module de détection des «tricheurs», c'est-à-dire de ceux qui veulent profiter des fruits de la coopération sociale sans apporter leur contribution personnelle (pensez à un pique-nique où on doit essayer d'éviter d'avoir des invités qui viendront les mains vides et qui videront quand même le panier de sandwiches)[2]. C'est parce que nous avons un tel module que nous sommes si bons, si rapides dans la tâche de sélection des cartes lorsqu'elle est déontique. Et si nous possédons aujourd'hui ce module, c'est, dit la théorie, parce qu'il était très utile à nos ancêtres, qui avaient besoin d'identifier rapidement ceux sur qui il ne fallait pas compter dans la coopération sociale.

Cette explication appelle deux observations au moins:

1) À supposer que notre maîtrise des conditionnels déontiques prouve que nous possédons un module dit de «détection des tricheurs», il faudrait admettre, par parité de raisonnement, que, puisque nous n'avons pas celle des conditionnels descriptifs, nous ne possédons pas de module de logique classique. L'esprit ne serait

---

1. Cosmides, «The Logic of Social Exchange», *op. cit.*
2. *Ibid.*; Cosmides et Tooby, «Cognitive Adaptation for Social Exchange», *op. cit.*

donc pas entièrement modulaire. Il y aurait des systèmes « centraux » fodoriens. Ce qui est exactement ce que les amis de la modularité massive voulaient nier.

2) D'après Fodor, un système périphérique ne fonctionne rapidement et automatiquement que parce qu'il n'est sensible qu'à une certaine classe de stimuli (les sons du langage, pour le module de découpage des phrases dans le flux sonore, par exemple). Dans le cas du module de détection des tricheurs, quel serait le stimulus ? Il devrait s'agir d'un échange social. Mais il semble bien qu'un filtre soit nécessaire pour sélectionner dans l'ensemble des actions humaines observables celles qui peuvent rentrer dans la classe des échanges sociaux. Est-ce que ce filtre est un module lui aussi ? S'il n'est pas un module, le processus de détection des tricheurs ne sera pas purement modulaire ou modulaire du début à la fin. Or ce filtre ne peut pas être modulaire par définition, car sa tâche est générale : elle consiste à *sélectionner* des informations brutes selon un processus holiste et non à *produire* ces informations[1].

Le débat autour de la modularité n'est-il rien d'autre qu'une querelle verbale ?

Il n'y a, à ma connaissance, aucun psychologue qui donne un sens fort à l'idée de modularité massive. Ses défenseurs autorisés pensent qu'un certain degré de spécialisation est suffisant pour qu'il soit raisonnable de parler de « modules »[2]. Ce qu'ils proposent, généralement,

---

1. Fodor, « Pourquoi nous sommes si doués dans la détection des tricheurs », *op. cit.*
2. Lawrence A. Hirschfeld, introduction à L. A. Hirschfeld et Susan

c'est d'*affaiblir* les critères d'identification des modules de Fodor, qu'ils trouvent bien trop exigeants.

Mais s'il n'est pas nécessaire de satisfaire à *tous* les critères de Fodor pour être un module, si un certain degré de spécialisation suffit pour qu'il soit raisonnable de parler de « modules », alors, bien sûr, toutes sortes de choses pourront être considérées comme des modules, que Fodor n'aurait jamais accepté d'appeler ainsi !

En l'absence de critères d'identification communs des modules, je ne vois pas très bien comment les différends entre partisans et adversaires de la modularité massive pourraient être résolus.

Au fond, une bonne partie de la querelle de la modularité vient de ce que les adversaires de Fodor oscillent entre deux attitudes contradictoires à l'égard de ses critères d'identification des modules.

Tantôt, ils reconnaissent les critères de Fodor et soutiennent que certaines parties, au moins, des systèmes centraux sont modulaires selon ces critères. Tantôt ils contestent ces critères et se contentent de dire que les systèmes centraux sont modulaires, mais dans un sens faible du terme « modulaire ».

Adieu à l'instinct moral ?

Parmi les chercheurs qui veulent réhabiliter la théorie du sens moral en la justifiant par l'existence de modules moraux, Jonathan Haidt est l'un des plus combatifs[1]. Il

---

A. Gelman, dir., *Mapping the Mind: Domain Specificity in Culture and Cognition,* Cambridge, Cambridge University Press, 1994.

1. Haidt et Joseph, « The Moral Mind: How Five Sets of Innate Intuitions Guide the Development of Many Culture-specific Virtues and Perhaps Even Modules », *op. cit.*

rejette la conception rigide ou exigeante des modules. Il pense qu'il n'est pas nécessaire qu'un dispositif psychologique présente absolument tous les caractères que Fodor attribue aux modules pour être un module. Personnellement, je n'ai rien contre cette conception peu exigeante des modules. Mais il me semble qu'en l'endossant, à la manière de Jonathan Haidt, il est difficile de préserver, comme il le souhaite, la distinction stricte entre la part qu'on peut dire «spontanée» et la part apprise ou réflexive des réactions morales.

Selon la conception des modules moins exigeante, en effet, on peut parfaitement concevoir des dispositifs qui ne seraient pas aussi imperméables aux croyances ou aux connaissances que les dispositifs perceptuels, mais qui seraient suffisamment spécialisés dans leur fonctionnement pour être considérés comme des modules.

Une conception des modules aussi peu exigeante permet-elle encore de distinguer, dans nos réactions morales, ce qui relève du réflexe moral intuitif et ce qui est le produit de la pensée morale organisée ?

Si ces modules moraux ne fonctionnent pas comme des modules perceptuels, c'est-à-dire de façon automatique et complètement indépendante des croyances ou des raisons, comment pourrait-on isoler, dans une réaction supposée morale, la part intuitive et celle qui dépend de l'apprentissage et de la réflexion ?

Et s'il est impossible d'isoler ces deux aspects du jugement moral, comment pourrait-on prouver que certaines de nos réactions morales sont naturelles, innées, instinctives ?

5) UN PHILOSOPHE AVERTI DES LIMITES DE SES INTUITIONS MORALES EN VAUT DEUX, VOIRE PLUS

La philosophie morale expérimentale cherche à comprendre les mécanismes de formation, dans la tête des gens, des idées morales. Mais c'est pour en tirer certaines conclusions sur leur fiabilité en tant que moyens de connaissance morale[1]. Elle ne cherche pas seulement à *décrire* les croyances morales et à expliquer leurs causes sociales ou psychologiques. Elle essaie de savoir si le fait que nos idées morales ont telles ou telles causes ne leur interdit pas d'être justes.

C'est en ce sens que la philosophie morale expérimentale est une recherche *philosophique,* et non purement sociologique ou psychologique.

De toute façon, c'est une chose de supposer que les hypothèses des psychologues, des ethnologues, des sociologues et des spécialistes des neurosciences pourraient avoir un intérêt en philosophie morale. C'en est une autre d'affirmer que ce qu'ils disent est vrai sans contestation possible, et que le dernier mot leur appartient quelle que soit la question posée.

Aussi engagée soit-elle à l'égard de la recherche empirique, la philosophie morale expérimentale *ne lui laisse*

---

1. Knobe et Nichols, dir., *Experimental Philosophy, op. cit.*, p. 8.

pas le dernier mot, ni du point de vue méthodologique ni du point de vue moral ou politique.

Sa question récurrente est la suivante :

Si, à l'origine de nos jugements dits « moraux », il y a toujours des émotions négatives comme la haine ou le ressentiment, des intérêts purement égoïstes, ou des *mécanismes psychologiques qui n'ont rien à voir avec l'éthique*, comme une préférence pour les proches, est-ce que cela ne les discrédite pas entièrement en tant que jugements authentiquement *moraux*[1] ? Comment pourrait-on leur faire confiance pour nous dire ce qui est bien ou juste ?

Ce que nous savons des jugements de chacun et de tout le monde dans d'autres domaines que l'éthique n'incite pas à l'optimisme.

Ainsi, la façon de présenter un programme de santé publique influence fortement notre approbation ou notre désapprobation à son égard.

Imaginons qu'une épidémie menace la vie de 600 personnes.

Le ministère de la Santé propose deux programmes :

1) 200 personnes sauvées au pire, tout le monde sauvé au mieux ;

2) 400 personnes meurent au pire, personne ne meurt au mieux.

Les personnes à qui ce choix est proposé ont tendance à rejeter le deuxième programme, alors qu'il est le même que le premier[2].

Pour expliquer ce phénomène de résistance apparem-

---

1. Pour Knobe et Nichols, cette hypothèse a des antécédents fameux, chez Marx, Nietzsche, Feuerbach, etc., *ibid.*, p. 7-8.

2. Voir Appiah, *Experiments in Ethics, op. cit.*, p. 82-88, en référence aux travaux d'Amos Tversky et Daniel Kahneman, « The Framing of Decisions and the Psychology of Choice », *Science*, 221, 1981, p. 453-458.

ment irrationnel, on invoque l'existence d'un mécanisme psychologique qui ferait que nous sommes disposés à prendre plus de risques pour ne pas perdre quelque chose que pour gagner la même chose[1].

Pourquoi nos jugements moraux spontanés ne seraient-ils pas affectés par des mécanismes du même genre ?

Si c'était le cas, ne serait-il pas irrationnel de leur faire confiance pour savoir ce qui est juste ou bien ?

Les réactions émotionnelles sont-elles nécessairement irrationnelles ?

Poser la question est important. Mais les réponses ne sont pas données d'avance.

Pour certains psychologues, le fait que nos jugements soient affectés par des facteurs émotionnels suffit à les rendre irrationnels.

C'est ainsi que Greene discrédite les jugements déontologistes. Brandissant des images du cerveau obtenues par IRM, il affirme que la formation de ces jugements est corrélée à une activité émotionnelle intense[2]. Ils seraient donc irrationnels.

C'est un raisonnement contestable. Il ne suffit pas de prouver qu'une croyance est corrélée à des émotions pour avoir le droit d'affirmer qu'elle est fausse ou

---

1. *Ibid.* ; F. M. Kamm, « Moral Intuitions, Cognitive Psychology, and the Harming-versus-Not-Aiding Distinctions », *Ethics*, vol. 108, n° 3, avril 1998, p. 463-488, p. 476 ; Warren Quinn, « Actions, Intentions and Consequences : The Doctrine of Doing and Allowing », dans *Morality and Action*, New York, Cambridge University Press, 1993, p. 149-174.
2. Greene *et alii*, « An fMRI Investigation of Emotional Engagement in Moral Judgment », *op. cit.*

irrationnelle. Tout ce qu'on peut dire, à la rigueur, c'est qu'elle est difficile à *justifier* en faisant appel à ce sentiment purement et simplement, sans autres précisions sur ses conditions d'apparition. Mais cela n'interdit absolument pas de penser que nos émotions peuvent servir à *connaître certaines propriétés du monde.* Il n'est pas absurde d'estimer que la peur d'un ours qui court vers vous en bavant et en hurlant alors que vous n'avez aucune protection détecte directement, sans passer par la réflexion, une propriété vraie de cet ours : sa dangerosité.

Une expérience de pensée, souvent examinée, nous demande d'envisager nos réactions devant le spectacle d'*une bande de brutes en train de brûler un chat vivant pour s'amuser*[1].

Elle pourrait servir à établir un parallèle entre la perception de propriétés non morales comme le danger et celle de propriétés morales comme la bonté ou la méchanceté. Si on éprouvait de la colère ou du dégoût devant un tel spectacle, ce ne serait pas par erreur. C'est, pourrait-on dire, parce qu'on a détecté directement, sans passer par la réflexion, l'une des propriétés vraies de cet acte : sa cruauté[2].

Bref, de la même façon qu'il est légitime de penser que nos sensations nous permettent de savoir s'il pleut ou s'il fait beau, on peut envisager la possibilité que nos émotions puissent nous permettre de connaître, dans certaines conditions favorables, certaines propriétés du

---

1. On la doit à Gilbert Harmann, *The Nature of Morality*, New York, Oxford University Press, 1977, p. 4.
2. Cependant Gilbert Harmann, l'inventeur de cette expérience de pensée, s'en sert pour critiquer les conceptions objectivistes de l'éthique. Pour lui, la cruauté n'est pas une propriété qui pourrait exister indépendamment de nos jugements. Elle est dans nos têtes. Elle est « projetée » sur les actions, ce qui nous donne l'illusion qu'il s'agit d'une propriété vraie de l'action.

monde qui nous entoure, comme être dangereux ou être cruel. Les émotions ne seraient pas nécessairement des causes d'erreur. Elles pourraient être des sources de connaissance[1].

---

1. Je ne peux évidemment pas entrer ici dans une discussion appro-fondie sur les distinctions épistémologiques de base entre «vérité» et «justification», «croyance» et «connaissance», ou sur les débats très vifs entre ceux qui pensent qu'il faut tenir compte de l'histoire causale des croyances pour savoir s'il s'agit de connaissances et ceux qui ne le pensent pas. Ou entre ceux qui pensent que les émotions peuvent jouer, dans la connaissance morale, le même rôle que la perception dans la connaissance physique, et ceux qui ne sont pas du tout d'accord. Sur ces questions d'épistémologie générale et d'épistémologie morale, le meilleur ouvrage, en philosophie morale, est celui de Christine Tappo-let, *Émotions et valeurs, op. cit.* Elle dit plus et mieux que tout ce que je pourrais dire.

6) COMPRENEZ LES RÈGLES ÉLÉMENTAIRES DU RAISONNEMENT MORAL

Ceux qui croient aux intuitions morales n'en proposent jamais de liste exhaustive. Ils ont raison. Elles pourraient être tellement nombreuses. On peut seulement recenser les plus discutées :

1) Il existe une certaine forme de sagesse morale qui nous recommande de ne pas trop « jouer avec la nature ».

2) Tout le monde préfère des plaisirs réels causés par des choses ou des personnes réelles, aux plaisirs artificiels qui seraient induits par une machine ou des pilules.

3) Tout le monde sait faire la différence entre une vie qui vaut la peine d'être vécue et une autre qui ne présente aucun intérêt.

4) Personne n'est capable d'imaginer un monde moral complètement différent du nôtre où il serait bien, juste, admirable de faire souffrir les autres gratuitement.

5) Les intentions comptent en morale, alors que ce n'est pas toujours le cas dans d'autres domaines, comme l'étiquette, où le respect des règles est strict et n'admet aucune exception pour de bonnes intentions.

6) Personne ne donne l'impression de croire sérieusement qu'il n'y a rien d'objectif ou d'universel dans la morale.

7) Nous avons tendance à croire que, même si nous ne sommes pas vraiment libres d'agir autrement que nous le faisons, cela ne suffit pas à nous exonérer de la responsabilité de nos actes et à rendre illégitime l'indignation des autres devant nos actions qui leur causent des torts.

8) Certaines choses ont de l'importance morale (mener une politique de droite ou de gauche) et d'autres pas (conduire à droite ou à gauche).

9) Certaines choses sont moralement indignes (se comporter de façon servile à l'égard des puissants), et d'autres pas (se mettre entièrement au service de ceux qui en ont un besoin urgent).

Le caractère spontané, non réfléchi, non appris, universel, ou inné de ces intuitions reste vivement controversé. Leur signification exacte aussi. Certaines études expérimentales montrent que les gens n'ont pas exactement les intuitions que les philosophes leur attribuent. D'autres nous apprennent que les prédictions de certains philosophes à propos de ces intuitions sont justes. Mais la liste des intuitions à discuter n'est évidemment pas close.

On peut, en revanche, identifier assez facilement quelques règles élémentaires de raisonnement moral, même si, bien sûr, on ne peut pas exclure que d'autres soient découvertes, ou que l'analyse nous conduise à éliminer l'une d'entre elles parce qu'elle est redondante ou incohérente.

Et comme personne ne se demande (pour le moment) si elles sont innées ou apprises, on s'épargne une controverse de plus à leur propos[1].

---

1. Dans ce qui suit, j'ai modifié sur plusieurs points et beaucoup étoffé l'analyse des quatre règles élémentaires que je propose dans *La morale a-t-elle un avenir ?*, Nantes, Pleins Feux, 2006.

... sur la bonté humaine

Les trois règles élémentaires du raisonnement moral les plus connues sont : « Devoir implique pouvoir » (ou « À l'impossible nul n'est tenu ») ; « De ce qui est, on ne peut pas dériver ce qui doit être » (ou « Il ne faut pas confondre les jugements de fait et les jugements de valeur ») ; et enfin « Il faut traiter les cas similaires de façon similaire » (ou « Il est injuste de faire deux poids deux mesures »).

On peut en ajouter certainement une quatrième, un peu moins connue, mais dont il est difficile de faire l'économie dans l'analyse des normes de permission, d'obligation, ou d'interdiction :

Il est inutile d'obliger les gens à faire ce qu'ils feront nécessairement d'eux-mêmes ; il est inutile d'interdire aux gens de faire ce qu'ils ne feront volontairement en aucun cas.

En tout, il y a donc quatre règles élémentaires du raisonnement moral, au moins.

Pour mettre un peu d'ordre dans le débat qui les concerne, je vais les désigner d'une lettre et leur donner un rang. Mais il n'établit aucune priorité.

R1 : *De ce qui est, on ne peut pas dériver ce qui doit être.*
R2 : *Devoir implique pouvoir.*
R3 : *Il faut traiter les cas similaires de façon similaire.*
R4 : *Il est inutile d'obliger les gens à faire ce qu'ils feront nécessairement d'eux-mêmes ; il est inutile d'interdire aux gens de faire ce qu'ils ne feront volontairement en aucun cas.*

R1 : De ce qui est, on ne peut pas dériver ce qui doit être

Il y a des raisons de croire que les gens agissent souvent de façon égoïste, cupide, xénophobe ou sexiste. Admettons qu'il s'agisse d'un *fait* incontestable. Serait-il logique d'en tirer la conclusion que c'est *bien* d'être égoïste, cupide, xénophobe ou sexiste, ou qu'on *doit* *l'être*?

Non, et personne d'ailleurs ne semble raisonner ainsi. Même les égoïstes, les cupides, les xénophobes et les sexistes cherchent d'autres raisons (qui ne seront probablement pas meilleures) pour justifier leurs attitudes. Ils semblent appliquer, eux aussi, la plus fameuse des règles de raisonnement moral : « De ce qui est, on ne peut pas dériver ce qui doit être. »

En fait, « De ce qui est, on ne peut pas dériver ce qui doit être » est une règle plus générale. Elle pose certaines limites à tous les raisonnements où il est question de *permission*, d'*obligation* ou d'*interdiction*, et qu'on appelle pour cette raison « normatifs » ou « déontiques » (du grec *deon* : devoir). Elle concerne donc aussi les raisonnements juridiques ou épistémologiques.

On l'appelle parfois « loi de Hume » ou « guillotine de Hume », car c'est Hume qui en aurait proposé la première formulation rigoureuse. Mais c'est en prenant certaines libertés avec le texte où il évoque le passage de certaines affirmations factuelles à des injonctions morales[1].

En effet, dans ce texte, il n'exclut pas tout passage de ce qui est à ce qui doit être. Il fait seulement remarquer

---

1. David Hume, *Traité de la nature humaine* (1739-1740), III : *La morale*, trad. Philippe Saltel, Paris, GF, 1993, p. 65.

que ce mouvement intellectuel devrait être explique alors qu'il ne l'est généralement pas[1]. Or il faut que ce passage soit expliqué, car sinon il reste irrationnel. Pour être fidèle à Hume, il faudrait donc écrire : « De ce qui est (*is*) on ne peut pas passer à ce qui doit être (*ought*) sans autre argument[2]. »

Il existe d'autres formulations de la règle « De ce qui est, on ne peut pas dériver ce qui doit être ». Par exemple : « Il faut soigneusement distinguer les jugements de fait – c'est vrai, c'est faux – et les jugements de valeur – c'est bien, c'est mal – et éviter de dériver les seconds à partir des premiers. »

Mais Hume ne parle pas du passage des jugements de fait aux jugements de *valeur*. Ce qui lui pose problème, c'est le passage des faits aux *normes* d'obligation ou d'interdiction.

Karl Popper a proposé une formulation épistémologique de la règle « De ce qui est, on ne peut pas dériver ce qui doit être ». D'après lui, on peut parfaitement s'accorder sur les faits et demeurer en désaccord sur les normes. D'où l'idée que les normes ne découlent pas nécessairement des faits :

« Ainsi on peut considérer comme un fait sociologique l'acceptation générale du commandement "Tu ne voleras pas" ; toutefois le commandement lui-même n'est pas, ne saurait être, un fait. En présence de certains faits, une grande variété de décisions est toujours possible. Pour reprendre le même exemple, quand bien même une majorité d'individus accepte le "Tu ne voleras pas", rien n'empêche les autres de s'opposer à cette décision

---

1. Merci à Vanessa Nurock à qui je dois cet éclaircissement.
2. J'ai ajouté « sans autre argument » à la présentation habituelle de la formule de Hume, pour rester proche de ce qu'il dit dans le texte. Mais j'emploierai par la suite la formule en abrégé, devenue un lieu commun philosophique.

ou de persuader ceux qui s'en réclament d'en adopter une autre. Autrement dit, *aucun énoncé de norme et aucun énoncé de décision ne découle nécessairement de l'énoncé d'un fait*[1]. »

Une autre formulation est due à Poincaré : « On ne peut pas dériver de conclusion normative à partir de prémisses non normatives[2]. »

C'est dans cette formulation *logique* que la règle « De ce qui est, on ne peut pas dériver ce qui doit être » a le plus intéressé les philosophes, et c'est dans cette formulation qu'elle a été le plus fortement contestée.

Ainsi, John Searle a soutenu que, d'un énoncé factuel comme « Jim a dit à Jules "Je promets de te donner vingt euros" », il est possible de dériver *logiquement* l'énoncé normatif « Jim *doit* donner vingt euros à Jules »[3].

Mais toute la question est de savoir si la prémisse du raisonnement « Jim a dit à Jules "Je promets de te donner vingt euros" » est *purement* factuelle ou descriptive.

On pourrait supposer, entre autres, que cette promesse n'est une promesse que si elle n'a pas été extorquée ou si elle ne cache pas une menace[4].

Comparez avec « Jules *a promis* à Jim de lui voler sa collection de DVD à la première occasion ». Peut-on en dériver « Jules *doit* voler la collection de DVD de Jim » ?

Il ne suffit pas de promettre quelque chose pour qu'un devoir en découle. Il faut que la promesse soit valide, qu'elle ne cache pas une menace, qu'on voie clairement le bien qu'elle contient, et ainsi de suite.

---

1. Karl Popper, *La société ouverte et ses ennemis*, t. I: *L'ascendant de Platon* (1962), trad. Jacqueline Bernard et Philippe Monod, Paris, Seuil, 1979, p. 61.
2. Henri Poincaré, *Dernières pensées*, Paris, Flammarion, 1913, p. 33.
3. John Searle, *Les actes de langage* (1969), trad. Hélène Pauchard, Paris, Hermann, 1972, p. 228-254.
4. Merci à Florian Cova pour cette remarque.

Si on admet que le concept de promesse contient des aspects normatifs de ce genre, inséparables de ses aspects descriptifs, on ne pourra plus dire que l'énoncé «Jim a dit à Jules "Je promets de te donner vingt euros"» est purement descriptif. Et Searle ne pourra plus affirmer qu'il a dérivé un énoncé normatif à partir d'un énoncé purement descriptif!

À supposer cependant que Searle soit dans le vrai, et que son argument permette de penser que de *certains* énoncés descriptifs on peut tirer des conclusions normatives, pourrait-on généraliser ce résultat?

Pourrait-on soutenir qu'à partir de tout énoncé descriptif, on peut dériver une conclusion normative? Il ne semble pas que ce soit le cas.

Revenons au raisonnement rejeté par Popper: «La plupart des gens croient qu'il ne faut pas voler» donc «Il ne faut pas voler».

Raisonner ainsi, c'est commettre ce qu'on appelle en logique informelle le «paralogisme de la popularité», c'est-à-dire une erreur qu'on rencontre chaque fois qu'une argumentation conclut «de la banalité d'un point de vue à sa vérité[1]».

En réalité, du fait que tout le monde croit que *p*, il ne suit pas que *p* est vrai, et du fait que personne ne croit que *p*, il ne suit pas que *p* est faux.

De la même façon, pour justifier un énoncé affirmant que telle institution est bonne ou juste, il faut d'autres arguments que «C'est que tout le monde croit». Si cet argument était fondé, les philosophes de l'Antiquité auraient eu raison d'affirmer que l'esclavage n'était pas immoral, puisque c'était ce que tout le monde croyait.

---

1. John Woods et Douglas Walton, *Critique de l'argumentation. Logiques des sophismes ordinaires*, trad. M.-F. Antona *et alii*, coordonnée par Christian Plantin, Paris, Kimé, 1992, p. 72.

Ceux qui reconnaissent la règle « De ce qui est, on ne peut pas dériver ce qui doit être » ne pensent certainement pas qu'il faut éviter d'invoquer le moindre fait relatif à la vie en société pour justifier des énoncés normatifs comme « Il ne faut pas voler » ou « Il faut toujours tenir ses promesses ». Mais ils auront tous tendance, je crois, à juger que, du fait que tout le monde agit d'une certaine façon, ou croit qu'il est bien d'agir de cette façon, il ne suit pas qu'il soit bien d'agir ainsi ou que c'est notre devoir moral de le faire. Ils estimeront, probablement, que si c'était le cas, il faudrait dire adieu à toute critique morale, et laisser régner les clichés et les préjugés.

R2 : Devoir implique pouvoir

D'après la seconde règle, il est absurde d'exiger de quelqu'un qu'il fasse des choses impossibles, comme d'être à deux endroits différents exactement au même moment.

On la formule généralement ainsi : « Devoir implique pouvoir » ou dans des versions plus populaires « À l'impossible nul n'est tenu[1] ».

C'est la conscience de l'existence d'une telle règle qui nous fait trouver scandaleuses certaines demandes adressées aux étrangers désireux de régulariser leur situation. Pour avoir un emploi, il faut un lieu de résidence ; mais pour avoir un lieu de résidence, il faut avoir un emploi, etc. Ce qui est révoltant dans ce genre de norme, c'est qu'elle semble obliger à l'impossible.

---

1. Pour un état du débat, voir mon « Le rasoir de Kant », dans *Le rasoir de Kant et autres essais de philosophie pratique, op. cit.*, p. 81-90, et 195-196 pour une bibliographie.

Cependant, toute discussion approfondie de la règle « Devoir implique pouvoir » demande que ses termes principaux « devoir » et « pouvoir » soient spécifiés, et c'est là que les difficultés commencent.

Ainsi « devoir » a deux sens totalement différents au moins : probabilité (« Il devrait pleuvoir », « Il devrait déjà être là ») et obligation (« Tu dois rendre ce que tu as emprunté »). Dans « Devoir implique pouvoir », « devoir » doit être pris évidemment au sens de la modalité déontique de l'*obligation*. Mais il peut s'agir d'un devoir absolu ou d'un devoir qui admet des exceptions, d'un devoir catégorique qui s'impose quels que soient les buts de l'agent, ou d'un devoir hypothétique, relatif à certains buts de l'agent.

Le terme « pouvoir » est aussi difficile à définir. On peut avoir à l'esprit des possibilités logiques ou physiques, mais aussi des possibilités psychologiques. Aucune n'est facile à identifier. Ainsi, on peut se demander si les possibilités physiques ou psychologiques auxquelles il est fait référence sont celles d'une espèce ou d'un individu. Ce qui est possible pour un certain individu ne l'est pas pour d'autres membres de la même espèce. Il n'est pas impossible aux êtres humains de courir 100 mètres en moins de 10 secondes, surtout s'ils sont dopés aux amphétamines. Mais il me serait personnellement impossible de le faire même avec les produits les plus sophistiqués. Je ne sais même pas si je serais encore capable de courir plus de 20 mètres sans m'arrêter.

Ces difficultés n'interdisent pas à la règle « Devoir implique pouvoir » et à son équivalent populaire « À l'impossible nul n'est tenu » d'avoir une certaine utilité dans la sélection des obligations qui ont un sens. Elle permet d'affirmer qu'il serait absurde d'obliger les gens à courir plus vite que les capacités de l'espèce à laquelle ils appartiennent le permettent. Elle pourrait aussi justifier l'idée qu'il est absurde d'obliger les gens à courir plus vite que ce qui leur est personnellement possible.

R3 : Il faut traiter les cas similaires de façon similaire

Parmi les expériences de pensée qui ont été présentées, certaines ne seraient pas aussi saisissantes si « Traiter les cas similaires de façon similaire » n'avait pas le statut de règle élémentaire du raisonnement moral.

Pensez à *L'enfant qui se noie dans l'étang* et à *On vous a branché un violoniste dans le dos*.

1) Si vous jugez qu'il est monstrueux de laisser un enfant mourir pour préserver vos chaussures neuves et éviter de vous mettre un peu de pression au travail, vous devrez aussi juger qu'il est monstrueux de laisser mourir de faim des enfants des pays pauvres, alors qu'il vous suffirait de consacrer une part infime de vos revenus pour les sauver, car il s'agit de cas similaires qui doivent recevoir une réponse similaire [1].

2) Si vous jugez moralement acceptable de vous débarrasser d'un intrus qui voudrait vous immobiliser pendant neuf mois, vous devrez aussi juger moralement acceptable d'interrompre une grossesse non désirée, car il s'agit de cas similaires qui doivent être traités de façon similaire [2].

---

1. Singer, *Sauver une vie. Agir maintenant pour éradiquer la pauvreté*, *op. cit.*
2. Thomson, « A Defense of Abortion », *op. cit.*

On peut, bien sûr, se demander s'il s'agit *vraiment* de cas similaires ou seulement analogues[1].

On peut se demander si la similitude implique une *identité absolue* ou suffisante, une identité sous certains aspects (moraux par exemple) ou sous tous les aspects (comme l'âge exact de l'enfant ou sa couleur dans le cas de *L'enfant qui se noie dans l'étang*), ce qui serait absurde.

Mais cela n'enlève rien à la valeur de la règle R3 qui est hypothétique et nous demande de traiter ces cas de façon similaire si, et seulement si, on a des raisons de penser qu'ils *sont* similaires sous les aspects pertinents.

R4 : Il est inutile d'obliger les gens à faire ce qu'ils feront nécessairement d'eux-mêmes ; il est inutile d'interdire aux gens de faire ce qu'ils ne feront volontairement en aucun cas

1) Vous êtes en train de fermer la porte quand une personne, qui vous voit faire, vous ordonne néanmoins : «Ferme la porte!»

À première vue, cet ordre est redondant, absurde. À quoi bon vous obliger à faire ce que vous étiez en train de faire?

2) Vous avez décidé de passer toute la journée au lit parce que vous vous sentez grippé. Supposons qu'une personne vous *interdise* de sortir de votre lit alors qu'elle

---

1. C'est une question qu'on se pose systématiquement quand on se demande si on peut étendre au fœtus l'attitude qu'on adopte envers des intrus indésirables : Boonin, *A Defense of Abortion*, *op. cit.*, p. 133-276.

sait que vous n'avez ni l'intention ni les moyens de le quitter.

À première vue, cette interdiction est redondante, absurde. À quoi bon vous interdire de faire ce que vous ne vouliez pas faire ?

On pourrait multiplier les exemples. Notre vie peut être gâchée par les obligations ou les interdictions inutiles. Heureusement, la réflexion philosophique propose des instruments pour nous en débarrasser. Il est possible, en effet, de construire des principes qui servent à filtrer les normes de permission, d'obligation ou d'interdiction, à les évaluer, à savoir quelles sont celles qui sont cohérentes, intelligentes, valides et celles qui sont redondantes, contradictoires, inutiles.

Ainsi, un principe de parcimonie normative, formulé par Kant, frappe de nullité les normes qui nous obligent à faire ce que chacun ferait naturellement de lui-même (comme être en bonne santé et heureux).

Ce principe joue un rôle très important dans sa critique des morales du bonheur. Pour Kant des prescriptions morales qui nous demandent d'être heureux seraient ridicules, car c'est un but que nous visons inévitablement de nous-mêmes[1].

On pourrait dire que ce même principe de parcimonie normative devrait frapper de nullité les normes qui nous interdisent de faire ce que nous ne ferions en aucun cas volontairement (comme être malade ou malheureux).

On aurait donc deux règles de parcimonie normative, qu'on pourrait baptiser *rasoir de Kant*, en hommage à

---

1. Emmanuel Kant, *Critique de la raison pratique* (1788), trad. L. Ferry et H. Wisman, Paris, Gallimard, 1985, p. 62-63.

son argument contre les morales du bonheur, et en référence au célèbre rasoir d'Occam[1].

On pourrait les formuler ainsi :

1) *Il est inutile d'obliger les gens à faire ce qu'ils font nécessairement d'eux-mêmes.*

2) *Il est inutile d'interdire aux gens de faire ce qu'ils ne feront volontairement en aucun cas.*

Ces règles pourraient jouer un rôle extrêmement important dans la critique des théories naturalistes dites du « sens moral », celles qui postulent l'existence d'une faculté morale innée.

Si les gens étaient équipés d'un « sens moral » inné, comment expliquer l'incroyable quantité d'obligations et d'interdictions morales dans toutes les sociétés humaines connues ?

---

1. Occam est un philosophe et théologien médiéval qui recommandait de ne pas multiplier les êtres et les principes d'explication au-delà de ce qui est nécessaire. Voir mon *Le rasoir de Kant et autres essais de philosophie pratique*, *op. cit.*, p. 76.

7) OSEZ CRITIQUER LES RÈGLES ÉLÉMENTAIRES DU RAISONNEMENT MORAL

Pour de nombreux philosophes, ces quatre règles sont inattaquables. En réalité, chacune peut être contestée, et leur cohérence d'ensemble remise en cause.

Il existe une abondante littérature où R1 («De ce qui est, on ne peut pas dériver ce qui doit être») est rejetée au nom de R2 («Devoir implique pouvoir») [1].

R3 («Traiter les cas similaires de façon similaire») est une règle purement formelle qui pourrait nous obliger à endosser des jugements moralement répugnants en série. Elle présente certains caractères communs avec un argument plus que douteux, dit de la «pente fatale». Ce sont deux raisons, parmi d'autres, de l'utiliser avec précaution.

Enfin R4 («Il est inutile d'obliger les gens à faire ce qu'ils feront nécessairement d'eux-mêmes» et «Il est inutile d'interdire aux gens de faire ce qu'ils ne feront volontairement en aucun cas») semble contredire certaines habitudes, comme celles qui consistent à encourager ceux qui sont déjà en train de faire ce qu'on leur a demandé («Vas-y, continue!») [2].

Voyons cela de plus près.

---

1. K. E. Tranøy, «"Ought" implies "Can". A Bridge from Fact to Norm. Part I», *Ratio*, 14, 1972, p. 116-130.
2. Nurock, *Sommes-nous naturellement moraux ?*, *op. cit.*

Questions à propos de R1 :
« De ce qui est, on ne peut pas dériver ce qui doit être »

En dépit de sa place avantageuse de mère de toutes les règles du raisonnement moral, « De ce qui est, on ne peut pas dériver ce qui doit être » n'est pas du tout un principe qu'il faut respecter à tout prix si on veut produire une conception philosophique d'ensemble cohérente. On peut construire des théories valables sans la respecter.

1) Les philosophes les plus radicalement subjectivistes en morale admettent parfaitement que ce qui est bien moralement, ou ce qu'il convient de faire, ce n'est rien d'autre que ce que tout le monde approuve, partout ou dans une certaine société[1]. De ce qui est (ce que tout le monde approuve), ils dérivent ce qui doit être (ce qui est bien ou ce qu'il faut faire).

2) Bertrand Russell dénonce l'utilitarisme parce que, d'après lui, c'est une doctrine qui dérive le désirable (il faut maximiser le plaisir) de ce qui est désiré (on cherche naturellement à maximiser le plaisir), c'est-à-dire la norme du fait[2]. Mais cela n'a pas empêché l'utilitarisme de prospérer.

3) Les naturalistes inspirés d'Aristote ont proposé toutes sortes d'exemples tendant à montrer que la règle « De ce qui est, on ne peut pas dériver ce qui doit être » est une invention moderne, qui nous éloigne chaque jour davantage de la vraie morale, laquelle serait fondée sur la nature de chaque être et ses besoins. Lorsqu'on dit

---

1. Gensler, *Questions d'éthique, op. cit.*
2. Bertrand Russell, *A History of Western Philosophy* (1946), Routledge Classics, 2004.

« Il faut arroser les plantes vertes », on tire spontanément une conclusion normative (« Il faut ») d'un fait relatif aux besoins naturels des plantes (absorber de l'eau entre autres). C'est, certes, un « Il faut » hypothétique, un devoir conditionnel, qui dépend d'un désir de conservation de ces plantes, d'où qu'il vienne. Mais l'idée qu'il pourrait y avoir d'autres devoirs moraux, des « impératifs catégoriques », inconditionnés, absolus, complètement détachés des désirs, des besoins ou des intérêts des êtres concrets, n'est-elle pas complètement farfelue, une pure fantaisie philosophique sans véritable importance[1] ?

4) Depuis près d'un demi-siècle, la recherche normative en droit, en éthique et en politique a trouvé des bases épistémologiques assez solides, avec, entre autres, le développement de la méthode dite de l'« équilibre réfléchi » de John Rawls[2]. C'est une méthode qui renonce à « fonder » l'éthique. Elle propose seulement de confronter les croyances morales spontanées de juges compétents, nos principes moraux et nos théories philosophiques systématiques, afin de construire, progressivement, une conception morale d'ensemble suffisamment cohérente.

Dans certaines de ses versions, cette méthode rejette l'idée qu'on pourrait justifier séparément nos croyances morales et nos croyances non morales, comme s'il n'y avait absolument aucun rapport entre les deux. On parle alors d'un équilibre réfléchi « large[3] ».

5) La philosophie politique et morale expérimentale est un nouveau secteur d'études qui mobilise des

---

1. Philippa Foot, « Morality as a System of Hypothetical Imperatives », *The Philosophical Review*, vol. 81, n° 3, juillet 1972, p. 305-316.

2. Scanlon, « Rawls on Justification », *op. cit.* Voir dans le Glossaire : Équilibre réfléchi.

3. Norman Daniels, « Reflective Equilibrium », *Stanford Encyclopedia of Philosophy*, sur Internet (http://plato.stanford.edu/entries/reflective-equilibrium/).

chercheurs de très haut niveau un peu partout dans le monde[1]. L'idée qui anime ce programme est qu'une recherche normative complètement indépendante des faits empiriques aboutit généralement à des conclusions irréalistes, pauvres ou inutiles. Elles sont irréalistes du fait qu'elle ne tiennent pas compte de certaines données empiriques relatives à l'architecture mentale ou à l'organisation sociale. Elles sont pauvres étant donné qu'elles consistent à rappeler certains principes vagues et généraux comme celui de la « dignité humaine » et qu'elles ignorent les maximes particulières suivies par les personnes dans l'exercice de leurs activités. Elles sont, enfin, d'un intérêt très limité pour l'orientation des agents concernés, car elles ne tiennent pas compte de leurs opinions et de leurs soucis concrets.

Les subjectivistes, les utilitaristes, les naturalistes, les cohérentistes au sens large et les philosophes moraux expérimentaux ne semblent pas du tout penser qu'il est complètement illégitime d'établir des liens de toutes sortes entre ce qui est et ce qui doit être.

Cela fait beaucoup de philosophes au total, qui ne peuvent pas être tous mauvais !

Questions à propos de R2 : « Devoir implique pouvoir »

Certaines expériences de pensée pourraient nous faire douter de la clarté de cette règle.

Roméo habite à 30 kilomètres du centre de Rome. Il donne rendez-vous à une certaine Juliette, un jeudi, à

---

1. Appiah, *Experiments in Ethics, op. cit.*

16 heures, à Rome, piazza Navona. En donnant ce rendez-vous, Roméo a fait une promesse à Juliette qui le place dans l'obligation ou le *devoir* d'être à Rome, ce jeudi à 16 heures, piazza Navona.

Mais le jour du rendez-vous, Roméo déjeune trop copieusement. Il décide de faire la sieste. Il n'entend pas le réveil, bien sûr. Il se réveille brusquement à 15 h 59. Trop tard! Il ne *peut* pas être à 16 heures à la piazza Navona.

S'ensuit-il que son *devoir* s'annule? Non, du fait qu'il ne *peut* pas aller au rendez-vous, il ne suit pas qu'il ne *doit* pas y aller. Serait-il *contradictoire* de dire que Roméo a le *devoir* d'aller à son rendez-vous même s'il n'en a pas le *pouvoir*? Non.

C'est bien pour cela que Juliette n'a pas l'air complètement irrationnelle lorsqu'elle reproche à Roméo d'avoir failli (comme d'habitude, disons) à ses obligations.

D'un autre côté, il semble bien que le devoir de Roméo aurait été annulé s'il avait été kidnappé pendant sa sieste ou s'il était mort d'une congestion due à son repas copieux. Finalement, cette expérience de pensée risque de nous faire aboutir à deux conclusions contradictoires:

1) «Devoir implique pouvoir» est vrai: Roméo *doit* être à son rendez-vous avec Juliette si, et seulement si, il *peut* y être.

2) «Devoir implique pouvoir» est faux: Roméo *doit* être à son rendez-vous avec Juliette même s'il ne *peut* pas y être[1].

---

1. J'ai présenté l'argument complet dans *Le rasoir de Kant, op. cit.*, p. 81-90.

Ainsi, on peut construire des théories philosophiques valables sans respecter la règle R1 «De ce qui est, on ne peut pas dériver ce qui doit être». Et, à la question de savoir si la règle R2 «Devoir implique pouvoir» est vraie, il n'y a pas de réponse déterminée. Par ailleurs, R1 et R2 pourraient se contredire.

Conflits entre R1 («De ce qui est, on ne peut pas dériver ce qui doit être») et R2 («Devoir implique pouvoir»)

La règle R2 («Devoir implique pouvoir») peut être spécifiée ainsi : «Charlie ne *doit* aller sur la lune que s'il *peut* y aller.» De cette formule on peut logiquement en dériver une autre

«Si Charlie ne *peut* pas aller sur la lune, alors on ne peut l'obliger à y aller : il ne *doit* pas y aller.»

Mais cette nouvelle formulation pose un problème à tous ceux qui admettent R1 dans la version logique : «On ne peut pas tirer de conclusion normative à partir de prémisses non normatives.»

En effet, «Si Charlie ne *peut* pas aller sur la lune, alors il ne *doit* pas y aller» viole bel et bien R1 dans la version logique, puisqu'une conclusion normative («Charlie ne *doit* pas y aller») est dérivée d'une prémisse non normative («Charlie ne *peut* pas y aller»)[1]!

Ainsi R2 semble contredire R1.

---

1. On peut essayer de rejeter ce résultat en soutenant ou bien que la première prémisse («Charlie ne peut pas») n'est pas vraiment descriptive, ou bien que la conclusion («Charlie ne doit pas») n'est pas vraiment normative. Mais ce n'est pas gagné d'avance! Voir *ibid.*, p. 82-85.

Si ce conflit est réel, il faut choisir entre les deux règles, ou les amender toutes les deux pour qu'elles deviennent compatibles.

Les subjectivistes, les utilitaristes, les naturalistes, les cohérentistes au sens large et les philosophes moraux expérimentaux se permettent d'ignorer la règle R1 : « De ce qui est, on ne peut pas dériver ce qui doit être. »

Y a-t-il des arguments pour se passer de R2 « Devoir implique pouvoir » ou l'amender ?

Oui. C'est une règle qui semble avoir des implications absurdes. Elle devrait nous conduire à penser que :

1) Un débiteur ruiné n'a pas le devoir de payer ses dettes, puisqu'il n'en a pas le pouvoir.

2) Un kleptomane n'a pas le devoir de ne pas voler, puisqu'il ne peut pas ne pas voler.

3) Un sadique ou un psychopathe n'ont pas le devoir de ne pas massacrer leurs victimes puisqu'il n'ont pas le pouvoir de faire autrement[1].

Par ailleurs, la règle « Devoir implique pouvoir » semble exclure les conflits moraux. Si on estime que les conflits moraux n'existent pas, la règle n'est pas menacée. Mais si on croit aux conflits moraux, elle l'est.

Je *dois* sauter à l'eau pour essayer de sauver un enfant qui est en train de se noyer à ma droite dans un lac.

Mais le jumeau de cet enfant est en train de se noyer dans le même lac à ma gauche à une distance telle que je ne peux pas sauver les deux jumeaux à la fois.

En vertu du principe d'impartialité qui nous demande de traiter les cas similaires de façon similaire, s'il est

---

1. Michael Stocker, *Plural and Conflicting Values*, Oxford, Clarendon Press, 1990, p. 96.

vrai que je dois essayer de sauver l'un, il est vrai aussi que je dois essayer de sauver l'autre. Autrement dit, je *dois* essayer de sauver les deux. Mais c'est, évidemment, une chose que je ne *peux* pas faire. Ce genre de cas nous permet d'envisager la possibilité que « devoir » n'implique pas nécessairement « pouvoir »[1].

Enfin, « Devoir implique pouvoir » exclut les cas, pourtant communs, où on agit à l'encontre de ce qu'on croit être son devoir, par faiblesse de la volonté ou pour toute autre raison. De l'existence de ce type de cas nous ne tirons pas nécessairement la conclusion que le devoir n'était pas authentique. Ce qui confirmerait, si c'était encore nécessaire, que « devoir » n'implique pas logiquement « pouvoir ».

Ce que ces exemples montrent seulement, c'est qu'il n'y a pas de lien *logique* entre devoir et pouvoir, et non que la règle « Devoir implique pouvoir » n'a aucune une justification.

À partir de ces exemples, il ne paraît pas illégitime, en effet, de conclure que, dans notre monde au moins, il est *logiquement possible* d'exiger l'impossible[2].

Mais, à supposer qu'il soit, en effet, logiquement possible d'exiger l'impossible, la question serait de savoir pourquoi nous *devrions* le faire.

À quoi pourrait bien ressembler un monde où on exigerait l'impossible ? Aimerions-nous vivre dans un tel monde ?

---

1. Exemple inspiré de Ruth Barcan Marcus, « Moral Dilemmas and Consistency », *Journal of Philosophy*, LXXVII, 3, 1980, p. 121-136.
2. Tranøy, « "Ought" implies "Can". A Bridge from Fact to Norm. Part I », *op. cit.*, p. 122.

Questions à propos de R3

La règle R3 «Traiter les cas similaires de façon similaire» pose un problème très général. C'est une règle de cohérence formelle qui nous demande de *persister* dans nos jugements moraux sans expliquer ce qui les justifie. Mais supposons que, par incompréhension totale de ce que le vocabulaire moral signifie, nous ayons sincèrement jugé qu'Hitler était un brave homme. Selon la règle «Traiter les cas similaires de façon similaire», il nous faudrait affirmer que tous ceux qui se comportent comme Hitler sont des braves gens!

La question morale principale est celle de savoir pourquoi nous avons été stupides au point de formuler le jugement initial «Hitler est un brave homme».

En réalité, la règle R3 «Traiter les cas similaires de façon similaire» n'a qu'une importance morale secondaire : sa valeur morale dépend de la qualité du jugement initial.

Dans ce cas particulier, il aurait mieux valu ne pas suivre la règle!

Un problème identique se pose avec l'exigence morale d'impartialité, dont la règle R3 est une expression. On peut être parfaitement impartial en traitant tout le monde aussi mal.

Par ailleurs, la règle R3 «Traiter les cas similaires de façon similaire» présente certains caractères communs avec un argument souvent utilisé dans le débat moral mais dont la validité est douteuse : l'argument dit de la «pente fatale[1]».

---

1. Pour une présentation très claire de l'argument, voir Jean-Yves Goffi, *Penser l'euthanasie*, Paris, PUF, 2004, p. 29-42.

C'est une objection moins embarrassante, car il est possible de la réfuter en partie.

L'argument de la « pente fatale »

Il n'est pas difficile d'illustrer cet argument, si fréquemment exploité dans le débat public[1].

Les plus libéraux disent : « On commence par limiter l'avortement tardif, on finira par interdire la contraception, puis, pourquoi pas, les rapports sexuels sans but procréatif. »

Les plus conservateurs répondent : « On commence par autoriser l'avortement, on finira par permettre l'infanticide, puis, pourquoi pas, par décriminaliser l'homicide volontaire. »

Les plus libéraux disent : « On commence par interdire l'aide active à mourir aux personnes qui le demandent de façon insistante, on finira par prohiber le suicide comme autrefois. »

Les plus conservateurs rétorquent : « On commence par permettre le suicide assisté, on finira par permettre l'élimination des vieux, des pauvres et des handicapés, puis, pourquoi pas, de toute autre catégorie de la population dont on décidera que la vie ne vaut pas la peine d'être vécue. »

Les philosophes ont cherché, bien sûr, à formaliser ces raisonnements communs pour les évaluer.

Selon Bernard Williams, deux conditions sont nécessaires pour qu'il y ait « pente fatale »[2] :

---

1. Voir mon *La vie, la mort, l'État, op. cit.*, chap. 2.
2. Bernard Williams, « L'argument de la pente glissante » (1986), dans *La fortune morale*, trad. Jean Lelaidier, Paris, PUF, 1994, p. 337-351.

1) Le résultat auquel on aboutit doit être incontestablement horrible (permission légale d'éliminer les enfants en bas âge ou les handicapés, etc.).

2) Ce qui fait glisser vers ce résultat horrible, ce n'est pas une nécessité logique ou conceptuelle, mais une progression *naturelle* due à des facteurs sociaux, psychologiques ou biologiques. Autrement dit, il ne faut pas confondre l'argument de la « pente fatale » et ce qu'on appelle en logique les « sorites », ces paradoxes qui peuvent nous faire douter de l'existence des chauves, des tas ou des nains[1].

Or il arrive souvent que ces deux conditions ne soient pas satisfaites.

On affirme qu'un résultat serait horrible sans le démontrer :

Pente fatale: Si le clonage à des fins thérapeutiques est permis, on finira par légaliser le clonage reproductif.

---

1. L'exemple traditionnel de « sorite » est celui du tas de blé. Si un grain de blé ne fait pas un tas, alors deux n'en font pas, car deux grains de blé ne se distinguent pas suffisamment d'un grain de blé. De même, si deux grains de blé ne font pas un tas, alors trois n'en font pas non plus, car trois grains de blé ne se distinguent pas suffisamment de deux grains de blé, et ainsi de suite. Finalement, les tas de blé n'existent pas ! Jean-Yves Goffi propose une version du même argument en remplaçant les grains par des nains. Un nain typique mesure 70 cm. Pensons à un individu qui mesure 70 + 5 cm. Doit-on le considérer comme un nain également ? Oui, bien sûr, car il ne diffère pas *significativement* d'un individu de 70 cm. Mais si un individu qui mesure 70 + 5 cm est un nain, qu'en est-il d'un autre qui mesure seulement 5 cm de plus ? Doit-on le considérer comme un nain également ? Oui, bien sûr, car il ne diffère pas *significativement* d'un individu de 70 + 5 cm. Si nous continuons ainsi, en ajoutant un très grand nombre de fois 5 cm, on aboutira à la conclusion qu'un individu de 2,40 m est un nain. Jean-Yves Goffi, *Penser l'euthanasie, op. cit.*, p. 33.

Comme le clonage reproductif est horrible, interdisons le clonage à des fins thérapeutiques.

Objection: On n'a pas prouvé que le clonage reproductif est horrible. On a seulement *affirmé* qu'il l'est.

On affirme qu'il existe une nécessité de passer du tolérable à l'horrible, sans préciser la nature de cette nécessité :

Pente fatale: Si le clonage à des fins thérapeutiques est permis, on finira par légaliser le clonage reproductif, puis l'instrumentalisation du corps des clones : il servira de réserve de produits de santé, de membres ou d'organes au bénéfice des géniteurs. Ce sera une catastrophe morale.

Objection: Pourquoi devrait-on nécessairement passer de la première étape, controversée mais tolérable, à la dernière que tout le monde devrait trouver horrible ? Pourquoi les dispositifs répressifs habituels ne pourraient-ils pas suffire à éviter le glissement du tolérable à l'horrible ? Si on vote pour l'interdit absolu du clonage, c'est qu'on estime qu'il sera respecté. Pourquoi n'a-t-on pas la même confiance dans une interdiction plus limitée, qui exclurait seulement le traitement monstrueux des clones ?

Bref, d'où vient l'idée qu'une interdiction limitée ou un encadrement légal strict de cette innovation biotechnique ne seraient pas respectés ?

Est-elle fondée sur l'hypothèse psychologique que le désir de dominer ou d'exploiter son prochain n'a pas de bornes ?

Est-elle fondée sur l'hypothèse métaphysique que les humains ont une propension à toujours faire le pire ?

Est-elle fondée sur l'hypothèse sociologique que nous sommes soumis à des règles de compétition délirantes, qui nous obligent à aller toujours plus loin dans l'innovation technique sans aucun souci pour les dégâts humains ?

Dans le débat public, ce n'est pas précisé. Chez les philosophes qui se sont intéressés au clonage, non plus.

Peut-on défendre la règle « Traiter les cas similaires de façon similaire » sans succomber à l'argument de la « pente fatale » ?

À première vue, il est logiquement impossible de défendre la règle R3 « Traiter les cas similaires de façon similaire » sans admettre l'argument de la « pente fatale ».

En effet, défendre « Traiter les cas similaires de façon similaire » revient à ne pas tenir compte de certaines différences qui ne sont pas moralement significatives. C'est ce qui justifie le passage d'un cas à l'autre. Ainsi, on peut considérer qu'il n'y a pas de différence moralement significative entre le fait de se débarrasser d'un intrus qui voudrait vous immobiliser pendant neuf mois et certaines formes d'interruption volontaire de grossesse. On conclura, selon la règle R3, qu'il faut traiter les deux cas de la même façon du point de vue moral[1].

Or c'est aussi ce qu'on semble faire quand on exploite l'argument de la « pente fatale ». On affirme que la légalisation du suicide assisté est similaire à une autorisation d'exterminer les plus pauvres dans les hôpitaux, et qu'on passera *nécessairement* à la seconde si la première est acceptée.

Mais, en réalité, aucun défenseur de « Traiter les cas similaires de façon similaire » ne suggère qu'on passera

---

1. Thomson, « A Defense of Abortion », *op. cit.*

dans les faits, nécessairement, d'un cas similaire à un l'autre. La comparaison est purement conceptuelle. Il n'est jamais question d'une « progression naturelle ».

Affirmer, par exemple, qu'il n'y a pas de différence morale significative entre masseur et travailleur du sexe, ne suggère absolument pas que, si on commence par être masseur dans un cabinet de kinésithérapeute, on finira nécessairement par faire des passes au bois de Boulogne !

La règle « Traiter les cas similaires de façon similaire » est conceptuelle. Elle n'a rien à voir avec l'argument de la « pente fatale » qui envisage une « progression naturelle ».

Questions à propos de R4

Quand on vous ordonne de fermer la porte alors que vous êtes en train de la fermer, et que la personne qui vous donne l'ordre le sait, cet ordre est redondant du point de vue conceptuel, *intellectuellement inutile*. Il est idiot, en un certain sens.

Quand on vous interdit de sortir de votre chambre alors que vous n'aviez aucunement l'intention de le faire parce que vous êtes grippé, et que la personne qui vous l'interdit le sait, cette interdiction est redondante du point de vue conceptuel, *intellectuellement inutile*. Elle est idiote, en un certain sens.

Mais cela ne signifie pas que cet ordre ou cette interdiction *n'expriment rien*, qu'ils n'ont pas de fonction pratique.

Ordonner à quelqu'un de faire ce qu'il est train de faire peut parfois servir à marquer une approbation, exprimer un soutien, comme lorsqu'on crie à un boxeur en train d'achever son adversaire : «Achève-le[1]!»

Interdire à quelqu'un de faire ce qu'il ne voulait pas faire peut avoir la même fonction positive de soutien ou d'approbation comme lorsqu'on vous dit «Ne sors pas, tu es grippé», alors que vous n'aviez nullement l'intention de sortir.

Mais, dans de nombreux cas, ordonner à quelqu'un de faire ce qu'il est en train de faire ou lui interdire de faire ce qu'il ne voulait pas faire peut avoir une fonction moins sympathique. Il peut s'agir d'un acte humiliant qui souligne un certain état de domination ou de subordination.

Ordonner à quelqu'un de faire ce qu'il était en train de faire, n'est-ce pas une façon de lui dire que sa volonté ne compte pour rien ?

Interdire à quelqu'un de faire ce qu'il ne voulait pas faire, n'est-ce pas une façon de lui dire que sa volonté ne compte pour rien ?

---

1. Nurock, *Sommes-nous naturellement moraux ?*, *op. cit.*

Conclusion

Ne cherchez pas à « fonder » la morale !

La plupart des philosophes vous diront que, si on s'intéresse à la pensée morale, il faut commencer par lire et relire les grands textes de l'histoire des idées pour avoir des « bases solides ».

Mais il n'est pas évident que le meilleur moyen d'inviter le lecteur à la réflexion éthique, c'est de lui donner le sentiment qu'il peut se reposer tranquillement sur les doctrines élaborées par les « géants de la pensée ».

C'est pourquoi il m'a semblé qu'il serait plus logique de le confronter directement aux difficultés de la pensée morale, en soumettant à sa sagacité un certain nombre de problèmes, de dilemmes, de paradoxes et en l'exposant aux résultats d'études scientifiques qui vont à l'encontre de certaines idées reçues dans la tradition philosophique.

1) Expériences de pensée complètement loufoques (criminels invisibles, médecins fous, tramways qui tuent, machines à expériences, etc.) soumises à de vastes populations, dont les conclusions nous font douter de la robustesse ou de l'universalité de nos intuitions morales.

2) Expériences de laboratoire sur la générosité ou la cruauté humaines, dont les résultats remettent en cause

l'idée qu'il existerait des personnalités morales exemplaires.

3) Enquêtes sur les causes des croyances morales qui nous font douter de leur caractère moral.

4) Recherches psychologiques sur la morale des enfants montrant à quel point l'idée qu'il existe un « instinct moral » ou un « sens moral inné » est embrouillée.

5) Études anthropologiques comparatives des systèmes moraux laissant penser que la morale ne se distingue pas toujours clairement de la religion ou des conventions sociales.

Ces matériaux forment désormais le « corpus » de la philosophie morale expérimentale, un ensemble de travaux qui associent réflexions philosophiques et recherches empiriques, dont nous ne savons évidemment pas d'avance où ils vont nous mener.

Il me semblait, au départ, qu'il ne fallait pas décider d'avance que ces travaux ne pourraient absolument pas servir à clarifier des questions de philosophie morale sous le prétexte qu'ils portent sur des faits et non sur des normes ou des valeurs et qu'il existe un abîme infranchissable entre les deux genres d'enquête.

L'examen plus approfondi de ces travaux a montré, je crois, que cette attitude d'ouverture n'était pas injustifiée.

Ainsi, la philosophie morale expérimentale nous a déjà aidé à comprendre que :

1) l'éthique des vertus repose sur une notion confuse, celle de « personnalité morale » ;

2) l'existence d'un instinct moral est loin d'avoir été démontrée ;

3) les limites entre le moral, le social et le religieux ne sont pas évidentes ;

4) la méthode standard de justification des grandes

théories morales par l'appel aux intuitions morales n'est pas fiable.

Ce que la philosophie morale expérimentale peut nous permettre de reconnaître, c'est que *rien* dans les concepts et les méthodes de la philosophie morale n'est à l'abri de la contestation et de la révision. C'est un résultat qui ne peut pas laisser indifférents ceux qui s'intéressent à la possibilité d'une authentique recherche en philosophie morale.

Il autorise à penser que le débat moral n'est pas complètement irrationnel, et qu'il peut progresser par la critique conceptuelle, la remise en cause des préjugés et l'échange d'arguments logiques et respectueux des faits.

Vertus et instinct moral

Deux théories anciennes font un retour spectaculaire dans les débats d'aujourd'hui : l'éthique des vertus d'inspiration aristotélicienne et les théories du sens moral, d'après lesquelles il existerait un instinct moral inné, qui serait propre à notre espèce et à quelques autres espèces animales.

Il n'est pas évident que ces théories soient compatibles.

L'éthique des vertus affirme qu'il est possible d'acquérir une personnalité morale exemplaire par l'éducation, l'observation et l'imitation. Ce qui est important du point de vue moral, ce n'est pas que la vertu soit naturelle, mais qu'elle devienne une sorte de « seconde nature », un ensemble d'habitudes de penser et d'agir qui n'ont même plus besoin d'être réfléchies.

De leur côté, les théories du sens moral postulent

l'existence de capacités morales innées, tout en admettant que ces capacités demandent du temps et un environnement favorable pour passer du potentiel à l'actuel. Ces deux conceptions du développement moral ne sont pas nécessairement contradictoires. Elles peuvent le devenir néanmoins si les amis de l'éthique des vertus estiment qu'il n'est pas du tout nécessaire de faire l'hypothèse que nous avons des capacités morales innées pour expliquer l'acquisition de nos « habitudes morales ».

Rien en effet, dans l'éthique des vertus, n'exclut l'idée que ces habitudes pourraient s'inscrire sur une « page blanche », c'est-à-dire sur un esprit extrêmement malléable, dépourvu de toute prédisposition « naturelle » au bien ou au mal, grâce au travail d'éducateurs compétents, sachant manier la carotte et le bâton.

Autre question à laquelle la philosophie morale expérimentale aide à répondre : les hypothèses de base de ces théories sont-elles fondées ?

L'éthique des vertus repose sur l'idée qu'il existe des « personnalités morales » exemplaires. Mais selon certains psychologues, dits « situationnistes », c'est l'idée même de « personnalité » qui est douteuse. Selon eux, personne n'est drôle, généreux ou courageux dans tous les contextes. Définir les gens par un « caractère » et expliquer leurs conduites par ses manifestations proviendrait d'une tendance à juger les personnes de façon *globale*. Ce « globalisme » n'a rien de particulièrement rationnel puisqu'on le retrouve aussi dans les jugements racistes, sexistes ou xénophobes. L'éthique des vertus qui est fondée sur la notion de « personnalité » peut-elle résister à ces objections ? Elle doit essayer en tout cas, si elle veut conserver le crédit qu'elle a retrouvé.

De leur côté, les théories du sens moral n'ont pas réussi à répondre clairement à la question qu'elles posaient elles-mêmes. Quelle est la part de l'appris et de l'inné dans nos jugements et nos comportements moraux? A-t-on les moyens méthodologiques et conceptuels d'exclure complètement l'idée que nos jugements et nos comportements moraux soient entièrement le produit de l'apprentissage par récompenses et punitions? Nous n'en sommes vraiment pas là.

Le moral, le social, le religieux

L'une des théories les plus récentes et les mieux construites du développement moral soutient que nous faisons fait très tôt la distinction entre trois domaines:

1) le *domaine de la morale,* où nous excluons universellement les actions qui consistent à nuire aux autres;
2) le *domaine des conventions* où nous excluons certaines actions où le tort fait aux autres n'est pas évident, comme manger du porc ou s'habiller en rose à un enterrement. Ces règles ne valent que pour la communauté et sont justifiées ou garanties par un texte sacré ou une parole d'autorité;
3) le *domaine personnel* qui n'est censé concerner que soi-même et qui relève de l'appréciation de chacun (il peut s'agir par exemple du goût pour tel ou tel sport ou pour tel ou tel ornement corporel).

Cette distinction en trois domaines peut s'affiner au cours du développement moral de l'enfance à l'entrée dans l'âge adulte, mais elle existe dès le plus jeune âge.

Ce qui est important, c'est que d'après elle, le sens moral précoce s'exprime dans des réactions négatives à l'égard d'actions qui causent des torts aux autres. Les enfants seraient naturellement « minimalistes » en ce sens que, pour eux, toute l'éthique se réduirait au souci de ne pas nuire aux autres.

Une bonne partie de la recherche actuelle consiste à tester la validité de cette construction. Une hypothèse diamétralement opposée, « maximaliste », a été élaborée et soumise à l'épreuve empirique.

Elle dit que nous développons très tôt une tendance à juger immorales toutes sortes d'actions qui ne nuisent pas directement aux autres : blasphème, suicide, consommation de nourriture impure, façons jugées scandaleuses de s'habiller ou de traiter son propre corps, et ainsi de suite.

Par ailleurs, la plupart des interdits sexuels (prohibition de l'inceste entre adultes consentants y compris) et alimentaires (ne pas manger de porc, de mollusques, etc.) sont considérés par ceux qui les respectent comme des interdictions et des obligations *universelles*, c'est-à-dire comme des normes morales. Il en irait de même pour les obligations à l'égard de soi (se raser la tête, se laisser pousser la barbe, ne pas boire d'alcool ou consommer de la drogue, etc.) ou des morts (ne pas les enterrer ou les enterrer à même le sol, etc.).

Pour résumer ce débat, on peut dire qu'il oppose deux camps, les *maximalistes* et les *minimalistes*.

Pour les maximalistes, notre morale de base est très riche. Nous développons très tôt une tendance à juger immorales toutes sortes de « fautes sans victimes ». Nous ne séparons pas clairement le moral, le social et le religieux.

Pour les minimalistes notre morale de base est beaucoup plus pauvre. Elle exclut seulement les actions qui causent délibérément des torts aux autres. Elle sépare clairement et universellement le moral, le social et le religieux.

Pour savoir quelle est la meilleure théorie du point de vue normatif, les philosophes sont en principe bien équipés. Mais ils ont tout intérêt à tenir compte dans leurs arguments de cette controverse empirique, ne fût-ce que pour avoir une idée des efforts qu'il faudra effectuer afin que les normes qu'ils préconisent puissent être mises en œuvre.

Si la morale de base est pauvre, minimale, il faudra accomplir un travail social considérable pour nous transformer en moralisateurs intolérants à l'égard des styles de vie différents du nôtre, toujours tentés de mettre notre nez dans les affaires des autres.

Si notre morale de base est riche, maximale, il faudra accomplir un travail social considérable pour faire de nous des libéraux tolérants à l'égard des styles de vie différents du nôtre, et respectueux de l'intimité des autres.

Intuitions morales

La méthode de justification des grandes théories morales suit le protocole suivant :

1) Construire des expériences de pensée bizarres pour révéler nos intuitions morales.

2) Affirmer que les théories qui ne nous plaisent pas sont fausses car elles contredisent ces intuitions morales.

Il me semble qu'on peut avoir des doutes sur la fiabilité de cette méthode en raison de ses *limites épistémologiques* :

1) Les intuitions sont des faits bruts auxquels on peut donner toutes sortes d'interprétations. Il est toujours possible de trouver une interprétation qui laisse intacte la théorie qu'on défend.

2) Deux théories peuvent être incompatibles entre elles et compatibles avec les mêmes intuitions, une fois celles-ci placées dans une certaine perspective. L'appel aux intuitions ne nous permet pas de savoir quelle est la meilleure.

Ces limites épistémologiques n'empêchent nullement de chercher d'autres moyens de réfutation, comme la mise en évidence de contradictions internes, ou d'autres critères de justification, comme la simplicité ou la cohérence. Mais elles impliquent qu'il sera impossible de départager deux théories rivales également simples et cohérentes en faisant appel aux intuitions.

À mon avis, ce résultat ne devrait pas nous décourager et nous conduire au scepticisme radical à l'égard de la pensée morale.

Les limites épistémologiques de l'appel aux intuitions devraient plutôt nous ouvrir au pluralisme, c'est-à-dire à l'idée qu'il existe plusieurs conceptions morales d'ensemble aussi raisonnables, dont la confrontation permanente n'a pas que des inconvénients. L'aspect positif de cette confrontation est qu'elle nous empêche de tomber dans le simplisme moral. Grâce à elle, chaque théorie peut devenir progressivement plus complexe, plus subtile, plus consciente de ses propres limites ainsi que de son domaine d'intervention légitime.

Évidemment, on aura du mal à accepter gaiement cette perspective, si on a soif de *fonder la morale,* c'est-à-dire de proposer un principe unique ultime, inébranlable et inaltérable, sur lequel l'ensemble disparate de nos croyances morales pourrait reposer en toute sécurité intellectuelle.

Mais pourquoi faudrait-il chercher à «fonder la morale»? Pourquoi faudrait-il penser qu'on devrait faire plus, ou qu'on pourrait faire plus, qu'essayer d'améliorer un peu nos croyances morales par la critique philosophique, en éliminant les plus absurdes et les plus chargées de préjugés?

GLOSSAIRE

COMPATIBILISME-INCOMPATIBILISME

Est-il possible de concilier ce que nous savons du comportement des humains, soumis, comme tout ce qui appartient au monde naturel, à des forces qui leur échappent, et notre tendance à les juger comme s'ils étaient libres et responsables de leurs actes? Comment faisons nous pour rendre compatibles ces deux idées contradictoires : nous sommes libres et en même temps soumis au déterminisme de la nature?

L'une des façons de démontrer que liberté et déterminisme ne sont pas incompatibles consiste à faire observer qu'une action libre n'est pas une action folle, arbitraire, sans raisons, mais une action causée ou déterminée par nos propres raisons, c'est-à-dire une action volontaire. Mais les « incompatibilistes » répondent qu'être libre ce n'est pas seulement agir selon ses propres raisons, mais avoir également le pouvoir de choisir ses raisons. Or nous ne l'avons pas d'après eux.

Une autre façon d'essayer de résoudre le conflit revient à dire que nos croyances dans le déterminisme et la liberté peuvent parfaitement coexister sans se contredire, car elles relèvent d'aspects complètement différents de nos vies. Même si la raison nous dit que nous sommes soumis à des forces qui nous échappent, nous ne pouvons pas nous empêcher d'avoir des réactions émotionnelles de joie, de colère et d'indignation à l'égard de ce que nous faisons ou de ce que font les autres comme si nous et eux étions libres. Il serait absurde de penser qu'on pourrait les éliminer.

Mais un « incompatibiliste » pourra toujours objecter que nos réactions émotionnelles de joie, de colère et d'indignation à l'égard de ce que nous faisons ou de ce que font les autres sont simplement irrationnelles, et ne devraient pas influencer nos jugements.

CONSÉQUENTIALISME

Pour le conséquentialiste ce qui compte moralement, ce n'est pas de respecter aveuglément certaines contraintes absolues sur l'action comme celles qui nous interdiraient de traiter quelqu'un comme un simple moyen, mais de faire en sorte qu'il y ait, au total, *le plus de bien*

L'influence de l'odeur des croissants chauds...

ou le moins de mal possible dans l'univers. Et s'il est nécessaire, pour y arriver, de se libérer de ces contraintes, il faut le faire. Le conséquentialisme n'impose cependant aucune définition du bien. Plusieurs conceptions conséquentialistes se distinguent selon la définition qu'elles en donnent. La plus fameuse est l'utilitarisme. Pour elle, le bien, c'est le plaisir, ou la satisfaction des préférences de chacun. Mais un conséquentialiste peut aussi recommander de promouvoir l'amitié ou les droits fondamentaux. Tous ces biens peuvent-ils cependant faire l'objet de ce genre de calcul? Que signifie faire en sorte qu'il y ait le « plus d'amitié possible dans l'univers » ? Serait-il moralement recommandé de sacrifier quelques amis pour en avoir plus au total? On peut se poser la même question avec les droits fondamentaux. Serait-il permis de les violer pour en avoir plus au total? Mais nos droits fondamentaux ont comme propriété d'être intouchables et inviolables. Le conséquentialisme peut-il vraiment leur faire une place dans son système?

CRIMES SANS VICTIMES

Il s'agit d'actions considérées comme des crimes alors qu'elles n'ont causé aucun dommage non consenti à une personne concrète. La catégorie contient les relations personnelles entre adultes consentants (inceste, homosexualité, prostitution), les atteintes aux entités abstraites (blasphème contre les dieux ou les ancêtres), les actions dirigées vers soi-même (suicide, propreté, contrôle des poils, des sécrétions sexuelles).

DÉONTOLOGISME

Pour le déontologiste, (du grec *déon*: devoir), il existe des *contraintes absolues sur nos actions*, des choses *qu'on ne devrait jamais faire*: « Ne pas mentir », « Ne pas traiter une personne humaine comme un simple moyen » sont des exemples de ce genre de contraintes.

La morale kantienne est le modèle des morales déontologiques strictes. Mais il y a des morales déontologiques moins exigeantes, qui admettent des dérogations aux contraintes sur l'action pour éviter des atteintes trop graves au bien-être de tous. N'est-ce pas une preuve que le respect rigide de ces contraintes, sans interrogation sur leur contribution au bien-être de tous, a quelque chose d'irrationnel?

DOCTRINE DU DOUBLE EFFET

Cette doctrine morale, dont on attribue la mise en forme à Thomas d'Aquin, désigne deux effets, l'un bon et l'autre mauvais, d'une action qui, prise en elle-même, est bonne, ou ni bonne ni mauvaise.

... *sur la bonté humaine*

On peut penser au bombardement d'un bunker où se cache l'état-major d'une armée cruelle qui mène une guerre injuste, et où des civils se trouvent aussi. L'un de ces effets est bon (éliminer des agresseurs injustes). C'est celui qui est visé par l'action, voulu par ses auteurs. L'autre est mauvais (tuer des civils innocents). Il est prévu par les auteurs de l'action. C'est un « effet collatéral » inévitable. Mais ce n'est pas cet effet-là qui est *visé* par l'action, *voulu par ses auteurs*. Il n'est même pas conçu comme un *moyen* d'arriver au résultat visé. Selon la doctrine du double effet, ce genre d'action à deux effets est *moralement permis à ces conditions* (le mauvais effet n'est pas visé, ce n'est pas un moyen), auxquelles il faut ajouter que le tort causé (en termes de victimes innocentes par exemple) n'est pas *disproportionné*.

Mais la doctrine reste toujours aussi controversée. Pour les conséquentialistes, elle est fausse : il n'y a aucune différence morale significative entre massacrer des civils comme effet collatéral prévu d'une action dont l'intention est bonne, massacrer des civils comme moyen d'obtenir une certaine fin et massacrer des civils tout court. Pour les déontologistes, elle est confuse : il serait plus simple de dire qu'il ne faut jamais traiter une personne comme un simple moyen. Pour les amis des vertus, nous avons trop de réticences à causer un préjudice au motif d'apporter une aide pour accepter la doctrine du double effet comme elle est.

ÉTHIQUE APPLIQUÉE

Son programme consiste, en gros, à évaluer, du point de vue moral, les arguments utilisés dans les débats publics relatifs à certains domaines d'action spécifiques (rapport à la nature, aux animaux, biomédecine, relations sexuelles, justice globale, etc.). Elle peut procéder à cette évaluation en prenant comme critères les principes des théories morales existantes (utilitaristes, kantiennes ou autres). Mais ce n'est pas nécessaire. En éthique appliquée, le respect de principes généraux de cohérence et la compréhension profonde du domaine spécifique (en matière de santé ou d'environnement par exemple) sont des outils que certains philosophes préfèrent à l'application aveugle de principes généraux. La recherche en éthique appliquée aboutit d'ailleurs parfois à remettre en cause ces principes.

ÉTHIQUE NORMATIVE

La vocation de l'éthique normative est *prescriptive*. Elle s'interroge sur ce qu'il faut faire, ce qui est bien ou mal, juste ou injuste. Elle tourne aujourd'hui autour d'un vaste débat qui concerne la forme exacte et la valeur de trois grandes théories : déontologisme, conséquentialisme, éthique des vertus. Elle se résume à quelques questions : Qu'est-ce qu'une théorie morale ? Avons-nous vraiment besoin d'une théorie morale pour porter un jugement moral correct et agir comme il convient ? Et si on en a besoin, quelle est la meilleure ? De quelles méthodes disposons-nous pour le savoir ?

ÉTHIQUE DES VERTUS

L'*éthique des vertus* est plus ou moins inspirée d'Aristote. On l'appelle parfois « arétiste » (du grec *arétè* : excellence). Elle affirme que la seule chose qui importe moralement, c'est la *perfection personnelle* : être quelqu'un de bien, une personne de bon caractère, généreuse, affectueuse, courageuse, etc. Le reste, c'est-à-dire respecter des grands principes ou œuvrer pour le plus grand bien du plus grand nombre, est secondaire. La question est de savoir en quoi il s'agit d'une doctrine morale, dans la mesure où elle ne nous dit pas ce qu'il faut faire ou ce qu'il faut viser. Pour résister à l'objection, les versions modernes de l'éthique des vertus affirment que ce qu'il faut faire, c'est imiter des personnalités morales « exemplaires ». Mais outre que ce genre de conception n'a plus rien à voir avec celle d'Aristote, qui n'a jamais dit qu'une action bonne consistait à imiter tel ou tel, elle pose un problème logique interne. Selon quels critères allons-nous choisir ces personnalités, décider qu'elles sont « moralement » exemplaires ? Faut-il choisir Gandhi ou Napoléon, comme un personnage de Dostoïevski ? Ne faut-il pas déjà savoir qui est moral pour prendre la bonne décision ?

ÉTHIQUE ET MORALE

C'est une division qui est jugée fondamentale dans la philosophie morale non analytique, mais non dans la philosophie morale analytique où l'on part plutôt d'une distinction entre métaéthique, éthique normative, éthique appliquée (voir entrées dans ce Glossaire). Il faut dire que l'opposition entre l'éthique et la morale manque de clarté. Tantôt l'éthique concerne le rapport à soi et la morale le rapport à l'autre. Tantôt l'éthique est du côté du désirable, et la morale du côté de l'interdit ou de l'obligatoire. Tantôt l'éthique est du côté de la critique et de l'invention, et la morale du côté de la conformité. Mais que serait une éthique qui ne serait nullement concernée par le rapport aux autres ou qui se passerait complètement des notions d'interdiction ou d'obligation ? Que serait une morale qui n'aurait aucune dimension créatrice et critique ou qui n'aurait rien de désirable ?

ÉQUILIBRE RÉFLÉCHI

Comment justifier rationnellement un jugement moral comme «L'esclavage est un mal»? La menace principale dans ces essais de justification, c'est la régression à l'infini. Il faut justifier la justification et ainsi de suite à l'infini. Le fondationnaliste estime que la menace peut être contenue. Ou bien en invoquant des grands principes de base évidents par eux-mêmes («Tous les hommes naissent égaux en droits» par exemple) ou bien en faisant appel à des expériences élémentaires de type perceptuel ou émotionnel (la colère, l'indignation contre l'esclavage, etc.). Le cohérentiste conteste la validité de cette méthode. D'après lui, l'idée d'une justification «ultime» est illusoire parce que la notion d'évidence intellectuelle est vague, et que les expériences élémentaires ne peuvent jamais justifier à elles seules nos jugements moraux. Il faut ajouter au moins des raisons normatives de penser que ces expériences peuvent remplir cette fonction de justification.

Pour le cohérentiste, la seule façon raisonnable d'essayer de justifier nos jugements moraux consiste à montrer qu'ils peuvent appartenir à un ensemble de jugements suffisamment cohérents entre eux. Mais le fondationnaliste peut objecter que le cohérentisme est menacé de circularité ou de fausseté systématique. Les récits parfaitement cohérents et systématiquement faux ne manquent pas (rapports d'espions, contes de fées, etc.). La méthode dite de l'«équilibre réfléchi», qu'on doit à John Rawls, procède par ajustement réciproque des jugements spontanés de personnes rationnelles et raisonnables et des réflexions sur les grands principes politiques ou moraux. Elle est cohérentiste. Elle hérite donc des avantages, mais aussi des inconvénients de cette conception de la justification des idées morales.

FAITS ET NORMES

La plupart des philosophes récusent l'idée qu'il est intellectuellement légitime de passer, sans argument supplémentaire, d'un énoncé factuel (qui nous dit ce que les gens pensent ou font) à un énoncé normatif (qui nous dit ce qu'il *faudrait* faire ou penser). Ainsi l'énoncé «Du fait que l'esclavage existe et a toujours existé, il suit qu'il *doit* exister» serait complètement illogique, mal formé. Mais dans de nombreux cas, on estime qu'on peut passer d'énoncés factuels à des énoncés normatifs. Le *fait* que l'esclavage est incapable de satisfaire les besoins humains les plus élémentaires est une raison suffisante de penser qu'il *faut* l'abolir absolument et universellement. Par ailleurs, la règle «À l'impossible nul n'est tenu», que tout le monde semble accepter, pose qu'on peut passer d'un fait (on ne peut pas) à une norme (on ne doit pas).

INTERNALISME-EXTERNALISME

Le mot «internalisme» fait référence à deux idées différentes en philosophie morale. L'internalisme du jugement affirme qu'un jugement moral authentique est nécessairement accompagné d'une certaine motivation à agir conformément à ses exigences. Si j'affirme sincèrement «Il est mal de laisser mourir de faim les enfants des pays les plus pauvres», il est évident, pour l'internaliste, que je m'engage, d'une certaine façon, à faire tout ce qui est en mon pouvoir pour changer cet état de choses.

L'*externaliste* rejette l'idée qu'il existe un lien nécessaire entre nos jugements moraux et la motivation. Pour lui, la phrase «Je sais que c'est bien, mais je n'ai aucune envie de le faire» est parfaitement intelligible. Elle est, d'après lui, quotidiennement vérifiée par les cas de dépression (j'ai conservé mes croyances morales, mais j'ai perdu la motivation d'agir d'après elles) et d'amoralisme (je sais que c'est bien, mais je m'en fiche). Toute la question est de savoir si l'amoralisme existe vraiment. Celui qui ne fait pas ce qu'il sait être bien sait-il vraiment que c'est bien? S'agit-il d'une connaissance authentique?

L'internalisme d'existence nous dit qu'il ne peut pas y avoir de raisons d'agir complètement extérieures à l'ensemble formé par les croyances, les désirs et les émotions les plus caractéristiques des personnes, c'est-à-dire par leur «système motivationnel». Mais si cette conception était vraie, le raciste n'aurait aucune raison d'agir de façon tolérante. De telles raisons seraient complètement extérieures à son «système motivationnel».

INTUITIONS MORALES

Ce sont des jugements moraux spontanés, qui ne sont pas dérivés par un raisonnement de principes généraux ou de théories morales. Selon une autre conception, ce sont des jugements moraux de base qui sont évidents pour tous et qui n'ont pas besoin d'être justifiés par des principes ou des théories. Avons-nous les moyens, cependant, de distinguer clairement, à l'intérieur de nos jugements moraux, la part du spontané et du raisonné?

MÉTAÉTHIQUE

La métaéthique a pour ambition de *décrire* les jugements moraux de chacun et de tout le monde et d'en identifier les propriétés les plus significatives du point de vue philosophique. Elle pose des questions sémantiques, ontologiques, épistémologiques et psychologiques. Les plus discutées sont les suivantes. Que signifient les mots «bien» ou «juste»? Peut-on dériver des jugements de valeur à partir de jugements de fait? Comment justifier nos jugements moraux? Nos énoncés moraux peuvent-ils être vrais ou faux? Nos jugements moraux contiennent-ils nécessairement une motivation d'agir? Existe-t-il des «faits moraux» aussi objectifs que les faits physiques ou mathématiques? Quelle est la valeur des différents «fondements» qui ont été donnés à la morale: Dieu, la nature, la raison, les sentiments, la société? La morale a-t-elle besoin de «fondements»? Dans quelle mesure peut-on répondre à ces questions sans tenir compte des deux autres branches de la philosophie morale, l'éthique normative et l'éthique appliquée? La distinction entre les trois est-elle si évidente?

MODULES MORAUX

Un *module* est un mécanisme psychologique hautement spécialisé, organisé pour traiter de la manière la plus efficace certains problèmes tout à fait spécifiques: reconnaître les formes, les sons, les odeurs, les couleurs, la texture ou le goût des choses, découper un flux sonore en mots et phrases, etc. Un module fonctionne comme un réflexe: automatiquement, rapidement, indépendamment de notre conscience et de notre volonté. Le plus important est qu'il est imperméable à l'égard des croyances et des connaissances. Ainsi, même si nous *savons* que deux lignes ont la même longueur, nous *verrons* l'une plus longue que l'autre si elles se terminent par des angles allant dans des directions opposées (illusion dite de «Müller-Lyer»).

Selon une conception des modules moins exigeante, il n'est pas nécessaire qu'un dispositif psychologique présente absolument tous ces caractères pour être un module. On peut parfaitement concevoir des dispositifs qui ne seraient pas aussi imperméables aux croyances ou aux connaissances que les dispositifs perceptuels, mais qui seraient suffisamment spécialisés dans leur fonctionnement pour être considérés comme des modules. Il semble qu'on ne peut parler de modules moraux qu'au sens de la conception la moins exigeante de la modularité.

Dire qu'il existe des «modules moraux» revient à supposer que nous avons certains «réflexes moraux» qui peuvent cependant être modifiés par la pensée. Une conception des modules aussi peu exigeante permet-elle encore de distinguer, dans nos réactions morales, ce qui relève du réflexe moral «intuitif» et ce qui est le produit de la pensée morale organisée?

PENTE FATALE

Dire qu'il y a une «pente fatale» revient à affirmer que, si on tolère une certaine action dont la valeur morale fait l'objet d'une controverse (euthanasie, recherche sur les embryons, avortement, etc.), on en viendra *nécessairement* à tolérer des actions dont le caractère moralement répugnant ne fait l'objet d'aucune controverse, comme l'élimination massive des pauvres, des faibles, des laids, des handicapés ou l'infanticide tardif. Si on ne veut pas aboutir à ces conclusions inadmissibles, il vaut mieux ne pas se mettre sur la pente fatale qui y conduit nécessairement. Le problème que pose cet argument est que les raisons pour lesquelles on devrait *nécessairement* aboutir à ces conclusions que personne ne devrait accepter sont ou bien cachées ou bien infondées.

UTILITARISME

Le conséquentialisme nous demande de promouvoir le bien, mais il ne se prononce pas sur la nature du bien à promouvoir. L'utilitarisme est une spécification du conséquentialisme en ce sens qu'il propose une certaine définition du bien à promouvoir. Ce qu'il faut faire, pour l'utilitarisme c'est œuvrer au plus grand plaisir (ou au plus grand bien-être, ou à la satisfaction des préférences) du plus grand nombre. Cet objectif peut-être visé de deux façons :

— Ou bien en évaluant par un calcul la contribution de chaque acte à la promotion du plus grand bien pour le plus grand nombre (utilitarisme des actes).

— Ou bien en suivant, sans calcul, certaines règles générales comme «ne pas torturer», «ne pas mentir» dont on a toutes les raisons de penser que, si tout le monde les suivait, on contribuerait à la promotion du plus grand bien pour le plus grand nombre (utilitarisme des règles).

Il est supposé que l'avantage de la pensée utilitariste sur les autres conceptions morales est de nous donner les moyens d'aborder les questions morales de façon rationnelle et sans trop de préjugés.

Mais l'utilitarisme de l'acte est-il si rationnel ? Il nous demande d'effectuer un calcul des effets positifs et négatifs de chaque action que nous nous préparons à accomplir. Un tel calcul n'est-il pas impossible ou trop coûteux ? L'utilitarisme des règles, lui, nous demande de respecter des règles de bon sens qui ont toujours fonctionné. Est-il vraiment en mesure de nous aider à nous débarrasser de nos préjugés ?

BIBLIOGRAPHIE

ANSCOMBE, G. E. M., «Who is Wronged?», *Oxford Review*, 1967, p. 16-17.
— «Modern Moral Philosophy», dans *Ethics, Religion and Politics. Collected Philosophical Papers. Volume III*, Oxford, Basil Blackwell, 1981, p. 26-42.
— «War and Murder», dans *Ethics, Religion and Politics. Collected Philosophical Papers. Volume III*, Oxford, Basil Blackwell, 1981, p. 51-61.
APPIAH, Kwame Anthony, *Experiments in Ethics*, Cambridge, Mass., Harvard University Press, 2008.
ARISTOTE, *Éthique à Nicomaque*, trad. J. Tricot, Paris, Vrin, 1983.
BAERTSCHI, Bernard, «Le dilemme du wagon fou nous apprend-il quelque chose de notre vie morale?» (manuscrit).
— *La neuroéthique. Ce que les neurosciences font à nos conceptions morales*, Paris, La Découverte, 2009.
— *La valeur de la vie humaine et l'intégrité de la personne*, Paris, PUF, 1995.
BARON, Marcia W., Philip PETTIT et Michael SLOTE, *Three Methods of Ethics. A Debate*, Londres, Blackwell, 1997.
BARON, R. A., «The Sweet Smell Of... Helping: Effects of Pleasant Ambient Fragrance on Prosocial Behavior in Shopping Malls», *Personality and Social Psychology Bulletin*, 23, 1997, p. 498-503.
BAUMARD, Nicolas, *Comment nous sommes devenus moraux. Une histoire naturelle du bien et du mal*, Paris, Odile Jacob, 2010.
BENOVSKY, Jiri, *Le puzzle philosophique*, Éditions d'Ithaque, 2010.
BENTHAM, Jeremy, *Introduction to the Principles of Morals and Legislation* (1789), chap. 17, trad. par Alberto Bondolfi dans *L'homme et l'animal. Dimensions éthiques de leurs relations*, Fribourg, Éditions universitaires Fribourg Suisse, 1995.
BILLIER, Jean-Cassien, *Introduction à l'éthique*, Paris, PUF, 2010.
BONDOLFI, Alberto, *L'homme et l'animal. Dimensions éthiques de leurs relations*, Fribourg, Éditions universitaires Fribourg Suisse, 1995.
BOONIN, David, *A Defense of Abortion*, Cambridge, Cambridge University Press, 2003.
BOROWSKI, Louis Ernest, Reinhold Berhnard JACHMANN et Ehrgott André WASIANSKI, *Kant intime*, éd. Jean Mistler, Paris, Grasset, 1985.
BOTTERILL, George, et Peter CARRUTHERS, *The Philosophy of Psychology*, Cambridge, Cambridge University Press, 1999.
BOUVERESSE, Jacques, «Les expériences de pensée en littérature et en philosophie morale: Mach-Wittgenstein-Platon-Cora Diamond», dans *La connaissance de l'écrivain, Sur la littérature, la vérité & la vie*, Marseille, Agone, 2008, p. 115-122.
BRINK, David O., *Moral Realism and the Foundations of Ethics*, Cambridge, Cambridge University Press, 1989

BROWN, R., *Social Psychology*, 2ᵉ éd., New York, MacMillan, 1986.

BROWNING, Christopher R., *Des hommes ordinaires : le 101ᵉ bataillon de réserve de la police allemande et la solution finale en Pologne* (1992), trad. Élie Barnavi, Paris, Les Belles Lettres, 1994.

CAMPAGNA, Norbert, *Prostitution et dignité*, Paris, La Musardine, 2008.

COPP, David, « Experiments, Intuitions, and Methodology in Moral and Political Theory », texte présenté au *Molyneux's Spring Seminar on Intuitions* à l'université de Californie, Davis, 2010.

COSMIDES, Leda, « The Logic of Social Exchange », *Cognition*, 31, 1989, p. 187-276.

COSMIDES, Leda, et John TOOBY, « Cognitive Adaptation for Social Exchange », dans J. Barkow, L. Cosmides et J. Tooby, dir., *The Adapted Mind*, Oxford, Oxford University Press, 1992, p. 163-228.

COVA Florian, *Qu'en pensez-vous ? Introduction à la philosophie expérimentale*, Paris, Germina, 2011.

CRISP, Roger, et Michael SLOTE, dir., *Virtue Ethics*, Oxford, Oxford University Press, 1997.

DANIELS, Norman, « Reflective Equilibrium », *Stanford Encyclopedia of Philosophy*, sur Internet. (http://plato.stanford.edu/entries/reflective-equilibrium/)

—, dir., *Reading Rawls. Critical Studies on Rawls's « A Theory of Justice »*, Stanford, Stanford University Press, 1989.

DARLEY, J. M., et C. D. BATSON, « From Jerusalem to Jericho : A Study in Situational and Dispositional Variables in Helping Behavior », *Journal of Personality and Social Psychology*, 27, 1973, p. 100-108.

DAVIDSON, Donald, *Actions et événements* (1982), trad. Pascal Engel, Paris, PUF, 1993.

DE BRIGARD, Felipe, « If you like it, does it matter if it's real ? », *Philosophical Psychology*, 23, 1, 2010, p. 43-57.

DIAMOND, Cora, « What if x isn't the number of sheep ? Wittgenstein and Thought-Experiments in Ethics », *Philosophical Papers*, vol. 31, n° 3, novembre 2002, p. 227-250.

DORIS, John M., *Lack of Character. Personality and Moral Behavior*, Cambridge, Cambridge University Press, 2002.

DORIS, John M., et Jesse J. PRINZ, « Kwame Anthony Appiah : Experiments in Ethics », *Notre Dame Philosophical Reviews*, 10 mars 2009.

DWORKIN, Ronald, *Life's Dominion. An Argument about Abortion, Euthanasia and Individual Freedom*, New York, Vintage Books, 1994.

FAUCHER, Luc, « Les émotions morales à la lumière de la psychologie évolutionniste : le dégoût et l'évitement de l'inceste », dans Christine Clavien, dir., *Morale et évolution biologique ; entre déterminisme et liberté*, Presses Polytechniques Universitaires Romandes, 2007.

FERRY, Luc, *Le nouvel ordre écologique. L'arbre, l'animal et l'homme* (1992), Livre de poche.

FLANAGAN, Owen, *Psychologie morale et éthique* (1991), trad. Sophie Marnat, Paris, PUF, 1996.

FODOR, Jerry, « Pourquoi nous sommes si doués dans la détection des tricheurs », appendice à *L'esprit, ça ne marche pas comme ça* (2000), trad. Claudine Tiercelin, Paris, Odile Jacob, 2003.

— « Modules, Frames, Fridgeons, Sleeping Dogs and the Music of the Spheres », dans Jay Garfield, dir., *Modularity in Knowledge Representation and Natural Language Understanding*, Cambridge, Mass., MIT Press, 1987.

— *La modularité de l'esprit* (1983), trad. Abel Gerschenfeld, Paris, Minuit, 1986.

FOGELMAN, E., *Conscience and Courage: Rescuers of Jews during the Holocaust*, New York, Doubleday, 1994.

FOOT, Philippa, «Killing and Letting Die», dans J. Garfield et P. Hennessey, dir., *Abortion: Moral and Legal Perspectives*, Amherst, University of Massachusetts Press, 1984, p. 177-185.

— «Le problème de l'avortement et la doctrine de l'acte à double effet» (1967), trad. Fabien Cayla, dans Marc Neuberg, dir., *La responsabilité. Questions philosophiques*, Paris, PUF, 1997, p. 155-170.

— «Morality as a System of Hypothetical Imperatives», *The Philosophical Review*, vol. 81, n° 3, juillet 1972, p. 305-316.

FRANCIONE, Gary, «Prendre la sensibilité au sérieux» (2006), dans *Philosophie animale. Différence, responsabilité et communauté*, textes réunis par H. S. Afeissa et J.-B. Jeangène Vilmer, Paris, Vrin, 2010, p. 185-221.

GARFIELD, Jay, «Modularity», dans Samuel Guttenplan, dir., *A Companion to the Philosophy of Mind*, Oxford, Basil Blackwell, 1994, p. 441-448.

GENDLER, Tamar Szabo, «The Puzzle of Imaginative Resistance», *The Journal of Philosophy*, vol. 97, n° 2, février 2000, p. 55-81.

GENSLER, Harry J., *Questions d'éthique. Une approche raisonnée de quelques perspectives contemporaines* (1998), adaptation française Michel Paquette, trad. Marie-Claude Desorcy, Montréal, Chenelière-McGraw-Hill, 2002.

GIBBARD, Alan, *Sagesse des choix, justesse des sentiments. Une théorie du jugement normatif* (1990), trad. Sandra Laugier, Paris, PUF, 1996.

GLOVER, Jonathan, *Causing Death and Saving Lives*, Penguin Books, 1977.

GOFFI, Jean-Yves, «Le principe des actions à double effet», dans Jean-Yves Goffi, dir., *Hare et la philosophie morale, Recherches sur la philosophie et le langage*, n° 23, 2004.

— *Penser l'euthanasie*, Paris, PUF, 2004.

GOSSERIES, Axel, *Penser la justice entre les générations. De l'affaire Perruche à la réforme des retraites*, Paris, Aubier, 2004.

GREENE, Joshua, «From neural "is" to moral "ought": what are the implications of neuroscientific moral psychology?», *Nature Reviews. Neuroscience*, vol. 4, octobre 2003, p. 847-850.

GREENE, Joshua D., R. Brian SOMMERVILLE, Leigh E. NYSTROM, John M. DARLEY et Jonathan D. COHEN, «An fMRI Investigation of Emotional Engagement in Moral Judgment», *Science*, 293, n° 5537, 14 septembre 2001, p. 2105-2108.

GRIGGS, R. A., et COX, J. R., «The Elusive Thematic-Materials Effect in Wason's Selection Task», *British Journal of Psychology*, 73, 1982, p. 407-420.

GUICHET, Jean-Luc, «Questions contemporaines d'anthropologie et d'éthique animale: l'argument antispéciste des cas marginaux» (non paru).

HAIDT, Jonathan, «The Emotional Dog and its Rational Tail. A Social Intuitionist Approach to Moral Judgment», *Psychological Review*, 108, 2001, p. 814-834.

HAIDT, Jonathan, et F. BJORKLUND, «Social Intuitionists Answer Six Questions about Moral Psychology», dans W. Sinnott-Armstrong, dir., *Moral Psychology*, vol. 2, *The Cognitive Science of Morality: Intuition and Diversity*, Cambridge, Mass., The MIT Press, 2008, p. 181-217.

HAIDT, Jonathan, et Craig JOSEPH, «The Moral Mind: How Five Sets of Innate Intuitions Guide the Development of Many Culture-specific Virtues and Perhaps Even Modules», dans P. Carruthers, S. Laurence et S. Stich, dir., *The Innate Mind*, Oxford, Oxford University Press, 2007.

HAIDT, Jonathan, S. H. KOLLER et M. G. DIAS, «Affect, Culture and Morality, or Is It Wrong to Eat Your Dog?», *Journal of Personality and Social Psychology*, vol. 5, n° 4, 1993, p. 613-628.

HANEY, C., W. BANKS et P. ZIMBARDO, «Interpersonal Dynamics of a Simulated Prison», *International Journal of Criminology and Penology*, 1, 1973, p. 69-97.

HARE, Richard M., «Why I Am only a Demi-vegetarian», dans Dale Jamieson, dir., *Singer and his Critics*, Londres, Blackwell, 1999, p. 233-246.

HARMANN, Gilbert, *The Nature of Morality*, New York, Oxford University Press, 1977.

HAUSER, Marc, Fiery CUSHMAN, Liane YOUNG, R. KANG-SING JIN et John MIKHAIL, «A Dissociation between Moral Judgments and Justifications», *Mind & Language*, 22, février 2007, p. 1-21.

HIRSCHFELD, Lawrence A., Introduction à L. A. Hirschfeld et Susan A. Gelman, dir., *Mapping the Mind: Domain Specificity in Culture and Cognition*, Cambridge, Cambridge University Press, 1994.

HOBBES, Thomas, *Leviathan* (1651), trad. François Tricaud, Paris, Sirey, 1971.

HONDERICH, Ted, «Compatibilisme et incompatibilisme», dans *Êtes-vous libre? Le problème du déterminisme* (2002), trad. Nadège D. Renaud et Édouard Guinet, Paris, Syllepse, 2009, p. 129-147.

HUME, David, *Traité de la nature humaine* (1739-1740), III: *La morale*, trad. Philippe Saltel, Paris, GF, 1993.

IACUB, Marcela, «Le législateur et son scalpel. Le corps humain dans les lois bioéthiques», dans *Le crime était presque sexuel et autres essais de casuistique juridique*, Paris, Champs-Flammarion, 2003.

IPSOS, *Enquête maternité*, 2009.

ISEN, A. M., et P. F. LEVIN, «Effect of Feeling Good on Helping: Cookies and Kindness», *Journal of Personality and Social Psychology*, 21, 1972, p. 384-388.

KAMM, F. M., «Moral Intuitions», Cognitive Psychology, and the Harming-versus-Not-Aiding Distinctions», *Ethics*, vol. 108, n° 3, avril 1998, p. 463-488.

KANT, Emmanuel, *Fondement de la métaphysique des mœurs* (1785), trad. Victor Delbos, revue par Alexis Philonenko, Paris, Vrin, 1980.

— *Critique de la raison pratique* (1788), trad. L. Ferry et H. Wisman, Paris, Gallimard, 1985.

— «Sur un prétendu droit de mentir par humanité» (1797), dans *Théorie et pratique. Droit de mentir*, trad. L. Guillermit, Paris, Vrin, 1994.

KITCHER, Philip, «Biology and Ethics», dans David Copp, dir., *The Oxford Handbook of Ethical Theory*, New York, Oxford University Press, 2005.

KNOBE, Joshua, «The Concept of Intentional Action. A Case Study in the Uses of Folk Psychology», dans Joshua Knobe et Shaun Nichols, dir., *Experimental Philosophy*, Oxford, Oxford University Press, 2008, p. 129-147.

KNOBE, Joshua, et Shaun NICHOLS, dir., *Experimental Philosophy*, Oxford, Oxford University Press, 2008.

KOHLBERG, Lawrence, «My Personal Search for Universal Morality», *Moral Education Forum*, vol. 11, n° 1, 1986, p. 4-10.

LARMORE, Charles, «L'hétérogénéité de la morale», chap. 4, *Modernité et morale*, Paris, PUF, 1993.

LATANÉ, B., et J. M. DARLEY, *The Unresponsive Bystander. Why Doesn't He Help?*, New York, Appleton century-Crofts, 1970.

LÉVI-STRAUSS, Claude, *Les structures élémentaires de la parenté*, Paris, PUF, 1949.

MACHERY, E., «The Bleak Implications of Moral Psychology», *Neuroethics*, vol. 3, n° 3, 2010, p. 223-231.

... *sur la bonté humaine*

MANDLE, Jon, *Rawls's «A Theory of Justice»*. *An Introduction*, Cambridge, Cambridge University Press, 2009.

MARCUS, Ruth Barcan, «Moral Dilemmas and Consistency», *Journal of Philosophy*, LXXVII, 3, 1980, p. 121-136.

MEEUS, W. H. J., et Q. A. W. RAAIJMAKERS, «Obedience in Modern Societies: The Utrecht Studies», *Journal of Social Issues*, 51, 1995, p. 155-175.

MILGRAM, Stanley, *Soumission à l'autorité* (1974), trad. E. Molinié, Calmann-Lévy, 1974.

MILL, John Stuart, *La nature* (1874), trad. Estiva Reus, Paris, La Découverte, 2003.

—, *L'utilitarisme* (1863). *Essai sur Bentham* (1838), trad. Catherine Audard et Patrick Thierry, Paris, PUF, Quadrige, 1998.

—, *De la liberté* (1859), trad. Fabrice Pataut, Paris, Presses Pocket, 1990.

—, «Whewell on Moral Philosophy» (1853), dans John Stuart Mill et Jeremy Bentham, *Utilitarianism and Other Essays*, Alan Ryan, ed., Penguin Books, 1987.

MONROE, K. R., *The Heart of Altruism: Perceptions of a Common Humanity*, Princeton, N.J., Princeton University Press, 1996.

MULGAN, Tim, *The Demands of Consequentialism*, Oxford, Oxford University Press, 2001.

NADEAU, Robert, *Vocabulaire technique et analytique de l'épistémologie*, Paris, PUF, 1999.

NAGEL, Thomas, «Guerre et massacre» (1972), dans *Questions mortelles*, trad. Pascal Engel et Claudine Engel-Tiercelin, Paris, PUF, 1983, p. 69-92.

—, *Qu'est-ce que tout cela veut dire? Une brève introduction à la philosophie* (1987), trad. Ruwen Ogien, Combas, L'Éclat, 1993.

NAHMIAS, Eddy, Stephen G. MORRIS, Thomas NADELHOFFES et Jason TURNER, «Is Incompatibilism Intuitive?», dans Joshua Knobe et Shaun Nichols, *Experimental Philosophy*, dir., Oxford, Oxford University Press, 2008, p. 81-104.

NOZICK, Robert, *Anarchie, État et utopie* (1974), trad. Évelyne d'Auzac de Lamartine, reprise par Emmanuel Dauzat, Paris, PUF, 1988.

NUCCI, Larry, *Education in the Moral Domain*, Cambridge, Cambridge University Press, 2001.

NUROCK, Vanessa, *Sommes-nous naturellement moraux?*, Paris, PUF, 2011.

NUSSBAUM, Martha C., *La connaissance de l'amour* (1990), trad. Solange Chavel, Éditions du Cerf, 2010, p. 78.

OGIEN, Ruwen, *Le corps et l'argent*, Paris, La Musardine, 2010.

— *La vie, la mort, l'État. Le débat bioéthique*, Paris, Grasset, 2009.

— *L'éthique aujourd'hui. Maximalistes et minimalistes*, Paris, Gallimard, 2007.

— «Que fait la police morale?» *Terrain*, 48, 2007, p. 31-48.

— *La morale a-t-elle un avenir?*, Nantes, Pleins Feux, 2006.

— *Le rasoir de Kant et autres essais de philosophie pratique*, Paris - Tel-Aviv, Éditions de l'Éclat, 2003.

OGIEN, Ruwen, et Christine TAPPOLET, *Les concepts de l'éthique. Faut-il être conséquentialiste?*, Paris, Hermann, 2008.

OLINER, Samuel P., et Pearl M. OLINER, *The Altruistic Personality: Rescuers of Jews in Nazi Germany*, Londres, Collier, MacMillan, 1988.

PARFIT, Derek, *Reasons and Persons*, Oxford, Clarendon Press, 1984.

PENG Kaiping, John DORIS, Shaun NICHOLS et Stephen STICH, non publié, décrit dans John Doris et Alexandra Plakias, «How to Argue about Disagreement: Evaluative Diversity and Moral Realism», dans Walter Sinnott-Arsmtrong, *Moral Psychology*, vol. 2: *The Cognitive Science and Morality: Intuition and Diversity*, Cambridge, Mass., The MIT Press, 2008, p. 322-327.

PIAGET, Jean, *Le jugement moral chez l'enfant*, Paris, PUF, 1932.

PINKER, Steven, «The Moral Instinct», *The New York Times*, 13 janvier 2008.

— *Comment fonctionne l'esprit humain?* (1997), trad. Marie-France Desjeux, Paris, Odile Jacob, 2000.

PLATON, *La République*, trad. Georges Leroux, GF, Flammarion, 2004.

POINCARÉ, Henri, *Dernières pensées*, Paris, Flammarion, 1913.

POPPER, Karl, *La société ouverte et ses ennemis*, t. I : *L'ascendant de Platon* (1962), trad. Jacqueline Bernard et Philippe Monod, Paris, Seuil, 1979.

PRINZ, Jesse J., «Is Morality Innate?», dans Walter Sinnott-Armstrong, dir., *Moral Psychology*, vol. 1, *The Evolution of Morality: Adaptations and Innateness*, Cambridge, Mass., The MIT Press, 2008, p. 367-406.

— «Resisting the Linguistic Analogy: A Commentary on Hauser, Young and Cushman», dans Walter Sinnott-Armstrong, dir., *Moral Psychology*, vol. 2 : *The Cognitive Science of Morality: Intuition and Diversity*, Cambridge, Mass., The MIT Press, 2008, p. 157-179.

— *The Emotional Construction of Morals*, Oxford, Oxford University Press, 2007.

PROVENCHER, Martin, *Petit cours d'éthique et politique*, Montréal, Chenelière éducation, 2008.

PUTNAM, Hilary, *Fait/valeur: la fin d'un dogme et autres essais* (2002), trad. Marjorie Caveribière et Jean-Pierre Cometti, Paris - Tel-Aviv, Éditions de l'Éclat, 2004.

QUINE, W. V. O, *Theories and Things*, Cambridge, Mass., Harvard University Press, 1981.

QUINN, Warren, «Actions, Intentions and Consequences: The Doctrine of Doing and Allowing», dans *Morality and Action*, New York, Cambridge University Press, 1993, p. 149-174.

RACHELS, James, «Tuer et laisser mourir de faim» (1979), trad. Dominique Buysse, dans Marc Neuberg, dir., *La responsabilité. Questions philosophiques*, Paris, PUF, 1997, p. 197-201

— «Euthanasie active et euthanasie passive» (1975), trad. Marc Rüegger, dans Alberto Bondolfi, Frank Haldemann et Nathalie Maillard, dir., *La mort assistée en arguments*, Chêne Bourg, Suisse, Georg éditeur, 2007, p. 181-186.

RAWLS, John, *Théorie de la justice* (1979), trad. C. Audard, Paris, Seuil, 1987.

RAZ, Joseph, «The Amoralist», dans Garrett Cullity et Berys Gaut, dir., *Ethics and Practical Reason*, Oxford, Clarendon Press, 1997, p. 369-398.

REGAN, Tom, «The Dog in the Lifeboat: An Exchange», *The New York Review of Books*, 25 avril 1985.

ROCHAT, F., et A. MODIGLIANI, «The Ordinary Quality of Resistance: From Milgram's Laboratory to the Village of Le Chambon», *Journal of Social Issues*, 51, 1995, p. 195-210.

RUSSELL, Bertrand, *A History of Western Philosophy* (1946), Routledge Classics, 2004.

RYLE, Gilbert, *La notion d'esprit* (1949), trad. Suzanne Stern-Gillet, préface de Julia Tanney et Daniel Andler, Paris, Petite Bibliothèque Payot, 2005.

SCANLON, T. M., «Rawls on Justification», dans Samuel Freeman, dir., *The Cambridge Companion to Rawls*, Cambridge, Cambridge University Press, 2003, p. 139-167.

SCHEFFLER, Samuel, dir., *Consequentialism and Its Critics*, Oxford, Oxford University Press, 1988.

SCHWEDER, R. A., «The Psychology of Practice and the Pratice of the Three Psychologies», *Asian Journal of Social Psychology*, 3, 2000, p. 207-222.

SEARLE, John, *Les actes de langage* (1969), trad. Hélène Pauchard, Paris, Hermann, 1972.

SHANAB, M. E., et K. A. YAHIA, « A Cross-Cultural Study of Obedience », *Bulletin of Psychonomic Society*, 11, 1978, p. 267-269.

SINGER, Peter, *La libération animale* (1975), trad. Louise Rousselle revue par David Olivier de l'édition révisée (1990), Paris, Grasset, 1993.

— *Questions d'éthique pratique* (1990), trad. Max Marcuzzi, Paris, Bayard, 1997.

— *Sauver une vie. Agir maintenant pour éradiquer la pauvreté* (2009), trad. Pascal Loubet, Paris, Michel Lafon, 2009.

SINNOT-ARMSTRONG, Walter, « Framing Moral Intuitions », dans Walter Sinnott-Armstrong, dir., *Moral Psychology*, vol. 2 : *The Cognitive Science of Morality : Intuition and Diversity*, Cambridge, Mass., The MIT Press, 2008, p. 47-76.

SMILANSKY, Saul, *Ten Moral Paradoxes*, Oxford, Blackwell Publishing, 2007.

SPERBER, Dan, « Défense de la modularité massive », dans E. Dupoux, dir., *Les langages du cerveau*, Paris, Odile Jacob, 2002, p. 55-64.

— « Remarques anthropologiques sur le relativisme moral », dans Jean-Pierre Changeux, dir., *Les fondements naturels de l'éthique*, Paris, Odile Jacob, 1991, p. 319-334.

STOCKER, Michael, *Plural and Conflicting Values*, Oxford, Clarendon Press, 1990.

STRAWSON, Peter, *Freedom and Resentment and Other Essays*, Londres, Methuen, 1974.

TAPPOLET, Christine, *Émotions et valeurs*, Paris, PUF, 2000.

TEC, N., *When Light Pierced the Darkness : Christian Rescue of Jews in Nazi Occupied Poland*, Oxford, Oxford University Press, 1986.

THOMSON, Judith Jarvis, « Turning The Trolley », *Philosophy and Public Affairs*, 36, 2008, p. 359-374.

— « Physician-Assisted Suicide : Two Moral Arguments », *Ethics*, numéro spécial : Symposium on Physician-Assisted Suicide, 109, 3, avril 1999, p. 497-518.

— « Le problème du tramway » (1985), trad. Fabien Cayla, dans Marc Neuberg, dir., *La responsabilité, Questions philosophiques*, Paris, PUF, 1997, p. 171-194.

— « Killing Letting Die, and the Trolley Problem » (1976), dans Judith Jarvis Thomson, *Rights, Restitution, and Risk. Essays in Moral Theory*, William Parent, ed., Cambridge, Mass., Harvard University Press, 1986, p. 78-93.

— « A Defense of Abortion », *Philosophy and Public Affairs*, 1, 1, 1971, p. 47-66.

TRANØY, K. E., « "Ought" implies "Can". A Bridge from Fact to Norm. Part I », *Ratio*, 14, 1972, p. 116-130.

TURIEL, Elliot, *The Development of Social Knowledge. Morality and Convention*, Cambridge, Cambridge University Press, 1983.

— « Nature et fondements du raisonnement social dans l'enfance », dans Jean-Pierre Changeux, dir., *Les fondements naturels de l'éthique*, Paris, Odile Jacob, 1991, p. 301-317.

— *The Culture of Morality*, Cambridge, Cambridge University Press, 2002.

TVERSKY, Amos, et Daniel KAHNEMAN, « The Framing of Decisions and the Psychology of Choice », *Science*, 221, 1981, p. 453-458.

UNGER, Peter, *Living High and Letting Die*, Oxford, Oxford University Press, 1996.

WALDRON, Jeremy, « Right and Wrong : Psychologists *vs* Philosophers », *The New York Review of Books*, 8 octobre 2009.

WALLIS, Claudia, « Baby Fae Stuns the World », *Time*, 12 novembre 1984.

—, « Baby Fae Loses the Battle », *Time,* 26 novembre 1984.

WEIL, Kari, « Liberté éhontée », trad. Thierry Hoquet, Libérer les animaux ? *Critique,* août-septembre 2009, p. 665-666.

WILKES, Kathleen V., *Real People: Personal Identity Without Thought Experiments,* Oxford, Clarendon Press, 1988.

WILLIAMS, Bernard, « L'amoraliste », dans *La fortune morale,* trad. Jean Lelaidier, Paris, PUF, 1994, p. 3-12.

— « L'argument de la pente glissante » (1986), dans *La fortune morale,* trad. Jean Lelaidier, Paris, PUF, 1994, p. 337-351.

— « Must a Concern for the Environnment be Centred on Human Beings ? », dans *Making Sense of Humanity,* Cambridge, Cambridge University Press, 1995, p. 233-240.

— « Resenting One's Own Existence », dans *Making Sense of Humanity,* Cambridge, Cambridge University Press, 1995, p. 224-232.

WOODS, John, et Douglas WALTON, *Critique de l'argumentation. Logique des sophismes ordinaires,* trad. M. F. Antona *et alii,* coordonnée par Christian Plantin, Paris, Kimé, 1992.

ZAMZOW, Jennifer, et Shaun NICHOLS, « Variations in Ethical Intuitions », *Philosophical Issues,* 19, 2009, p. 368-388.

Remerciements

Je tiens à remercier tout particulièrement :

Patrick Savidan, qui a cru à ce projet, l'a porté du début à la fin, et m'a aidé à lui donner sa forme définitive avec sa compétence, sa générosité, son amitié.

Maryline Gillois pour ses idées toujours justes, son soutien indéfectible et affectueux ; Albert Ogien, Jacky Katuszewski, Valérie Gateau, Nathalie Maillard, Christine Tappolet, Patricia Allio, Vanessa Nurock, Florian Cova, Bernard Baertschi, Danièle Siroux, Solange Chavel, Jean-Cassien Billier, Corine Pelluchon, Peggy Sastre. Ils ont été mes premiers lecteurs. Toutes leurs remarques étaient lumineuses. Je leur dois énormément.

Charles Girard, Patrick Turmel, Stéphane Lemaire, Charles Larmore, Luc Faucher, Nicolas Tavaglione, Monique Canto-Sperber, Cora Diamond, Sandra Laugier, Pierre Livet, Nicolas Baumard, Marc Fleurbaey, Marta Spranzi, Marie Gaille, Edwige Rude-Antoine, Roberto Merrill, Speranta Dumitru, Isabelle Pariente-Butterlin, Simone Bateman, Gustaf Arrhenius, Caroline Guibet-Lafaye, Bernard Joubert, Martin Gibert, Francis Wolff, Eva Keiff, Florence Burgat, Bertrand Guillarme, Jean-Luc Guichet, Frédéric Worms, Catherine Larrère, Jean-Yves Goffi. Ils m'ont considérablement aidé par leurs objections, leurs observations, leurs façons de reformuler mes interrogations, pour la totalité ou pour une partie de ce livre.

Sonia Kronlund, Sarah Chiche, Patricia Richer-Clermont, Myriam Ogien, Sophie Dufau, Dagmar Dudinsky, qui ont apporté des idées, des encouragements et de l'enthousiasme.

Je pense aussi beaucoup à Kristiina Hauhtonen, à tout ce qu'elle me donne par son courage et sa gentillesse.

Cet ouvrage a été composé par IGS-CP
à L'Isle-d'Espagnac (16)

*Cet ouvrage a été imprimé
par CPI Firmin Didot
Mesnil-sur-l'Estrée
pour le compte des Éditions Grasset
en octobre 2011*

Première édition, dépôt légal : septembre 2011
Nouveau tirage, dépôt légal : octobre 2011
Nº d'édition : 16962 – Nº d'impression : 107640
Imprimé en France